기독교문서선교회 (Christian Literature Center: 약칭 CLC)는 1941년 영국 콜체스터에서 켄 아담스에 의해 시작되었으며 국제 본부는 미국 필라델피아에 있습니다.
국제 CLC는 59개 나라에서 180개의 본부를 두고, 약 650여 명의 선교사들이 이동 도서차량 40대를 이용하여 문서 보급에 힘쓰고 있으며 이메일 주문을 통해 130여 국으로 책을 공급하고 있습니다. 한국 CLC는 청교도적 복음주의 신학과 신앙서적을 출판하는 문서선교기관으로서, 한 영혼이라도 구원되길 소망하면서 주님이 오시는 그날까지 최선을 다할 것입니다.

추천사

진용식 목사
한국기독교이단상담소협회장, 세계기독교이단대책협회 대표회장, 상록교회 담임

하나님의교회 세계복음선교협회(일명 안상홍증인회)는 1985년 2월 뇌졸중으로 사망한 안상홍을 '남자 하나님,' 장길자를 '여자 하나님'이라고 주장하는 단체다. 그러나 포교 초기에는 안상홍·장길자가 하나님이라는 말은 건네지 않고 세상 종말과 관련한 지진·테러·기근·전쟁 등의 뉴스들을 짜깁기해 공포감을 조성한 다음, 안식일을 지켜야 구원받고 주일에 예배드리는 건 태양신을 숭배하는 거라고 성도들을 미혹했다. 정통교회 성도들은 이들의 교리를 잘 알지 못하여 이들의 질문에 반박하지 못하고 성경공부를 하다가 결국 미혹되고 말았다.

이런 포교법으로 그들은 국내에서 신천지 다음으로 커버린 초대형 이단 집단이 됐다. 최근에 신문·잡지 등에 자기 집단이 175개국에 300만 신도가 되었다고 홍보하고 있으나 발표한 만큼은 아니더라도 심각하게 확장되고 있는 것은 분명하다. 이들에 대한 예방 교육은 절박하다.

이런 때,『신천지 대해부』의 저자 박유신 목사님이『안상홍 대해부』를 발간했다는 것은 여간 반가운 소식이 아닐 수 없다. 안상홍 집단의 교리를 해부하고 반증한 이 책은 성도들을 안상홍 집단의 미혹에서 예방할 수 있는 귀한 자료라 생각되어 적극 추천한다.

탁 지 일 박사
부산장신대학교 교회사 교수

　우리는 안상홍 하나님의교회를 주목해야 한다. 코로나19와 신천지 문제를 넘어, 이제는 이단 문제 전반으로 우리의 눈을 돌릴 필요가 있다.
　한국교회 이단 대처는 코로나19를 기점으로 전과 후로 나뉠 수 있다. 즉 이단이 교회의 교리적 문제일 뿐만 아니라, 심각한 사회 문제가 될 수 있다는 교훈을 교회와 사회가 모두 얻었기 때문이다. 다행히 다종교 한국 사회에서 이단·사이비 종교에 대한 예방적 차원의 접근이 가능해졌다.
　하나님의교회 대처 없이 한국교회의 이단 대처는 어렵다. 시스템과 콘텐츠 면에서, 교회를 향한 하나님의교회의 도전이 거세다. 안식교 계열의 하나님의교회를 분석·대처할 수 있는 박유신 목사의 『안상홍 대해부』 출간의 의미가 여기에 있다.

황 재 범 박사
계명대학교 기독교학과 조직신학 교수

　박유신 박사는 한국교회의 충직한 파수꾼이다. 얼마 전에 『신천지 대해부』를 출판한 데 이어서, 이번에는 『안상홍 대해부』를 출판하여 '신천지'에 못지 않은 '안상홍 하나님의교회'의 문제점들 잘 해부해 냈다.
　현재 안상홍 하나님의교회는 특히 대학가에서 여러 봉사 활동, 설문 조사, 성경 공부, 문학 강좌 등을 통하여 활발하게 포교 활동을 하고 있으므로 한국교회는 여러 가지 형태로 대응을 해야 한다. 저들이 주로 청년층을 많이 공략하여 피해 사례도 나날이 증가하고 있으므로 신천지 못지않은 단속과 대비를 해야 한다.
　안상홍 하나님의교회의 교리와 관행들을 신학적으로 잘 분석하고 비판한 이 책이 한국교회에 매우 큰 도움이 될 것으로 생각해서 목회자들과 성도들의 일독을 권한다.

안상홍 대해부

Detailed Anatomy about Ahn Sahng-hong's Dogmas
Written by You Shin Park
All rights reserved.
Korean Edition Copyright ⓒ 2020 by Christian Literature Center, Seoul, Korea

안상홍 대해부

2020년 11월 10일 초판 발행

지 은 이 | 박유신

편   집 | 정재원
디 자 인 | 한다정
펴 낸 곳 | (사)기독교문서선교회
등   록 | 제16-25호(1980.1.18.)
주   소 | 서울특별시 서초구 방배로 68
전   화 | 02-586-8761~3(본사) 031-942-8761(영업부)
팩   스 | 02-523-0131(본사) 031-942-8763(영업부)
이 메 일 | clckor@gmail.com
홈페이지 | www.clcbook.com
송금계좌 | 기업은행 073-000308-04-020 (사)기독교문서선교회

ISBN 978-89-341-2211-1(03230)

이 도서의 국립중앙도서관 출판예정도서목록(CIP)은 서지정보유통지원시스템 홈페이지(http://seoji.nl.go.kr)와 국가자료공동목록시스템(http://www.nl.go.kr/kolisnet)에서 이용하실 수 있다. (CIP 제어번호: CIP2020041331)

이 책의 저작권은 저자와 (사)기독교문서선교회가 소유합니다. 신저작권법에 의하여 한국 내에서 보호받는 저작물이므로 무단 전재와 무단 복제를 금합니다.

안상롱 대해부

박유신 지음

CLC

목차

추천사   1

    진용식 목사_ 한국기독교이단상담소협회 회장

    탁지일 박사_ 부산장신대학교 교회사 교수

    황재범 박사_ 계명대학교 기독교학과 조직신학 교수

여는 말   8

제1장 삼위일체 교리 해부하기   13

제2장 안상홍 재림주 교리 해부하기   34

제3장 안상홍 성부 하나님 교리 해부하기   65

제4장 안상홍 성령 하나님 교리 해부하기   88

제5장 어머니 하나님 교리 해부하기   94

제6장 유월절 교리 해부하기   117

제7장 안식일 교리 해부하기   147

제8장 일곱 우레와 3차의 7개 절기 교리 해부하기   164

제9장 시한부 종말론 교리 해부하기   189

제10장 성탄절과 태양신 교리 해부하기   202

제11장 수건 교리 해부하기   210

제12장 침례와 생명책 교리 해부하기   215

제13장 십자가 우상 교리 해부하기   224

제14장 남은 자와 144,000 교리 해부하기   234

맺는말   239

참고문헌   242

여는 말

박유신 목사
계명대학교 교양강좌부 초빙교수

최근 코로나19 사태로 인해 핫이슈로 떠오른 단체가 신천지이다. 신천지의 실상과 교리와 반사회적인 포교 행태 등이 알려지면서 사회 전체에 큰 파장과 공분을 불러일으키고 있다. 동시에 한국교회는 신천지의 교세와 규모가 알려지면서 일종의 패닉 상태에 빠져들고 있다.

동시에 신천지를 과소평가하여 방관하며 방심으로 일관했던 한국 교계 내에서 자성의 목소리도 흘러나온다. 31만 명의 신천지 신도와 교육생 7만 명이 얼마 전까지만 해도 기존 교회에 출석했던 교인들이었다는 점에서 그 충격의 강도는 더 하다.[1]

---

[1] "어린 양의 혼인 잔치가 배설되면 신랑이신 예수와 신부이신 육체가 일체를 이루어 만왕의 왕이요 만주의 주로 역사하시매 이를 또한 천년왕국 시대라고도 말한다"(이만희의 『계시록의 진상』). 이만희가 만왕의 왕이 돼 왕노릇 하는 때가 천년왕국이라는 것이다. 그렇다면 천년왕국의 시작은 언제부터인가. 이만희가 계시받아 썼다는 책 『요한계시록의 실상』에는 "이 천년왕국은 하나님의 뜻이 하늘 영계에서 이루어진 것같이 영적 새 이스라엘 열두 지파가 이 땅에 창조된 날(1984년 3월 14일)로부터 시작됐다"고 쓰여 있다. 이만희는 천년왕국이 시작된 1984년부터 만왕의 왕이 돼 세계를 다스리고 있다. 신천지 찬송가에 보면 "온 천하 만민들아 시온 산에 올라가서 오늘 나신 만희 왕을 기쁨으로 맞이하자 오늘 나신 만희 왕께 찬양하며 경배하자"(신천지 찬송가 43장)라고 돼 있다. 신천지 신도들은 이러한 거짓 교리에 속아서 이만희를 만왕의 왕으로 믿고 있다. 이러한 사기 교리를 반증해 본다.

그런데 이 신천지에 조금도 뒤지지 않는 또 다른 쌍둥이 단체 하나가 이 모든 상황을 숨죽이며 예의주시하고 있다.

이 단체가 바로 안상홍을 삼위(三位)의 하나님으로 믿고 있는 '하나님의 교회'이다. 이 단체는 안상홍이 설립자이다. 그는 1964년 '예수증인회'를 설립했고 1985년 2월 25일 국수를 먹다가 사망했다. 하지만 안상홍의 사람들은 그가 죽은 것이 아니라 지상의 사역을 모두 마친 뒤 육신을 벗고 승천한 것이며, 1988년 세상 종말과 함께 다시 강림할 것이라고 홍보했었

첫째, 이만희는 만국을 다스리지 못하고 있다. 이만희가 만왕의 왕이 된다는 것은 만국을 다스린다는 말이다. 이만희는 "만국이라 함은 지구촌 모든 사람을 말하며 예외가 없다"(이만희의 『요한계시록 실상』)고 했다. 결국, 이만희가 지구촌의 모든 사람을 다스린다는 주장이다. 이만희는 자신이 만국을 다스리는 만왕의 왕이라는 것을 나타내기 위해 세계 각국의 전직 정치인들을 한국으로 초대해서 '만국회의'라는 것을 개최했다. 그리고 자신을 '평화의 왕'으로 불렀다. 이는 신천지 신도들을 속이는 사기 행각에 불과하다. 이만희는 만국은커녕 대한민국도 다스리지 못했고, 여러 가지 죄명으로 검찰 조사까지 받고 구속되었다.
둘째, 이만희는 신인합일이 되지 않았다. 이만희는 예수님 영과 신인합일이 돼 천년왕국에서 만왕의 왕이 된다고 주장했다. "신랑이신 예수와 신부이신 육체가 일체를 이루어 만왕의 왕이요 만주의 주로 역사하시매 이를 또한 천년왕국 시대라고도 말한다"(이만희의 『계시록의 진상』). 이만희의 교리에 의하면 천년왕국이 1984년 3월 14일부터라고 했으니 그 이전에 신인합일이 됐다는 말이다. 이만희가 신인합일이 됐다면 그 이후로 더 이상 늙지 말았어야 한다. 그러나 이만희의 모습을 보면 36년 동안 급속도로 늙어가고 있다. 머리털도 빠지고, 치아도 빠져서 틀니를 하고 얼굴의 주름은 깊어지고 있다. 이만희가 아직 신인합일을 못한 것을 보면 천년왕국에서 만왕의 왕이 됐다는 이만희의 교리는 사기임이 분명하다. 이만희를 만왕의 왕이라고 믿고 있는 신천지 집단의 모든 신도는 이만희의 사기 교리에 속고 있다.
셋째, 천년왕국은 아직 이뤄지지 않았다. 1984년 3월 14일부터 천년왕국이 돼 새 하늘과 새 땅인 신천지가 이뤄졌고 천년성에서 이만희는 만왕의 왕이 됐다고 한다. 그러나 아직도 천년왕국은 이뤄지지 않고 있다. 신천지 집단이 천년왕국이라면 세상 나라를 통일하고 다스려야 하는데 그런 일이 일어나지 않았다. 천년왕국이라는 신천지는 교리대로라면 요한계시록 21:4, "모든 눈물을 그 눈에서 닦아 주시니 다시는 사망이 없고, 애통하는 것이나 곡하는 것이나 아픈 것이 다시 있지 아니하리니 처음 것들이 다 지나갔음이러라"는 말씀이 그대로 이뤄져야 한다. 하지만 신천지 집단 안에선 1984년부터 지금까지 계속 사망, 질병이 계속돼 왔다. 이번 코로나19 사태로 6,000명이 넘는 신도들이 집단 감염까지 됐다. 신천지 집단이 '천년왕국 신천지'가 아니라는 것을 분명하게 증명해 줬다. 따라서 천년왕국에서 만왕의 왕이 됐다는 이만희의 주장은 사기가 분명하다(진용식 목사, "이것이 신천지의 급소다," 『국민일보』).

으나 그러한 일은 일어나지 않았다.
 그런데 하나님의교회는 여전히 안상홍을 다시 올 강림주로 기다리고 있다. 안상홍 사후 '예수증인회'는 '하나님의교회 세계복음선교협회'와 '새언약 유월절 하나님의교회'와 '하나님의교회 예수증인회'로 갈라졌으나 김주철이 총회장으로 있는 '하나님의교회 세계복음선교협회' 교세가 가장 크다.
 이 단체에서 어머니 하나님으로 추앙받고 있는 장길자가 하나님의교회의 실질적인 2대 교주인 셈이지만 실세는 김주철이다. 이 교회의 정관 제28조에는 "총회장은 성령 안상홍 하나님께서 세우신 김주철 님이고, 영구직이다"라고 나와 있다. 본서는 안상홍 사후 발생한 이 세 단체를 '안상홍 하나님의교회'로 통칭한다.
 안상홍 하나님의교회 교세와 규모는 신천지에 버금간다. 1988년과 2012년도의 지구 종말설 불발로 교세가 기우는 듯했으나, 하나님의교회 세계복음선교협회가 새로 추가한 '어머니 하나님' 교리가 큰 호응을 얻어 반전에 성공한다. 현재는 전국에 지교회 400개와 25-30만 명의 신도가 있는 것으로 추산한다. 국내뿐 아니라 해외에도 막대한 자금력을 바탕으로 지부를 계속 세워나가며 한인교회 침투에 한층 열을 더 올리고 있다.
 하나님의교회는 신천지 못지않은 공격적인 포교 수법으로 아주 오랫동안 한국교회를 위협할 가능성이 매우 크다. 특히 대학가에서 각종 봉사활동, 설문조사, 동아리 활동, 문학 강좌, 성경공부 등을 통해 청년층 포교에 주력하여 2-30대 신도의 비율이 절반에 이른다고 보고되어 있다.
 이러한 이단 사이비의 문제는 개인이나 개교회만의 문제만 아니라 기독교 전체와 사회적인 문제로까지 이어진다. 학업과 직장을 포기하고, 가출, 이혼, 가정 파탄까지 불사하며 길거리 포교에 내몰리는 청년들과 중장년층들이 갈수록 늘어난다.
 이단 사이비들의 이런 반사회적인 포교 행태를 알면서도 미온적이고 안일한 태도로 일관해 온 기성 교회가 오히려 저들이 판을 치도록 멍석을 깔

아준 격이라는 비판의 목소리도 여기저기서 흘러나온다. 양 한두 마리 정도 잡혀가는 것이 낫지 괜히 저들과 맞섰다가 골치 아픈 소송에 휘말리거나, 해코지당할 수 있다는 두려움도 있다.

한두 사람 정도 넘어가는 것은 교회 성장에 아무 영향이 없다고 생각하기도 한다. 하지만 이제는 선교적 차원에서라도 이단들을 근절하는 데 교회가 힘을 쏟아야 한다. 왜냐하면, 한 사람의 생명이 천하보다 귀하기 때문이다. 그동안 빼앗겨도 너무 많이 빼앗겼다. 잃어도 너무 많이 잃었다. 국내 선교, 해외 선교만 선교가 아니라 이단에 내 양을 뺏기지 않고 지키고 보호하는 것도 선교이다.

이단을 대처하는 가장 효율적인 방법은 예방이다. 먼저 목회자들이 그들이 주장하는 교리를 알아야 한다. 그 교리들이 왜 성경과 무관한지, 그 주장들이 왜 저자의 의도와 문맥과 동떨어진 해석에 기초되었는지 인식해야 한다. 그리고 올바른 성경적 대안을 가지고 있어야 한다. 그리고 교인들에게 철저하게 가르쳐야 한다. 본서는 이러한 목적에 적합하게 만들어졌다. 즉 『안상홍 대해부』는 안상홍 하나님의교회가 주장하는 핵심 교리들의 허구성을 해부하고 드러내는 데 목적을 두었다. 그리고 올바른 성경적 대안이 무엇인지 제시했다.

본서는 안상홍 하나님의교회가 강조하는 교리 중 핵심이 되는 14개의 교리를 집중적으로 다룬다. 본서가 참고한 자료들은 '새 언약 유월절 하나님의교회' 홈페이지에 올려놓은 살아생전의 안상홍의 저서들이며, 이 책들의 대부분 출판사와 발행 날짜는 없다. 이 저서들은 그가 '예수증인회'를 이끌던 시대의 것들로 안상홍 사상의 원천을 담고 있다.

또 김주철의 설교집과 설교도 참고하였다. 김주철의 교리는 초대 교주 사후에 만들어진 것으로 원본을 계승한 것도 있지만, 원본과 상충하는 것들도 눈에 띈다. 이유는 상황에 따라 안상홍의 교리를 계속 보완하고 수정해나가는 작업을 했기 때문이다. 최근에 하나님의교회에서 새로 생성되었거나 변개한 교리들이 있지만, 본서가 다루는 14개의 주제들은 안상홍 하나님의교회 정체성을 파악하는 데 조금도 부족함이 없으리라 확신한다.
각 주제에 관한 연구는 다음 두 과정을 통해 이루어진다.

① 안상홍 하나님의교회의 주장
② 성경적 해석

'안상홍 하나님의교회의 주장'은 안상홍이 살아생전에 썼던 책들과 김주철의 설교집과 강의 중에 발췌하여 인용하였다. '성경적 해석'에서는 두 사람 주장의 오류를 지적하고 성경적으로 올바른 해석이 무엇인지 제시하였다.

본서를 통해 한국교회 목회자와 성도들이 하나님의교회 교리의 허구를 바로 알고 바른 대응을 하는 데 도움이 되기를 간절히 소망한다. 또한, 안상홍이 장길자를 아버지 하나님과 어머니 하나님으로 굳게 믿고 있는 사람 중에도 상식적 판단이 가능한 이들이 있으리라 믿는다. 이들이 본서를 읽어주기를 바란다.

본서가 나오기까지 기도로 후원해 주신 어머니와 아내와 안산제일교회 성도들께 감사드린다. 미국 동부에서 이단에 빠진 청년들과 가족들을 상담하고 지도하시는 한창수 목사님과 필요한 자료를 제공해 주신 권의택 목사님, 박병주 목사님과 추천의 글을 써주신 진용식 목사님, 탁지일 교수님, 황재범 교수님, 그리고 본서의 출간을 맡아주신 기독교문서선교회(CLC) 박영호 사장님과 직원들에게도 감사드린다.

마지막으로 하늘에서 끝까지 격려를 아끼지 아니하셨을 나의 외조부 '사랑의 원자탄' 고 손양원 목사님과 두 분 삼촌에게 본서를 올려드린다.

2020년 3월

제1장

삼위일체 교리 해부하기

1. 일위삼체론(一位三體論)

1) 안상홍 하나님의교회의 주장

> 성삼위일체라는 말은 성부 하나님, 성자 하나님, 성령 하나님이 각각 개체(個體)가 아니라 그 근본이 한 몸, 즉 일체(一體)라는 뜻이다. 물 그 자체는 액체이다. 그러나 영하의 온도로 내려가게 되면 물은 얼음이라고 하는 딱딱한 고체의 형태로 변하게 된다.
> 반대로 물을 끓이게 되면 그 물은 수증기라는 기체 형태로 변하게 된다. 물, 얼음, 수증기 이 세 가지 형태는 모양과 이름은 다르지만, 그것을 구성하고 있는 근본 원소는 똑같은 물이라는 데 공통점이 있는 것이다.
> 이처럼 마찬가지로 성부(聖父), 성자(聖子), 성령(聖靈) 하나님은 구원사업을 진행하시는 가운데 등장하셔야 할 시기와 형태, 그때마다 불릴 이름이 다르다 할지라도 그 근본은 같은 한 분 하나님이시다. 이처럼 하나님께서 일인삼역(一人三役)으로 구원사업을 완성해 나가는 것을 성삼위일체라

고 표현하고 있다.¹

'일위삼체론'에 대한 안상홍 하나님의교회의 주장

① 성부 하나님, 성자 하나님, 성령 하나님은 활동했던 시대와 이름만 다를 뿐 한 분이다.
② 삼위일체는 한 분 하나님이 일인삼역으로 구원사업을 완성해 가는 것을 말한다.

2) 성경적 해석

여호와, 예수님, 성령님은 하나님의 세 양태가 아닌 삼위로 계시는 각각의 하나님이다.

삼위일체 교리는 안상홍 '하나님의교회' 교리 가운데 가장 핵심이라 볼 수 있다. 왜냐하면, 안상홍을 하나님으로 등장시키기 위한 발판이기 때문이다. 김주철이 생전의 안상홍의 삼위일체 해설을 그대로 채택한다. 더 나아가 안상홍을 성부 하나님, 성자 하나님, 성령 하나님으로 구체화하고 동일시한다. 그는 삼위일체 해설을 통해 자기 교주를 신격화하는 첫 단추를 끼운다.

김주철은 물, 얼음, 수증기 이 세 가지 형태는 모양과 이름은 다르지만, 그것을 구성하고 있는 근본 원소는 모두 똑같은 물이라고 하며 이를 자기의 삼위일체 해석에 적용한다. 구약 시대에는 여호와, 신약 시대에는 예수, 오늘날에는 성령으로, 그 양태와 이름은 시대마다 다르게 나타났지만, 이 세 분은 모두 근본이 똑같은 한 분 하나님이라고 설명한다.

---

1 김주철,『내 양은 내 음성을 듣나니』(안양: 멜기세덱출판사, 1990), 141-142.

한 분 하나님이 시대마다 다른 이름을 사용하며, 다른 모습으로 나타났다는 것이다. 김주철이 이 한 분 하나님이 '일인삼역'으로 구원사업을 완성해가는 것을 삼위일체라고 주장한다. 하지만 '일인삼역'이라는 표현은 삼위일체(三位一體)가 아니라 일위삼체(一位三體)를 의미한다. 이는 A.D. 325년 니케아 공의회에서 이단 사설로 확정되었던 양태론적 단일신론(Modalistic Monarchianism)과 흡사하며, 일신론(一神論)을 주장하는 유대교 신관의 결론과 같다.

필자는 본 장에서는 교회사 속에 등장했던 삼위일체 논쟁이나 삼위일체론에 대한 정의를 피력하기보다는 성경이 과연 단일신을 말하는지 혹은 삼위(三位)로 존재하시는 하나님을 말하는지를 밝히는 데 초점을 두고자 한다.

성경은 과연 하나님 한 분이 구약 시대에는 여호와로, 신약 시대에는 예수로, 지금 시대에는 성령으로 그 양태만을 바꾸어 등장하셨을까?

하나님께서 구약 시대에는 물로, 신약 시대에는 얼음으로, 현시대에는 수증기로 나타나듯, 그렇게 자기 자신을 변모하여 나타내셨는가?

이러한 일신론은 과연 성경에 근거를 두고 있을까?

하지만 성경은 일신론을 말하지 않는다. 그것은 성경의 최초의 주어인 "하나님이 태초에 천지를 창조하시니라"(창 1:1)에서 "하나님," 즉 '엘로힘'(אלהים)의 용례에서 찾아볼 수 있다. 엘로힘은 복수형 단어이며 동사 단수형과 사용된다. 말하자면 '하나님들'이란 의미이며 이 하나님들이 어떤 행위를 하는 것을 묘사할 때 사용하는 동사는 단수형이다. 형태는 복수지만 의미상으로는 단수이다.[2] 엘로힘이란 명칭은 하나님이 단독으로 존재하는 분이 아님을 증명한다.

과연 성부 하나님, 성자 하나님, 성령 하나님은 동일한 한 하나님의 세 양태인가?

---

[2] 고든 웬함, 『창세기 1-15』 WBC 1, 박영호 역 (서울: 도서출판 솔로몬, 2001), 102.

창세기 1:26은 하나님께서 "우리의 형상을 따라 우리의 모양대로 우리가 사람을 만들고"라며 사람 만들 것을 제안한다.

왜 이 엘로힘은 "내가 나의 형상대로 사람을 만들자"고 하지 않으셨을까?

이는 앞서 언급한 엘로힘(אלהים)의 용례에서 답을 찾을 수 있다. 이 하나님의 제안은 하나님 자신들과의 협의를 말한다.[3] 이는 삼위로 계시는 하나님께서 인류 창조에 있어서 함께 활동하셨음을 나타낸다. 이 창조 행위에 있어서 성령 하나님도 성부 하나님의 사역에 동참하셨다. 창세기 1:2은 이 같은 사실을 잘 보여준다.

> 땅이 혼돈하고 공허하며 흑암이 깊음 위에 있고 하나님의 영은 수면 위에 운행하시니라(창 1:2).

'하나님의 신'으로 번역된 '루아흐 엘로힘'(רוח אלהים)은 성령 하나님을 가리킨다. "운행하시니라"는 성령 하나님께서 생명을 잉태하기 위해서, 질서가 부여되기 전 원시 상태의 우주를 품고 있는 장면에 대한 묘사이다. 즉 창조를 준비하시는 성령 하나님에 관한 묘사이다. 구약 시대에는 성부 하나님만 창조 사역을 수행하지 않으시고 성령 하나님도 이 사역에 함께 하셨다. '엘로힘'과 '루아흐 엘로힘'은 같은 한 하나님의 두 이름이 아니라. 각각 독립하여 계시는 성부 하나님과 성령의 하나님의 이름이다.

요한복음 1:1은 예수님이 이 창조 사역에 동참하였음을 보여준다. 요한은 예수님을 "말씀"으로 번역되는 '호 로고스'(ὁ λόγος)로 호칭한다. 요한은 이 예수가 태초에 하나님과 함께 계셨다고 기록한다(요 1:10). "계시니라"로 번역되는 엔(ἦν)은 에이미(εἰμι)의 미완료 시제이다. 이는 단순한 과거가 아니라 과거에 계속된 동작을 말하는 것으로 예수님은 태초부터 성

---

[3] 위의 책, 122.

부 하나님과 함께 지속해서 같이 계셨음을 보여준다. 예수와 하나님은 같은 한 하나님이 아니라 각각 독립하여 계시는 하나님이다.
『현대인의성경』은 골로새서 1:13을 다음과 같이 번역한다.

> 하나님은 우리를 어두움의 권세에서 구출하여 자기가 사랑하는 아들의 나라로 옮겨 주셨다(골 1:13).

여기서 "하나님"은 성부 하나님이며 "자기가 사랑하는 아들"은 예수 그리스도이다. 성부 하나님께서 어두움의 권세 하에 있는 사람들을 자기의 사랑하는 아들 나라로 옮기셨다.

그렇다면 성부 하나님과 그분의 사랑하는 아들은 같은 한 존재가 아니다. 성경은 같은 한 하나님이 시대마다 세 가지 양태로 나타났다는 단일신(單一神)을 말하지 않는다. 성경은 각각 독립되어 계시는 삼위로 존재하시는 하나님을 계시한다.

안상홍의 주장대로 하나님과 예수님이 동일한 한 존재라면 "아버지께서는 모든 것이 가능하오니 이 잔을 내게서 옮기시옵소서. 그러나 나의 원대로 마시옵고 아버지의 원대로 하옵소서"(막 14:36) 라고 기도한 예수님은 자기 자신에게 기도했거나 단지 다른 사람에게 보여주기 위해 기도했다고 볼 수 있다.

> 아버지 내 영혼을 아버지 손에 부탁하나이다(눅 23:46).

이 기도를 자기의 영혼을 자기에게 받아달라고 간절히 구했다고 해석할 수 있을까?

예수님이 말씀하였다.

> 내가 아버지께 구하겠으니 그가 또 다른 보혜사를 너희에게 주사 영원토록 너희와 함께 있게 하리니 (요 14:16).

여기서 예수님과 예수님이 구하는 아버지와 아버지가 보내주신다는 다른 보혜사가 동일한 한 분 하나님을 가리킨다고 해석할 수 없다. 원문에서 아버지는 '그 아버지'(τὸν Πατέρα)로 번역하는 이유는 정관사 '톤'(τὸν)이 있기 때문이다. 예수님은 자기와 구별되는 하나님을 3인칭 '그 아버지'로 정확하게 호칭하셨다. 예수님, 하나님, 성령님은 동일한 한 분 하나님이 아니다.

예수님이 "하늘에 계신 아버지"(마 6:9)께 기도하라고 가르치셨을 때 과연 자기를 하늘에 있는 아버지와 동일시하셨을까?

예수님이 세례를 받으실 때 성령이 비둘기처럼 임하였으며, 하늘에서 "이는 내 사랑하는 아들이요 내 기뻐하는 자라"(마 3:17)는 말씀이 들렸다.

이때 비둘기의 형체로 임한 성령은 누구이며, 세례받는 예수님은 누구이며, 하늘에서 들린 목소리의 주인공은 누구일까?

과연 이 세 분이 동일한 한 존재였을까?

> 내 아버지께서 모든 것을 내게 주셨으니 아버지 외에는 아들을 아는 자가 없고 아들과 또 아들의 소원대로 계시를 받는 자 외에는 아버지를 아는 자가 없느니라 (마 11:27).

아버지가 아들에게 모든 것을 맡겨 주었고, 아버지 외에는 아들을 아는 사람이 없다는 말씀에서 이 아버지와 이 아들을 동일한 존재로 볼 수 있을까?

예수님이 변화 산에서 "아버지의 이름을 영광스럽게 하옵소서"(요 12:28)라고 간구하자 "내가 이미 영광스럽게 하였고 또다시 영광스럽게 하리라"(요 12:28)라고 응답한 하늘의 존재는 누구였을까?

예수님이 "내 아버지의 뜻은 아들을 보고 믿는 자마다 영생을 얻는 이것이라"(요 6:40) 하셨는데, 여기서 아버지와 아들이 동일한 존재라면 예수님은 이상한 소리를 한 것이 된다.

> 내가 곧 길이요 진리요 생명이니 나로 말미암지 않고는 아버지께로 올 자가 없느니라(요 14:6).

예수님과 아버지가 동일한 존재라면 예수님은 헛소리를 하신 것이다. 예수님이 "성령으로 기뻐하시며 이르시되 천지의 주재이신 아버지여 이것을 지혜롭고 슬기 있는 자들에게는 숨기시고"(눅 10:21)라고 하셨다.

예수님을 기쁘시게 한 성령님과 이 예수님과 대화하고 계신 천지의 주재인 아버지가 동일한 존재일까?

예수님이 "너희는 가서 모든 민족을 제자로 삼아 아버지와 아들과 성령의 이름으로 세례를 베풀고 내가 너희에게 분부한 모든 것을 가르쳐 지키게 하라"(마 28:19~20) 하셨다. 마태는 삼위로 존재하시는 하나님을 각각 아버지(Πατρὸς), 아들(Υἱοῦ), 성령(Ἁγίου Πνεύματος)으로 명확하게 기록했다.

하나님과 아들과 성령이 동일한 한 하나님이라면 마태가 굳이 하나님의 명칭을 각각 구분하여 기록할 필요가 있었을까?

사도행전 7:55에서 스데반은 성령이 충만하여 '하나님' 우편에 앉은 '예수님'을 보았다.

여기서 스데반을 충만케 한 성령은 누구이며, 또 스데반이 본 하나님과 그 옆에 있는 예수는 누구인가?

이 세 분이 동일한 한 분이라면 이러한 표현을 어떻게 해석해야 할까?

로마서 8:34은 하나님 우편에 계신 예수님이 친히 우리를 위해 간구하신다고 기록한다.

과연 하나님 우편에 계신 예수님과 예수님 왼편에 계신 하나님이 동일한 하나님인가?

> 예수님은 근본 하나님과 본체 시나 하나님과 동등 됨을 취할 것으로 여기지 않고 십자가에서 죽기까지 복종하셨으므로(빌 2:6-9).

하나님은 이러한 예수님을 지극히 높이셨다고 기록한다. 태초부터 하나님이셨던 예수님이 성부 하나님과 동등한 존재가 되려 하지 않고 자신의 것을 내려놓고 사람이 되셨다.

과연 순종하신 예수님과 순종하신 예수님을 지극히 높이신 하나님이 동일한 존재일까?

디모데전서 2:5은 그리스도를 가리켜 하나님과 사람을 이어주는 중보자라고 한다. 바울은 여기서 그리스도를 그리스도와 이어주는 중보자라고 표현했을 리가 없다.

요한계시록 1:1은 '계시'(요한계시록)가 전달되는 과정을 기록한다. 김주철의 주장이 사실이라면 이 계시를 하나님이 자기 자신에게 전달했다고 해석해야 한다.

요한계시록 5:7은 어린 양 예수님이 보좌에 계신 하나님에게서 일곱 인으로 봉해진 책을 취하는 장면을 보여준다. 요한이 예수님의 손에 든 책을 예수님 자신이 취하는 장면을 보았을 것 같지는 않다.

이상에서 살펴본 바와 같이 성경은 하나님과 예수님과 성령님을 한 하나님이라고 말하지 않는다. 성경은 하나님이 일인삼역으로 구원사업을 해가는 것이 아니라 삼위로 계시는 하나님이 일체가 되어 구속사를 이끌어가심을 보여준다. 성경의 신관은 일신론이 아니다.

2. 성부, 성자, 성령

1) 안상홍 하나님의교회의 주장

> 첫째, '여호와(성부) = 예수(성자)'임을 확인해 보자.
>
> 이는 한 아기가 우리에게 났고 한 아들을 우리에게 주신 바 되었는데 그 어깨에는 정사를 메었고 그 이름은 기묘자라, 모사라, 전능하신 하나님이라, 영존하시는 아버지라, 평강의 왕이라 할 것임이라(사 9:6).
>
> 한 아기는 메시아로 이 땅에 오실 예수님에 대한 예언이다. 흔히 예수님에 대해서는 하나님의 아들이라고 표현한다. 그러나 아들이면 아들로서만 호칭 되어야 할 터인데 예수님에 대하여 "전능하신 하나님," "영존하시는 아버지"라고 알려주고 있다.
> 아버지가 아닌 분을 성경에 어찌 아버지라고 가르칠 수 있겠는가?
> 여기에서 예수님을 아버지라고 표현하신 것은 예수님은 우리의 영의 아버지시기 때문이요, 그분이 곧 아버지이신 여호와시기 때문이다.[4]
>
> 너희 안에 이 마음을 품으라 곧 그리스도 예수의 마음이니 그는 근본 하나님의 본체시나 하나님과 동등됨을 취할 것으로 여기지 아니하시고 오히려 자기를 비어 종의 형체를 가져 사람들과 같이 되었고 사람의 모양으로 나타나셨으매 자기를 낮추시고(빌 2:5-7).
>
> 예수님을 근본 본체이신 하나님이라고 말하는 것은 하나님께서 인간의 모습을 쓰시고 이 땅에 오셨기 때문이다. 인간의 모습을 쓰시고 이 땅에

---

[4] 김주철, 142-143.

오셔서 가지신 이름이 예수이다. 그러므로 여호와 하나님이나 신약의 예수님은 같은 한 분 하나님이시므로 예수님을 하나님의 본체라고 설명한 것이다.[5]

> 조상들도 저희 것이요 육신으로 하면 그리스도가 저희에게서 나셨으니 저는 만물 위에 계셔 세세에 찬양을 받으실 하나님이시니라(롬 9:5).

일반적인 하나님의 의미는 '여호와'를 가리키고 있다.
그러나 성경은 세세토록 찬양받으실 하나님을 예수님이라고 하였으니 바로 성부 시대에 나타나신 여호와 하나님이 성자 시대에 예수로 나타나신 것이 아니고 무엇이겠는가?[6]

> 영생은 곧 유일하신 참 하나님과 그의 보내신 자 예수 그리스도를 아는 것이니이다(요 17:3).

위의 내용을 살펴보면 참 하나님이 따로 계시고 예수님은 보내심을 받은 다른 분이신 것처럼 이해하기 쉬우나 사실은 예수님이 참 하나님이심을 성경은 증거하고 있다.[7]

> 또 아는 것은 하나님의 아들이 이르러 우리에게 지각을 주사 우리로 참된 자를 알게 하신 것과 또한 우리가 참된 자 곧 그의 아들 예수 그리스도 안에 있는 것이니 그(예수)는 참 하나님이시요 영생이시라(요일 5:20).

---

5 위의 책, 143.
6 위의 책, 143-144.
7 위의 책, 144.

이러한 가르침을 통해서도 예수님은 영생의 근원이 되시는 참 하나님이심을 명백히 알 수 있다.[8]

> 주 하나님(여호와)이 가라사대 나는 알파와 오메가라 이제도 있고 전에도 있었고 장차 올 자요 전능한 자라 하시더라(계 1:8).

요한계시록 22:13 "나(예수)는 알파와 오메가요 처음과 나중이요 시작과 끝이라" 하셨다.

여호와 하나님도 알파와 오메가(처음과 나중이라는 뜻)요, 예수님도 알파와 오메가, 즉 처음과 나중이라 하셨으니, 만일 한 분 아닌 서로 다른 분이라면, 두 분 중에 한 분은 다른 한 분보다 먼저 존재하셨어야 옳을 텐데 두 분 모두 "나는 처음이요 그리고 마지막이다" 하셨으니 '여호와와 예수님은 한 분'이라는 증거가 아니고 무엇이겠는가?

이러므로 여호와는 곧 예수님과 일체(一體)라는 관계가 성립된다.[9]

> 저희가 어린 양으로 더불어 싸우려니와 어린 양은 만주의 주시요 만왕의 왕이시므로 저희를 이기실터이요 또 그와 함께 있는 자들 곧 부르심을 입고 빼내심을 얻고 진실한 자들은 이기리로다(계 17:14).

하셨으니 '여호와 = 예수'라는 관계가 틀림없다.[10]

> 나 여호와가 말하노라 보라 날이 이르리니 내가 이스라엘 집과 유다 집에 새 언약을 세우리라(렘 31:31).

---

[8] 위의 책, 144.
[9] 위의 책, 145-146.
[10] 위의 책, 146.

그런데 새 언약은 예수님이 세우셨다.

> 저녁 먹은 후에 잔도 이와 같이 하여 가라사대 이 잔은 내 피로 세우는 새 언약이니 곧 너희를 위하여 붓는 것이라(눅 22:20).

이러한 사실을 미루어 보아 성부 하나님이신 여호와와 성자 하나님이신 예수님은 동일한 분으로 다른 모습, 다른 형태로 나타났지만, 물과 얼음과 수증기가 그 근본은 같은 것처럼 여호와 하나님과 예수님도 근본이 같은 한 분 하나님이심을 알 수 있다.[11]

둘째, '여호와 = 성령'임을 확인해 보자.

> 하나님은 영(성령)이시니 예배하는 자가 신령과 진정으로 예배할찌니라 (요 4:24).

사도 바울은 하나님이 곧 성령이라는 사실을 고린도 교인들에게 보내는 편지에 자세히 기록해 주고 있다.[12]

> 오직 하나님이 성령으로 이것을 우리에게 보이셨으니 성령은 모든 것 곧 하나님의 깊은 것이라도 통달하시느니라. 사람의 사정을 사람의 속에 있는 영 외에는 누가 알리요 이와 같이 하나님의 사정도 하나님의 영 외에는 아무도 알지 못하느니라(고전 2:10-11).

---

[11] 위의 책, 147.
[12] 위의 책, 147-148.

하나님밖에 모르는 하나님의 사정을 성령은 다 안다고 하셨으니 성령과 하나님의 영이 같지 아니하고서야 어떻게 모든 것을 통달할 수 있겠는가? 즉 하나님의 사정은 성령이신 하나님의 영만이 안다는 뜻의 말씀이다. 이로써 하나님과 성령이 일체임을 알 수 있다.[13]

> 모든 성경은 하나님의 감동으로 된 것으로(딤후 3:16).

> 먼저 알 것은 경의 모든 예언은 사사로이 풀 것이 아니니 예언은 언제든지 사람의 뜻으로 낸 것이 아니요 오직 성령의 감동하심을 입은 사람들이 하나님께 받아 말한 것임이니라(벧후 1:20-21).

성경이 하나님의 감동으로 기록되었다고 설명하기도 하며, 혹은 성령의 감동으로 기록되었다고도 말할 수 있는 것은 여호와 하나님이 곧 성령님이시기 때문이다. 즉 성경 = 하나님의 감동으로 기록된 책, 성경 = 성령의 감동으로 기록된 책, 그러므로 성령 = 하나님이라는 관계가 성립되는 것이다.[14]

셋째, '예수 = 성령'임을 확인해 보자.

> 이와같이 성령도 우리 연약함을 도우시나니 우리가 마땅히 빌바를 알지 못하나 오직 성령이 말할 수 없는 탄식으로 우리를 위하여 친히 간구하시느니라(롬 8:26).

> 누가 정죄하리요 죽으실 뿐 아니라 다시 살아나신 이는 그리스도 예수시니 그는 하나님 우편에 계신 자요 우리를 위하여 간구하시는 자시니라(롬 8:34).

---

[13] 위의 책, 148.
[14] 위의 책, 148.

성령이 우리들을 위하여 간구하신다고 하셨는데 결론에 가서는 예수님이 간구하시는 것으로 설명하고 있다. 이것은 성령님이나 예수님은 결국 같은 분이시기 때문에 성령이라고도 하고 예수님이라고도 표현한 것이다.[15]

> 만일 누가 죄를 범하면 아버지 앞에서 우리에게 대언자가 있으니 곧 의로우신 예수 그리스도시라(요일 2:1).

여기서 대언자라는 말은 '도와준다'라는 뜻을 지닌 헬라어 '파라클레토스'를 번역한 것인데 요한복음에는 이 말이 보혜사로 번역되어 있다. 그러므로 '대언자'나 '보혜사'는 같은 성령을 칭하는 말씀이다(요일 2장 난하주 3번 참조: 대언자 = 보혜사). 그래서 예수님을 보혜사고 칭하는 겁니다. 그런데 예수께서는 성령을 가리켜 보혜사라고 증거하셨으니, 예수님이나 보혜사이신 성령님은 같은 분임에 틀림이 없다.

> 보혜사 곧 아버지께서 내 이름으로 보내실 성령 그가 너희에게 모든 것을 가르치시고 내가 너희에게 말한 모든 것을 생각나게 하시리라(요 14:26).

이렇게 말씀하셨으니, 보혜사 = 성령, 보혜사 = 예수님, 그러므로 예수님 = 성령이라는 관계가 분명히 성립되는 것이다.[16]

---

[15] 위의 책, 149.
[16] 위의 책, 150.

'성부, 성자, 성령'에 대한 안상홍 하나님의교회의 주장

① 여호와와 예수가 동일한 분이라는 사실을 이사야 9:6, 로마서 9:5, 요한복음 17:3, 요한일서 5:20, 요한계시록 1:8, 17:14, 22:13, 예레미야 31:31, 누가복음 22:20이 증명한다.
② 여호와와 성령이 동일한 분이라는 사실을 요한복음 4:24, 고린도전서 2:10~11, 디모데후서 3:16, 베드로후서 1:20~21이 증명한다.
③ 예수와 성령이 동일한 분이라는 사실을 로마서 8:26, 34, 요한일서 2:1, 요한복음 14:26이 증명한다.

2) 성경적 해석

첫째, 여호와(성부)와 예수(성자)는 동일한 한 분 하나님이 아니라 서로 다른 하나님이다.

김주철은 예수가 하나님의 아들이면 아들로 호칭되어야 하는데 왜 이사야 9:6은 예수를 "전능하신 하나님," "영존하시는 아버지"로 표현하느냐고 반문한 뒤, 이는 예수가 곧 아버지이신 여호와임을 말하는 것이라고 한다.

이사야 9:6~7은 장차 임할 메시아에 대한 예언이다. 이사야는 장차 올 메시아는 "전능하신 하나님," "영존하시는 아버지," "평강의 왕"이라 칭함을 받게 될 것이라 예언한다. 이사야는 메시아를 인성과 신성을 지닌 존재로 묘사한다. '아기'라는 단어에 그의 인성이 나타나 있다면 '하나님'이란 단어에 그의 신성이 나타나 있다.

이사야가 이 메시아를 가리켜 전능하신 하나님, 영존하시는 아버지라 칭한 것은 그분의 본질에 대한 묘사이다. 즉 그 메시아는 하나님이라는 사실이다. 특히 메시아를 '아버지'라는 부성(父性)으로 표현한 것은 그가 자기 백성들을 부성적 사랑으로 양육하고 인도하실 하나님이신 것을 나타낸다. 이사야는 이 하나님이 아기의 모습으로 우리 가운데 오실 것을 예언했다. 이사야 9:6은 단지 예수님의 신성을 표현하였을 뿐 구약의 하나님과 신약의 예수님이 동일한 존재라고 말하지 않는다.

로마서 9:5은 예수님을 "만물 위에 계셔서 세세에 찬양을 받으실 하나님"으로 묘사한다. 바울은 예수님이 육신적으로는 다윗의 혈통 가운데 왔지만(롬 1:3), 그 본질은 신성을 가진 하나님이심을 선언한다. 그리고 그분은 인간의 몸을 입으셨으나 그 본질은 만물 위에 계신 하나님이심을 명시적으로 밝힘으로 세세토록 찬양받으실 자격이 있음을 보여준다. 로마서 9:5 역시 예수님의 신성을 표현한 것일 뿐 예수님을 구약의 하나님과 동일한 존재로 묘사하지 않는다.

요한복음 17:3은 영생은 하나님과 하나님께서 보내신 자 예수 그리스도를 아는 것이라고 진술함으로 김주철의 주장을 부정한다. 김주철은 "위의 내용을 살펴보면 참 하나님이 따로 계시고 예수님은 보내심을 받은 다른 분이신 것처럼 이해하기 쉬우나 사실은 예수님이 참 하나님이심을 성경은 증거하고 있다"라고 한다. 그러나 성경은 하나님께서 예수 그리스도를 이 땅에 보내셨다고 명료하게 진술한다(요 3:16~17). 김주철은 특별한 해석이 필요치 않을 만큼 명료한 성경의 진술도 간단히 부정하여 버린다.

요한일서 5:20은 하나님의 아들이 우리에게 와서 깨달음을 주심으로 우리가 참되신 하나님과 그분의 아들 예수 그리스도 안에 있게 되었다고 기록한다. 예수님이 오셔서 사람들에게 '참된 자에 대한 깨달음을 주셨다. 여기서 참된 자(ἀληθινόν)는 하나님을 가리킨다. 예수님이 세상 가운데 오셔서 사람들에게 참되신 하나님에 대한 지각을 열어주셨다. 이 표현을 하나님의 아들이 사람들에게 와서 자기 자신에 대한 지각을 열어주었다고 해석하면 오역이 된다.

요한계시록 1:8에서 주 하나님께서 "나는 알파와 오메가"라로 선포하셨고 요한계시록 22:13에서는 예수께서도 "나는 알파와 오메가요"라고 선포하셨다. 김주철은 이를 두고 하나님도 자기를 알파와 오메가라 했고, 예수님도 자기를 알파와 오메가라 했으니 하나님과 예수님은 동일한 분이라는 논리를 펼친다. 이는 타당한 논증 방식이 아니다. A = C, B = C라고 해서 A = B가 성립되지 않는다.

이 두 구절은 하나님과 예수님은 각각 태초부터 계셨던 하나님이심을 증거한다. 그러므로 하나님도 알파와 오메가이시며 예수님도 알파와 오메가이시다. 김주철은 예수님의 신성을 언급하는 구절들을 부지런히 끌어와 마치 성경이 그렇게 말하는 것인 양 가장한다. 성경 해석은 '유비 추리'로 하는 것이 아니다.

요한계시록 17:14은 어린 양 예수를 "만주의 주"이며 "만왕의 왕"이라 칭한다. 짐승이 어린 양에게 싸움을 걸어오지만 어린 양을 절대로 이길 수 없는 이유는 어린 양이 만주의 주 곧 하나님이기 때문이다. 이 호칭은 어린 양이 하나님과 본질에 있어서 동등한 분이심을 나타낸다. 요한계시록 17:14은 구약의 하나님과 신약의 예수님이 동일한 존재라는 사실을 말하지 않고 어린 양이신 예수님이 하나님인 것만 지시한다.

예레미야 31:31에서 하나님은 장차 새 언약을 세우실 것을 예언하셨고, 누가복음 22:20에서 예수님이 그 예언을 이루셨음을 보여준다. 김주철이 여기서 예언자와 성취자를 동일한 존재로 간주한다. 예레미야서의 하나님과 누가복음의 예수님은 동일한 한 분이지만, 시대에 따라 각각 다른 모습, 다른 형태로 나타났다며 자신의 일위삼체 신관을 들어낸다.

예언하신 하나님과 그 예언을 이루신 하나님을 동일시하는 김주철이 과연 정상적인 사고가 가능한 자인지 의심이 간다. 하나님은 이사야 53장을 통해서 장차 올 메시아를 고난의 종으로 예언하셨고, 이는 고난 받으신 예수 그리스도에게서 성취되었다. 하나님은 미가 5:2을 통해 장차 올 메시아는 베들레헴에서 태어날 것을 예언하셨고, 이는 베들레헴에서 탄생한 예수 그리스도에 의해 성취되었다(마 2:4).

김주철 논리대로라면 이러한 본문을 통해서도 예언의 주체이신 하나님과 이를 성취하신 예수님을 동일한 존재로 결론 내릴 수 있다. 하지만 세상에 예언자와 성취자를 동일시하는 이러한 논증 방식은 없다. 김주철은 구약의 하나님과 신약의 예수님이 동일한 존재임을 증명하기 위해 예수의 신성을 나타내는 구절들을 집요하게 끌어모아 보았지만 '하나님이 곧 예수'라는 사실을 실증하지 못한다.

둘째, 여호와와 성령님은 동일한 한 분 하나님이 아니라 서로 다른 하나님이다.

요한복음 4:24은 하나님은 영이시므로 예배자는 영과 진리로 예배드려야 한다고 가르친다. 김주철은 여기서 "하나님은 영이시니"라는 문장에 주목한다. 그리고 하나님이 곧 성령이라는 결론을 내린다. 하지만 '영'은 영적인 존재를 나타낼 뿐 하나님을 가리키지 않는다. 헬라어 성경에서 '영'은 헬라어 소문자 피(π)로 시작하는 프뉴마(πνεῦμα)로 표기하고 '성령'을 말할 때는 반드시 대문자 피(Π)로 시작하는 프뉴마(Πνεύμα)로 표기한다. 요한복음 4:24에서 '영'은 πνεῦμα(프뉴마)로 기록되어 있다. 이는 매우 기초적인 이야기이다.

고린도전서 2:10~11은 사람의 속사정은 그 사람 속에 있는 영외에는 알 수 없듯이 하나님의 사정도 그분의 영인 성령님 외에는 알 수 없다고 기록한다. 김주철은 여기에 착안하여 하나님의 사정은 성령이 알기에 하나님과 성령은 동일한 존재라고 논증한다. 매우 유치하다. 내 마음을 알아주는 사람과 내가 동일인이라는 말이 성립되지 않듯이 하나님의 속을 통달하시는 성령과 하나님이 동일한 존재라는 논증도 성립될 수 없다.

김주철은 성경이 "하나님의 감동"으로 기록되었다고 말하는 디모데후서 3:16과 성경이 "성령의 감동"으로 기록되었다고 하는 베드로후서 1:21에 주목한다. 김주철은 한쪽에는 하나님의 감동이라 하고, 다른 쪽에는 성령의 감동이라 했으니 하나님과 성령님이 동일한 분이 아니고서는 이런 표현을 쓸 수 없다는 주장을 한다. 이도 대단히 유치하다. 바울과 베드로는 성경의 기원이 신적(神的)인데 있음을 말한다. 비록 성경이 사람의 손에 의해 기록되었지만, 성경의 원저자는 하나님이신 것을 나타낸다.

바울과 베드로 입장에서 성부 하나님도 하나님이고, 성령 하나님도 하나님이므로 굳이 하나님과 성령을 구분할 필요가 있지 않았다. 누가는 사도행전 15:35~36에서 성경을 예수님의 말씀 곧 "주의 말씀"(λόγος τοῦ Κυρίου)으로 기록한다. 성경은 성경이 하나님에게서 온 책임을 나타내기 위해 하나님, 성령님, 예수님을 구분하지 않고 '하나님의 감동'으로 기록된 책, '성령의 감동'으로 기록된 책,' '예수님의 말씀' 등으로 표현한다. 하나님과 예수님과 성령님은 본질에 있어서 동일한 하나님이지만, 서로 독립되어 계시는 하나님이다.

셋째, 예수님과 성령님은 동일한 한 분 하나님이 아니라 서로 다른 하나님이다.

로마서 8:26은 '성령은 우리를 위하여 간구하시는 분'이라 하고 로마서 8:34은 '예수님께서 우리를 위하여 간구하시는 분'이라 기록한다. 김주철은 이 두 구절도 자기만의 방식으로 해석한다. 그는 로마서 8:26에서는 성령이 우리들을 위하여 간구한다고 했는데, 결론부 곧 로마서 8:34에 가서는 예수님이 간구하는 것으로 되어있는 이유는 성령과 예수가 동일한 한 분이기에 성령과 예수를 혼용해서 쓴 것이라고 주장한다.

과연 그럴까?

바울이 과연 성령이 간구를 시작하고 예수님이 그 간구를 이어받아 마무리 지은 것으로 묘사할 의도가 있었을까?

로마서 8:26의 내용은 성령께서는 종말적인 영광의 날을 소망하는 모든 성도를 위해 그날까지 인내하며 견딜 수 있도록 간절히 구하신다는 내용이다. 반면 로마서 8:34의 내용은 성도가 죄를 범하지만 예수님이 우리를 위하여 간구하시기 때문에 성도는 절대 정죄당하지 않는다는 내용이다. 여기서 "간구하시는"으로 번역된 '엔팅카네이'(ἐντυγχάνει)는 '중재하는,' '청원하는'의 의미이다. 성도가 연약해서 죄를 범한다고 하더라도 예수님이 중재하시기 때문에 성도를 정죄하고 파멸시키려는 대적들의 의도가 무산된다는 의미를 함축한다.

이 성령님의 기도와 예수님의 기도는 엄연히 다른 내용과 다른 주제를 담고 있다. 바울이 처음에는 성령께서 우리들을 위하여 간구한다고 했는데 결론에 가서는 예수님이 간구하는 것으로 표현했다는 설명은 부적절하다. 로마서 8장에는 이 두 기도가 서로 연속 선상에 있다는 단서나 암시가 없다. 설령 성경이 성령께서 기도를 시작했고 결론에 가서 예수께서 간구하는 것으로 의도했다 해도 그것이 성령님과 예수님이 동일한 존재라는 정보가 되지 못한다. 두 중보자가 동일한 대상을 위해 기도했다고 해서, 두 중보자가 동일인이라고 믿는 것은 어이가 없다.

요한일서 2:1은 예수님을 가리켜 보혜사로 칭한다. 요한복음 14:26은 성령을 가리켜서도 보혜사라 한다. 김주철은 예수님도 보혜사라 했고 성령님도 보혜사라 했으므로 예수는 곧 성령이라는 관계가 성립된다고 주장한다.

과연 그럴까?

여기서 '보혜사'로 번역된 파라클레톤(παράκλητον)은 대언자, 대변자, 중재자, 변호인, 후견인이라는 뜻이 있다. 그러므로 요한일서 2:1의 파라클레톤을 KJV는 '대변자'(advocate)로, NIV는 '변호인'(defense)으로, DBT는 '후견인'(patron)으로 번역한다. 요한일서 2:1에서 예수님을 지칭한 보혜사는 '변호인'이라 번역하면 적합하다. 성도는 죄를 범해서 안 되지만 연약해서 죄를 범하게 되더라도 절대로 자기 비하에 빠져서는 안 되는 이유는 그를 변호해 주시는 예수님이 계시기 때문이다.

김주철은 보혜사는 성령을 칭하는 말이라고 하지만 그것은 일부분만 사실이다. 보혜사라는 용어를 제일 처음 사용하신 분은 예수님이셨다. 예수님은 자신이 하늘로 간 후에 성령이 오시게 되는데 이 성령을 가리켜 '보혜사'라 하셨다(요 14:16, 26; 15:26; 16:7). 여기서 보혜사는 성령의 역할을 의미하는 용어이지 보혜사가 곧 성령이라는 말은 아니다.

성령의 역할은 보혜사라는 이름에서 드러나듯이, 성도를 위해 대언하고, 대변하고, 후원하고, 돕는 역할이다. 이런 점에서 성부 하나님도 보혜사이며, 예수님도 보혜사이다. 왜냐하면, 이 두 분 모두 성도를 후원하고 후견하시는 분이기 때문이다. 또한, 성령도 당연히 보혜사이다.

보혜사라는 용어는 하나님과 예수님과 성령님 모두에게 적용할 수 있다. 이러한 보혜사의 용례를 알지 못하고 예수님과 성령님을 동일한 존재로 여기는 것은 상식 이하이다.

제2장

안상홍 재림주 교리 해부하기

1. 멜기세덱

1) 안상홍 하나님의교회의 주장

> 멜기세덱에 관하여는 우리가 할 말이 많으나 너희의 듣는 것이 둔하므로 해석하기 어려우니라 때가 오래므로 너희가 마땅히 선생이 될터인데 너희가 다시 하나님의 말씀의 초보가 무엇인지 누구에게 가르침을 받아야 할 것이니 (너희가 아직은) 젖이나 먹고 단단한 식물을 못 먹을 자가 되었도다 대저 젖을 먹는 자마다 어린아이니 의의 말씀을 경험하지 못한 자요 단단한 식물은 장성한 자의 것이니(때가 되면 장성한 자들이 나올 터이니) 저희는 지각을 사용하므로 연단을 받아 선악을 분변하는 자들이니라(히 5:11~14).
>
> 위에 기록한 말씀을 자세히 연구한다면 장차 완전한 멜기세덱의 반차를 좇는 대제사장이 나와야 하며 또 멜기세덱의 반차를 좇아 지각을 사용함으로 연단을 받아 선악을 분변하는 장성한 자들이 나올 것을 알려주고

있다.[1]
"이 멜기세덱은 살렘 왕이요" 하였으니 멜기세덱은 살렘 왕으로서 이방 사람이니 예언 성취도 진짜 멜기세덱이 이방에서 나와야 하며 "아비도 없고 어미도 없고" 하였으니 예언 성취도 아비나 어미도 없는 사람이 진짜 멜기세덱이 될 것이며 "족보도 없고" 하였으니 예언 성취도 이스라엘 12지파에는 족보가 실려 있지 않은 이방 사람이 되어야 진짜 멜기세덱이 될 것이다.

> 예수께서 무리에게 말씀하실 때에 그 모친과 동생들이 당신께 말하려고 밖에 섰나이다 하니 말하던 사람에게 대답하여 가라사대 누가 내 모친이며 내 동생들이냐 하시고 손을 내밀어 제자들을 가리켜 가라사대 나의 모친과 나의 동생들을 보라 누구든지 하늘에 계신 내 아버지의 뜻대로 하는 자가 내 형제요 자매요 모친이니라 하시더라(마 12:46-50).

그러므로 성경에는 구원받지 못한 부모는 부모로 인정하지 않기 때문에 마지막 멜기세덱은 구원받지 못한 부모 밑에서 출생한 이방인이 되어야 예언 성취가 되는 것이다.[2]
"살렘 왕 멜기세덱이 떡과 포도주를 가지고 나왔으니 그는 지극히 높으신 하나님의 제사장이었더라" 하였으니, 떡과 포도주로 아브라함에게 복을 빌어주는 제사장이니 이 예언 성취는 예수께서 유월절 성만찬 예식에 떡과 포도주로 우리들에게 복을 빌어주실 것으로 예언 성취되는 것이다. 오늘날 현재에 와서도 유월절에 떡과 포도주로 제사 드려 생명을 이어받은 교회는 오직 우리 교회뿐이다.

---

1 안상홍, 『하나님의 비밀과 생명수 샘』(서울: 안상홍증인회 하나님의교회, 1981), 148.
2 위의 책, 149-150.

> 마지막 멜기세덱은 암행으로 나타나셔서 마귀에게 빼앗겼던 새 언약의 유월절을 다시 찾아 당신의 백성들에게 생명의 진리를 주시고 원수들에게는 말씀으로 심판하신 후에 사형집행을 내리실 것이다.[3]

'멜기세덱'에 대한 안상홍 하나님의교회의 주장

① 히브리서 5:11~14은 장차 완전한 멜기세덱 같은 대제사장이 나타날 것을 예언한다.
② 마태복음 12:46~50은 구원받지 못한 부모는 부모로 인정하지 않는다고 말한다.
③ 장차 세상에 나타날 멜기세덱과 같은 대제사장은 구원받지 못한 부모를 둔 자이다.
④ 멜기세덱이 떡과 포도주를 가지고 온 것은 예언이며, 이는 유월절 떡과 포도주로 복을 빌은 초림 예수에게서 성취되었다.
⑤ 장차 나타날 멜기세덱은 암행어사로 오는 존재이며 새 언약 유월절을 회복하는 자이다.

2) 성경적 해석

안상홍은 창세기와 히브리서에 등장하는 멜기세덱이라는 인물을 소재로 하여 자기 자신을 세상에 임한 암행어사로 나타낸다. 암행어사라는 용어는 안상홍이 자기 자신을 재림주로 나타내는 전문 용어이다. 그는 히브리서 5:11~14은 장차 세상에 나타날 멜기세덱 같은 대제사장을 예언하고 있다고 해석한다. 그리고 자기가 바로 그 멜기세덱임을 끊임없이 암시하

---
[3] 위의 책, 150.

고 드러낸다.

과연 히브리서 5:11~14이 그와 같은 주장을 뒷받침하는가?

첫째, 히브리서 5:11~14의 멜기세덱 같은 대제사장은 예수님을 가리키고 장차 그러한 자가 나타날 것을 말하지 않는다.

안상홍은 현재의 자기가 성경에 약속된 재림주임을 증명하기 위해 히브리서 5:11~14이 장차 멜기세덱의 반차를 좇는 대제사장이 나타날 것을 약속하고 있다고 전제한다. 히브리서 4:14~16은 "우리에게 큰 대제사장이 계시니 승천하신 이 곧 하나님의 아들 예수시라"라고 하며 예수님이 큰 대제사장이었음을 보여준다.

이어진 히브리서 5:1~10은 예수님이 어떤 이유에서 큰 대제사장이 될 수 있었는지에 대해 논증한다. 대제사장이 되기 위해서는 두 가지 요건을 갖추어야 하는데, 하나는 사람이어야 한다는 것(1~3절)과 또 하나는 하나님의 임명이 있어야 한다는 것이다(4절). 예수님은 성육신하심으로 첫 번째 요건을 갖추셨다.

"그는 육체에 계실 때에"(7절)라는 표현은 예수님이 성육신하여 인간으로 지냈던 공생애 기간을 가리킨다. 이는 예수님이 대제사장이 되기 위해 사람이어야 한다는 조건을 충족한 사실을 언급한다. 또한, 예수님은 하나님의 명령에 의해 하나님과 인간 사이를 중보 하는 대제사장으로 임명되심으로 두 번째 요건을 갖추셨다(5~6절). 하나님은 "네가 영원히 멜기세덱의 반차를 따르는 제사장이라"(6절)고 하시며 예수님을 대제사장으로 임명하셨다. 그리고 이 예수님은 아론 이후 대제사장이 갖추는 요건 이상의 자격, 즉 멜기세덱과 같은 자격을 갖추었다고 기록한다(10절).

히브리서 5:11~14에서는 이 주제가 전환된다. 히브리서 기자는 당시 유대인들에게 멜기세덱의 반차를 좇는 예수님의 대제사장직에 관한 교훈을 설명해 주기 원했으나, 그것은 이해하기 쉽지 않은 내용이라고 말한다(11절). 그리고 "너희가 마땅히 선생이 되었을 터인데 너희가 다시 하나님의 말씀 초보에 대하여 누구에게서 가르침을 받아야 할 처지이니 단단한 음식은 못 먹고 젖이나 먹어야 할 자가 되었도다"(12절)라며 책망한다.

신앙의 시간적인 연륜을 보자면 히브리서의 독자들은 이미 선생이 되어 다른 이들을 가르치기에 충분한 사람들이었지만 아직 영적 유아기에 머물러 있기에 초보부터 다시 시작해야 한다고 지적한다. 그리고 히브리서 기자는 젖을 먹는 사람은 아직도 어린아이라서 의의 말씀에 익숙지 못하나 어른이 되면 단단한 음식도 먹게 되므로, 성인의 지각을 부지런히 사용하여 계속 훈련함으로써 선과 악을 분별하라고 권면한다(13~14절).

히브리서 독자들은 지금까지 레위 계통의 제사장직에는 익숙하였지만 멜기세덱의 계통(반차)을 따르는 대제사장직에 대해서는 금시초문이다. 그러므로 지각을 부단히 개발하고 증진하여 이제부터 옳고 그름을 잘 분별하라고 한다. 이것이 안상홍이 인용한 히브리서 5:11~14의 내용이다. 이 내용은 장차 멜기세덱의 반차를 좇는 대제사장이 나타날 것을 예고하고 있지 않다.

또한, 이 대제사장에 의해 연단받아 선악을 분별하는 장성한 자들이 나올 것도 알려주고 있지 않다. 안상홍은 이 대제사장을 자기와 동일시하고, 장성한 자들을 자기를 추종하는 사람들과 동일시한다. 하지만 히브리서는 멜기세덱과 같은 대제사장은 오직 예수님 한 분이었을 뿐, 멜기세덱을 장차 세상에 임할 어떤 다른 인물과 연결하지 않는다. 안상홍의 멜기세덱 교리는 이미 여기에서 설 자리를 잃는다.

둘째, 히브리서 7:3은 장차 나타날 멜기세덱 같은 대제사장은 불신 부모를 둔 자라고 말하지 않는다.

안상홍은 멜기세덱의 특징을 나타내는 히브리서 7:3의 "아버지도 없고 어머니도 없고 족보도 없고"라는 문구를 발판삼아 자기가 히브리서가 증거하는 멜기세덱과 같은 대제사장임을 증명한다. 이를 뒷받침하기 위해 마태복음 12:46~50을 매개로 활용한다.

히브리서 7:3 해석

아버지도 없고 어머니도 없고 족보도 없고 시작한 날도 없고 생명의 끝도 없어 하나님의 아들과 닮아서 항상 제사장으로 있느니라(히 7:3).

멜기세덱에 대해서는 창세기 14:17~20에 간략하게 소개되어 있다. 아브라함이 메소포타미아 왕들의 연합군을 물리치고, 납치되었던 조카 롯을 구해 돌아오던 중 멜기세덱은 아브라함에게 나아가 떡과 포도주를 주고 축복하고 아브라함은 그 대가로 전리품의 십일조를 준다.

창세기는 멜기세덱에 대해서 그는 살렘의 왕이며 지극히 높으신 하나님의 대제사장이라고만 언급할 뿐 별다른 설명을 하지 않는다. 그는 구약에서 철저하게 신비의 인물로 그려지고 있다. 하지만 히브리서 7장에서는 대제사장으로서 예수님을 이 멜기세덱과 비교하면서 멜기세덱이라는 존재의 의미가 밝혀진다.

히브리서 기자는 멜기세덱의 역사성보다 예수님의 모형으로 멜기세덱을 소개한다. 그를 의의 왕이요 평화의 왕이며 출생과 부모와 족보가 없는 존재로 소개함으로써 그가 하나님의 아들 예수 그리스도의 모형이 되기에 적합한 분이라고 설명한다.

만약 멜기세덱이 없었다면 예수님의 대제사장직에 대한 성경적 증명이 어려워진다. 왜냐하면, 대제사장은 반드시 레위 지파 출신이어야 하는데 예수님은 유다지파 출신이며, 유다지파에서 대제사장이 나온다는 것은 당시 관습상 있을 수 없는 일이기 때문이다. 레위지파 출신이 아닌 멜기세덱이 하나님의 대제사장인 것은 레위지파 출신이 아닌 예수님의 대제사장직의 정당성을 나타내기 위한 예표이다.

그러므로 멜기세덱이 예수님의 예표적 인물로 등장하기 위해서는 멜기세덱은 족보가 없어야 한다. 멜기세덱이 영원하신 하나님의 아들로 상징되기 위해서는 그는 시작도, 끝도 없는 신비한 존재로 남아 있어야 한다.

이것이 하나님께서는 이 멜기세덱을 성경에 등장시키실 때부터 그의 족보를 기록하지 않으신 이유이다. 부모 없이 태어날 수 있는 인간이 없듯이 멜기세덱에게도 부모도 있고 족보도 있었다. 하지만 히브리서는 그를 예수님을 예표하는 인물로 나타내기 위해서 신비한 존재로 남겨놓는다.

안상홍은 마태복음 12:50을 매개로 해서, 멜기세덱이 부모가 없었다는 이 표현을 통해 황당한 전제를 또 하나 설정한다. 안상홍은 예수님이 "누구든지 하늘에 계신 내 아버지의 뜻대로 하는 자가 내 형제요 자매요 어머니이니라"(마 12:50)라고 하신 뜻은 구원받지 못한 부모는 부모로 인정하지 않았다는 말씀으로 해석한다.

그리고 이를 부모가 없었다는 멜기세덱에 적용한다. 그리고 장차 나타날 멜기세덱과 같은 대제사장은 불신 부모를 둔 자 가운데서 출현한다고 주장한다. 그야말로 작위적인 설정과 작위적인 주장의 연속이다. 안상홍은 자기 부모가 불신자였던 사실을 자기가 재림주로 등장하기 위한 소재로 삼는다.

마태복음 12:50은 유대인이든 이방인이든, 누구든지 하나님의 뜻대로 행하는 자는 하나님의 가족이 될 수 있음을 말한다.

예수님이 마리아를 어머니로 인정하지 않았다면 마지막 십자가에서 제자 요한에게 어머니를 잘 돌봐달라고 부탁할 필요가 있었을까? (요 19:26~27).

자기와 장차 올 멜기세덱을 동일시하기 위해 '불신 부모' 소재까지 활용하는 안상홍에 대해 큰 당혹감을 가진다. 더군다나 자기가 재림주인 것을 정당화하기 위해 마태복음 12:50을 연결 고리로 삼아 부모도 몰라보는 비인간적인 예수라는 소재까지 도입하는 것은 옳지 못하다. 장차 나타날 멜기세덱 같은 대제사장은 불신 부모를 둔 자라는 사실은 히브리서와 아무 상관 없다.

셋째, 멜기세덱이 들고 온 떡과 포도주와 예수님의 최후의 만찬의 떡과 잔과 안상홍의 떡과 잔과 아무 연관이 없다.

안상홍은 창세기 14:18에 등장하는 멜기세덱이 전쟁에서 돌아온 아브라함에게 떡과 포도주를 들고 나온 이 이야기를 예언으로 해석한다. 그리고 이 예언은 다락방에서 떡과 포도주를 들어 축사하신 예수님에게 성취되었다고 주장한다. 그리고 이를 자기가 회복시켰다는 유월절 떡과 포도주와 연결한다.

창세기 14:18에도 떡과 포도주가 나오고, 마가복음 14:22~23에도 떡과 포도주가 나오지만, 이 둘은 전혀 다른 배경에서, 전혀 다른 의미가 있는 떡과 포도주이다. 멜기세덱이 가지고 온 떡과 포도주는 음식일 뿐이지만, 예수님의 떡과 포도주는 십자가에서 성취될 복음을 상징한다. 복음을 표상하는 떡과 포도주와 안상홍 하나님의교회의 유월절 떡과 포도주와도 무관하다. 최후의 만찬은 유월절에 행해지지도 않았으며, 복음 안에는 유월절이란 개념을 담고 있지 않다.

복음은 유월절에 먹는 떡과 포도주가 구원과 영생을 보장한다고 하지 않는다. 멜기세덱이 들고 온 떡과 포도주, 그리고 최후의 만찬의 떡과 잔, 그리고 안상홍 하나님의교회 성만찬은 그 어떤 관련도 없다. 히브리서는 예수님을 예표했던 인물로 멜기세덱을 소개하였고, 장차 이 멜기세덱과 같은 대제사장이 올 것을 지시하지 않는다. 암행어사로 오는 존재, 새 언약 유월절을 회복하는 존재라는 개념은 성경 어디에도 없다.

2. 다윗의 왕위

1) 안상홍 하나님의교회의 주장

> 다윗이 왕위에 올라 지낸 역사는 40년이다.
>
> > 다윗이 30세에 위에 나아가서 40년을 다스렸으되 헤브론에서 7년 6개월 동안 유다를 다스렸고 예루살렘에서 33년 동안 온 이스라엘과 유다를 다스렸더라(삼하 5:4-5).
>
> 예수님이 30세에 가르치시기 시작하셨다고 하였다.
>
> > 예수께서 가르치심을 시작할 때에 30세쯤 되시니라(눅 3:23).
>
> 예수님은 출생 시에도 다윗의 위를 주신다고 하였다.
>
> > 저가 큰 자가 되고 지극히 높으신 이의 아들이라 일컬을 것이요 주 하나님께서 그 조상 다윗의 위를 저에게 주시리니 영원히 야곱의 집에 왕노릇 하실 것이며 그 나라가 무궁하리라(눅 1:32).
>
> 그렇다면 예수님이 어떻게 해서 다윗의 왕위 역사 40년이 이루어질 것인가?
> 예수님은 30세에 침례 받으시고 겨우 3년 동안 실지 교훈으로 행하시고 복음을 전하시며 온 인류의 죄 값으로 속죄 제물로 십자가에 희생되심으로 육신 사업이 3년으로 끝마치셨다.
> 40년 역사가 겨우 3년으로 끝났으니 나머지 37년을 어떻게 처리해야 할 것인가?

> 이 37년이 마지막 때에 암행어사로 나타나셔서 37년 복음 사업을 행하게 되므로 40년의 예언이 성취될 것이다.[4]

'다윗의 왕위'에 대한 안상홍 하나님의교회의 주장

① 누가복음 1:32에 의하면 예수님은 다윗의 왕위를 받았다.
② 예수님은 다윗의 왕위를 받았으므로 다윗처럼 40년을 통치해야 했다.
③ 다윗은 40년을 통치했는데 예수님은 3년으로 끝났으므로 예수님은 37년을 채우지 못했다.
④ 이 37년은 마지막 때의 암행어사가 복음 사업을 함으로 40년을 채웠다.

2) 성경적 해석

첫째, 다윗의 왕위라는 용어를 통해 예수님의 사역 기간이 40년이라 유추할 수 없다.

안상홍은 누가복음 1:32에 의하면 예수는 다윗의 왕위를 받았으므로 예수님도 다윗이 통치했던 40년과 똑같이 40년을 사역해야 한다고 주장한다.

과연 이러한 논리가 정당한가?

누가복음 1:32에서 "그가 큰 자가 되고 지극히 높으신 이의 아들이라 일컬어질 것이요 주 하나님께서 그 조상 다윗의 왕위를 그에게 주시리니"에서 "그 조상 다윗의 왕위"란 곧 태어날 예수가 다윗의 가문 출신임을 밝히

---

[4] 위의 책, 130.

는 표현이다. 즉 다윗 가문의 요셉의 아들로 태어날 예수가 유대인이 대망하는 메시아임을 나타낸 것이다. 유대인들은 장차 올 메시아는 다윗의 후손으로 올 것을 믿고 있었다(마 2:4~6; 12:22~23; 21:9).

안상홍은 이 '다윗의 왕위'라는 용어 착안해 예수님의 사역 기간도 다윗 재위 기간과 똑같은 '40년'이 되어야 한다고 주장한다. 하지만 성경은 그와 같은 예수님의 사역 기간을 제시하지 않는다. 예수님 사역 기간이 40년이 되어야 한다는 것은 안상홍 개인의 희망 사항이다. 성경이 제시하지 않고 있는 사실을 보충하려는 이러한 시도는 성경의 권위를 우습게 여기는 대부분 사이비 교주들에게서 공통으로 나타난다.

단지 "그 조상 다윗의 왕위"란 말에 힌트를 얻어 모든 면에서 다윗과 예수가 같아야 한다고 생각하는 것은 비상식적이다. 안상홍의 논리대로라면 다윗과 예수가 통치 기간뿐 아니라 통치 목표도 같아야 하고, 통치 이념도 같아야 하고, 통치 방식도 같아야 하고, 통치 수단도 같아야 한다.

다윗의 왕위를 물려받은 왕들이 여럿 있었다.

　① 다윗의 왕위에 앉은 왕들(렘 13:13)
　② 다윗의 왕위에 앉은 유다 왕(렘 22:2)
　③ 다윗의 왕위에 앉아 유다를 다스릴 사람(렘 22:30)
　④ 다윗의 왕위에 앉을 자(렘 36:30)

이런 표현에서처럼 다윗의 왕위를 물려받은 왕들이 많이 있었다.
그렇다면 이 왕들도 모두 40년을 통치해야 하는가?.
'다윗의 왕위'란 예수님의 본질을 나타내기 위해 제시되었다. 이는 즉 예수님의 왕적 신분에 대한 표현이며 통치 기간과 연관되지 않는다. 다윗의 왕위라는 말이 예수님의 사역 기간이 40년이 되어야 한다는 정보를 제공하지 않는다. 안상홍은 이 '40년'이 마치 성경에서 하는 말인 것처럼 가장한다. 이러한 것이 성경을 오용하는 대표적인 사례이다.

둘째, 예수님은 하나님의 구속 계획을 3년 공생애를 통해 충실히 완수하셨기에 37년을 보충할 필요가 없다.

안상홍은 다윗은 40년을 통치했는데 예수님은 3년으로 끝났으므로 37년을 다 채우지 못했고, 이 37년은 암행어사로 나타난 자기가 복음 사업을 함으로 40년을 채웠다고 주장한다. 이 주장 안에는 심각한 모순 두 가지가 보인다.

① 40년을 사역해야 할 예수님이 3년 만에 사역을 중단했다는 것은 하나님의 구속 역사에 실패가 있었다는 말과 동일하다.

안상홍은 "예수님은 30세에 침례 받으시고 겨우 3년 동안 실지 교훈으로 행하시고 복음을 전하시며 온 인류의 죗값으로 속죄 제물로 십자가에 희생되심으로 육신 사업이 3년으로 끝마치셨다. 40년 역사가 겨우 3년으로 끝났으니"라는 말은 하나님의 구속 섭리에 차질이 생겼다는 말과 다르지 않다.

'겨우 3년'이라는 말을 두 번이나 사용했다. 예수님이 '겨우 3년밖에 사역하지 못했고 37년을 공백 상태로 두었다'는 말은 우주 만물을 창조하시고, 그것을 유지하며 보존하시는 하나님의 섭리론과 정면으로 충돌된다. 여기에 안상홍의 맹점이 하나 드러난다.

성경은 예수님이 자신의 사역을 충실히 완수했다고 증언하기 때문이다. 예수님은 자신에게 부여된 구속 역사를 십자가에서 "다 이루셨다"(요 19:31). "다 이루었다"로 번역된 '테텔레스타이'(τετέλεσται)는 하나님께서 이루고자 한 그 모든 계획을 자신이 온전히 이루었다는 의미이다. 예수님이 감당하셨던 그 일이 불완전하거나 부족한 것 없이 완벽하게 이루어졌다는 의미에서 완료형 동사인 테텔레스타이가 사용되었다.

이 동사의 원형 '텔레오'(τελέω)는 '목표의 완성'을 의미하는 단어이다. 예수님이 3년의 사역을 통해 모든 일을 부족함 없이 충실히 완수하셨다. 따라서 37년의 공백 기간이 있지도 않았고, 또 37년을 보충해야 할 이유도 없다.

② 안상홍의 37년의 목회 활동이 그리스도가 못 채운 37년을 보충했다는 주장은 객관성이 결여되어 있다.

안상홍은 37년 목회가 예수께서 잃어버린 37년을 보충했음을 어떻게 증명할 수 있는가이다.

과연 이러한 증명이 논리적으로 가능한가?

안상홍은 어떤 근거로 자신의 목회가 예수님이 잃어버린 세월을 보충했다는 것인가?

이 '37년 보완설'은 성경 몇 장, 몇 절에 근거를 두고 있는가?

이를 증명할 수 있는 간접적인 구절은 있는가?

하나님께서 그리스도께서 못 다 이룬 사명을 또 다른 협력자를 통해서 보완한다고 했는가?

이 증명을 객관적으로 하지 못한다면 37년을 사역한 지상의 모든 사역자도 예수가 다 하지 못한 37년을 채운 암행어사 후보에 오를 수 있다.

안상홍의 대부분 주장은 객관적인 근거를 갖추어야 할 논증이라는 것이 없다. 그저 일방적 선포이다. 자신이 암행어사로 와서 사역한 37년이 예수의 공백 37년을 메꾼 것이고, 그것으로 40년의 예언이 성취되었다고 하지만 성경 어디에도 그 같은 주장을 뒷받침할 수 있는 근거가 보이지 않는다. 자기가 암행어사로 왔다는 것은 자기가 초림 예수 다음으로 온 재림 예수라는 뜻이다. 객관적 근거가 결여된 주장이다.

안상홍은 자기를 신격화하기 위해, 성경을 전횡적으로 해석하고 있다는 인상을 지울 수 없다. 안상홍이 제창하는 교리들은 자유로운 이성적, 비판적 사고를 저당 잡힌 사람들에게는 통할지 모르지만 그렇지 않은 사람들은 받아들이기 불가능하다. 이러한 개인의 신격화는 기독교와 거리가 멀다.

3. 새 언약을 들고 올 암행어사

1) 안상홍 하나님의교회의 주장

　이 일곱 인으로 봉한 책은 사도 시대 오순절부터 시작한 하나님의교회가 사단의 역사로 말미암아 교회는 박해와 진리의 박멸과 이단이 들어옴으로 암흑 시대를 이루어 약 1,260년 동안 생명의 진리가 밟혔으니 진리의 흔적은 찾아볼 수 없게 되었다. 종교개혁자 루터도 개혁은 했어도 진리는 찾지 못하였고 그 후에 여러 종교개혁자가 나왔어도 어느 누가 그 생명의 진리를 찾아내는 사람은 없었다. 그러므로 사도 요한은 계시 중에 말하였다.

　　하늘 위에나 땅 위에나 땅 아래에 능히 책을 펴거나 보거나 할 이가 없더라 이 책을 펴거나 보거나 하기에 합당한 자가 보이지 않기로 내가 크게 울었더니 장로 중의 하나가 내게 말하되 울지 말라 유대 지파의 사자 다윗의 뿌리가 이기었으니 이 책과 그 일곱 인을 떼시리라(계 5:3~5).

　말씀하신 대로 마지막 때에 암행어사로 오시는 다윗의 뿌리 즉 예수님이 초대교회 신앙인 새 언약을 완전히 회복하실 것을 두고 예언하신 것이다.[5]
　만일 예수께서 육체로 다시 오신다면 어떠한 모양으로 오실 것인가?
　일곱 인으로 봉한 하나님의 비밀 책을 아무도 뗄 수 없고 오직 어린 양만이 뗄 수 있다고 하였다. 그래서 아무도 모르게 암행으로 오시게 됨으로 그 일곱 인은 떼어지고 사단에 밟혔던 초대교회의 진리는 나타나서 구원받을 백성들은 주님에게로 찾아올 것이고 깨닫지 못하는 자들은 다 멸망

---

[5] 위의 책, 157.

으로 들어갈 것이다.⁶

'새 언약을 들고 올 암행어사'에 대한 안상홍 하나님의교회의 주장

① 요한계시록 5:1의 일곱 인으로 봉한 책은 새 언약(유월절)을 가리킨다.
② 요한계시록 5:5은 마지막 때의 암행어사가 새 언약을 회복할 것을 예언한다.
③ 새 언약은 1,260년 동안 교회에 들어온 이단에 의해서 철저히 짓밟혔다.
④ 재림 예수는 육체로, 아무도 모르게 암행어사로 온다.

2) 성경적 해석

첫째, 요한계시록 5:1의 두루마리는 새 언약 유월절이 아니라 재앙의 내용을 담고 있는 책이다.

안상홍은 요한계시록 5:1의 일곱 인으로 봉인된 두루마리를 가리켜 1,260년간 교회사 속에서 짓밟혀온 새 언약 유월절이며, 이 새 언약은 암행어사에 의해 회복되었다고 주장한다. 하지만 이 일곱 인으로 봉해진 두루마리는 책(βιβλίον)이다. 이 두루마리는 요한계시록 10:2의 "작은 두루마리"(βιβλαρίδιον)와 동일한 책이다.⁷ 왜냐하면, '비블리온'과 '비블라리디온'은 의미상 차이 없이 혼용해서 사용하기 때문이다.

요한은 보좌에 앉으신 분의 오른손에 있는 이 책을 본다. 이 책은 안팎

---
6 위의 책, 101-104.
7 박수암, 『요한계시록』(서울: 대한기독교출판사, 1989), 142.

으로 글이 쓰여 있고 일곱 인으로 신봉되어있다(2절). 요한은 힘 있는 천사 하나가 이 봉인된 책의 인을 떼고 펼칠 수 있는 자가 누구냐 라고 외칠 때, 장로 중 한 사람이 유다 지파 다윗의 자손이 책의 인종을 떼고 개봉할 것이라는 소리를 듣는다(2~5절). 유다 지파 다윗의 자손은 어린 양 예수 그리스도를 가리킨다. 요한계시록 5:7부터 이 어린 양이 이 책을 받아들고 인을 떼고 개봉할 준비를 한다.

어린 양에 의해 취해진 이 책의 내용은 요한계시록 6:1부터 공개된다. 어린 양이 인을 뗄 때마다 지상에 내려지는 대대적인 심판의 장면이 등장한다. 첫 번째인 재앙을 시작으로 해서 요한계시록 16장까지 일곱 나팔 재앙과 일곱 대접 재앙까지 이어지고 20장에 이르러 마침내 거대한 악의 제국이 멸망한다. 6장부터 개봉되는 일곱 인으로 봉해진 두루마리는 재앙과 관련된 책이며 유월절을 지키라는 새 언약이 아니다.

요한계시록에 대한 이해가 전혀 없는 사람이라 할지라도 요한계시록 6:1부터 정독을 하면 이 내용이 최소한 '유월절'과 아무 관계가 없다는 사실은 파악할 수 있다. 새 언약 유월절이란 용어는 성경에 존재하지 않으며, 그러한 의미 또한 존재하지 않는다. 구약의 절기인 유월절과 예수님이 세우신 새 언약 사이에는 어떠한 연결 고리도 없다. 예수님이 세우신 새 언약은 율법과 대조되는 복음을 가리킨다.

둘째, 유월절이 폐지된 것은 적절한 조치였다.

안상홍은 유월절이 폐지된 것은 사단의 역사로 말미암은 것이고, 이로 인해 교회는 1,260년 동안 암흑 시대를 맞이했다고 주장한다. 하지만 유대교의 유월절이 초기 기독교가 형성되어 가는 과정에서 자연스럽게 사라진 것은 당연하였으며 적절한 것이었다.

사도행전 15장에 나타나는 예루살렘 종교회의는 기독교를 유대교의 한 종파로 이해하여 율법과 할례 등 유대교 전통을 지켜야 한다는 측과 기독교 간의 신학 논쟁이었다. 이 회의에서 내린 최종 결정은 유대교와 기독교를 완전히 구분하는 적법한 조치였다. 이처럼 초기 기독교 역사는 유대적 전통과 별개의 조직으로 분화되어 나갔다. 이러한 과정에서 구약의 절기도 자연스럽게 사라졌다.

오늘날 기독교인들이 구약의 율법을 지켜야 할 이유가 없다. 더군다나 구약의 수많은 율법 중에 유독 유월절을 포함한 절기만을 지켜야 할 이유가 없다. 이 주제에 대해서는 이 책 전반에 걸쳐서 광범위하게 다루고 있다.

셋째, 예수님께서 오실 때 누구의 도움 없이, 직접, 스스로 오시지 안상홍으로 오지 않는다.

안상홍은 만일 예수께서 육체로 다시 오신다면 어떠한 모양으로 오실 것인가를 묻는다. 하지만 성경은 재림하시는 예수님 자체의 모양에 관해 언급하지 않는다. 사도행전 1:11에서 예수님께서 승천하시는 모습을 바라보는 사람들에게 흰옷 입은 두 사람이 언급하기를 "하늘로 올려지신 이 예수는 하늘로 가심을 본 그대로 오시리라"고 말했다. 여기서 "그대로"(ὃν τρόπον)란 '그 방식대로' 라는 뜻이다.

예수님이 승천하신 방식은 육체를 입은 몸으로 구름과 함께 영광 가운데, 많은 사람이 보는 가운데 하늘로 올라가시는 것이었다. 예수님이 다시 오실 때도 '그 방식대로' 오신다. 재림하시는 예수님의 용모에 대해서는 성경이 신경 쓰지 않는다. 그러므로 안상홍도 예수님은 "육체로 다시 오신다면 어떠한 모양으로 오실 것인가"라는 신경을 쓸 필요가 없다.

성경은 예수님이 다시 오실 때 다른 누구의 몸을 빌리거나, 다른 누구의 몸으로 대신해서 오신다고 말하지 않는다. 예수님이 오실 때 그 누구의 도움도 없이 직접 그리고 스스로 그리고 공개적으로 오신다. 재림 예수가 아무도 모르게 암행어사인 안상홍으로 와서 사단에 밟혔던 유월절을 회복한다는 주장은 성경의 가르침과 무관하다. 성경은 암행어사로 오는 인물이 재림 예수를 대체한다는 어떠한 가르침도 주지 않는다.

4. 재림주, 강림주

1) 안상홍 하나님의교회의 주장

> 이러므로 우리에게 구름 같이 둘러싼 허다한 증인들이 있으니(히 12:1).

> 저희는 기탄 없이 너희와 함께 먹으니 너희 애찬의 암초요 자기 몸만 기르는 목자요 바람에 불려가는 물 없는 구름이요(유 1:12).

"구름 같이 둘러싼 허다한 증인," "바람에 불려가는 물 없는 구름"이 모두가 구름을 육체 가진 사람으로 표상하였다. 안개는 비 없는 구름이다(유 1:12). 그리고 수증기로 증발해 보지 못한 물들이 있는데 그 물들은 육체를 가진 모든 인류를 표상하였다. 이에 대하여 다니엘 선지자도 계시 중에 인자가 구름을 타고 오시는 것을 보고 예언하였다.

> 내가 또 밤 이상 중에 보았는데 인자같은 이가 하늘 구름을 타고와서 옛적부터 항상 계신 자에게 나아와 그 앞에 인도되매 그에게 권세와 영광과 나라를 주고 모든 백성과 나라들과 각 방언하는 자로 그를 섬기게 하였으니 그 권세는 영원한 권세라 옮기지 아니할 것이요 그 나라는 폐하지 아니할 것이니라(단 7:13~14).

그러므로 예수님은 실지 구름을 타고 오신 것이 아니라 마리아의 몸을 통해 아기로 탄생하셨다.
초림 예수가 육체로 오신 것을 예언서에 구름 타고 오신다고 하였으니 재림 예수가 구름 타고 오신다고 한 그 예언이 암행 시에 육체로 오시는 예수님의 증거가 아니고 무엇이겠는가?[8]

> 내가 진실로 너희에게 말하노니 이 세대가 지나가기 전에 이 일이 다 이루리라 천지는 없어지겠으나 내 말은 없어지지 아니하리라(마 24:34~35).

그러면 "이 세대가 지나가기 전에"라고 하신 그 기간이 얼마 동안 기간을 두고 하신 말씀일까?
1,900년 전에 하신 말씀이 아직까지 이 세대가 지나가지 않았는가?
성경에는 한 세대에 대해 다음과 같이 기록하였다.

> 우리의 년수가 칠십이요 강건하면 팔십이라(시 90:10).

그렇다면 예수님이 말씀하신 "이 세대가 지나가기 전에"라는 말씀은 인자가 구름을 타고 와서 천사들과 함께 택하신 백성을 사방에서 모으시는 기간을 두고 하신 말씀이라고 해석할 수밖에 없다. 이 문제를 좀 더 상세하게 연구하자면 "암행 시에 나타나실 그리스도와 다윗 왕"이라는 제목에서 연구에 보탬이 될 것으로 생각된다.[9]
"인자가 올 때에 믿음을 보겠느냐"(눅 18:8) 하셨다. 공동번역에는 기록되기를 "사람의 아들이 올 때에 과연 이 세상에서 믿음을 찾아 볼 수 있겠느냐" 하였다.
과연 믿는 사람이 없다면 구원은 누가 받을 것인가?
그와 같이 "인자가 구름을 타고 오시리라"고 하신 그 말씀 그대로 고집하다가 벌써 인자가 구름을 타고(하나님의 영광을 가리우는 육체를 입고) 오셔서 택하신 백성들을 모으고 계시는데도 받아들이지 아니하고 연구도 아니

---

[8] 안상홍, 『하나님의 비밀과 생명수 샘』, 132-135.
[9] 위의 책, 135.

하고 하늘 구름만 쳐다보다가 결국 멸망의 덫에 걸려서 끝을 맺고 말 것이다.¹⁰ 최후 심판주로 오시는 예수님이 구름 타고 오시는 것이 아니라 불에 옹위되어 강림하신다. 이사야 선지자는 최후에 예수 강림은 불을 타고 오신다고 하였다.

> 보라 여호와께서 불에 옹위되어 강림하시리니 그 수레들은 회리바람 같으리로다 그가 혁혁한 위세로 노를 베푸시며 맹렬한 화염으로 견책하실 것이라 여호와께서 불과 칼로 모든 혈육에게 심판을 베푸신즉 여호와께 살육 당할 자가 많으리라(사 66:15~16).
>
> 예수께서 저의 능력의 천사들과 함께 하늘로부터 불꽃 중에 나타나실 때에 하나님을 모르는 자들과 우리 주 예수의 복음을 복종치 않는 자들에게 형벌을 주시리라(살후 1:7~8).
>
> 또한, "우리 하나님은 소멸하는 불이심이니라"(히 12:29) 하였다. 최후에 심판주로 강림하실 때에는 구름 타고 오시는 것이 아니라 불에 옹위되어 오신다고 하였다.¹¹

'재림주와 강림주'에 대한 안상홍 하나님의교회의 주장

① 히브리서 12:1, 유다서 1:12에서 구름은 육체(사람)를 가리킨다.
② 다니엘 7:13~14은 예수는 구름 타고 온다고 하였는데 마리아 몸에서 아기로 태어났다.

10　위의 책, 136-137.
11　위의 책, 135-138.

③ 마태복음 24:34의 "이 세대가 지나가기 전에 이 일이 다 일어나리라"는 말은 암행어사를 재림주로 암시한다.
④ 누가복음 18:8에서 말하는 재림할 인자는 이미 와서 택한 자들을 모르고 있다.
⑤ 재림은 구름(육체) 타고 오는 것이고 강림은 재림 예수(안상홍)가 불을 타고 오는 것이다.

2) 성경적 해석

안상홍은 자기를 이 시대의 재림주로 나타내기 위해 독특한 교리 하나를 만드는데 그것이 재림과 강림 교리이다. 재림과 강림을 구분하는 이유는 자기를 육신을 입고 이 땅에 온 재림주로, 또 장차 강림할 그리스도로 등장하기 위해서이다. 이 독특한 교리는 예수님께서 자신의 재림을 언급하실 때마다 말씀하셨던 '구름'을 '육체'로 설정하는 데서부터 시작한다. 안상홍은 히브리서 12:1과 유다서 1:12을 근거로 제시하며 구름을 육체 혹은 사람과 동일시한다.

첫째, 히브리서 12:1의 구름같이 둘러싼 허다한 증인에서 '구름'은 증인의 숫자가 많음을 나타내는 부사어이며 사람(육체)과 동일시될 수 없다.
안상홍은 "우리에게 구름 같이 둘러싼 허다한 증인들이 있으니"(히 12:1)에서의 "구름"을 육체라고 해석한다. 하지만 구름은 문맥상 육체와 동일시될 수 없다. 히브리서 기자는 앞의 11장의 내용을 본 절과 논리적으로 연결한다. 믿음의 선진들이 시련과 죽음의 위협 앞에서도 믿음을 포기하지 않고 견딘 것처럼, 현재 시련의 불길을 지나가는 성도들도 이를 충분히 극복할 수 있는 이유를 밝힌다.
그것은 구름같이 둘러싸인 곧 수많은 증인의 응원이 있기 때문이다. '증인'으로 번역된 '마르튀론'(μαρτύρων)은 순교자라는 뜻이다. 성도는 믿음을 지키다 목숨을 잃은 구름같이 둘러싸인, 무수한 순교자들의 응원을 한 몸에 받고 있으므로 승리할 수 있다는 확신을 심어준다. 구름은 증인의 숫자가 많음을 나타내는 '부사'이다.

안상홍은 국문법에서도 서툴다. "구름같이 둘러싸인 허다한 증인"이란 직유법을 사용한 비유적 표현이다. 원관념은 증인이며 보조관념은 구름이다. 원관념은 표현하고자 하는 주 내용이며 보조관념은 원관념의 뜻이나 분위기가 잘 드러나도록 도와주는 역할을 한다. 비유에서 원관념과 보조관념은 동의어도 아니며 동일시도 될 수 없다. "구름같이 둘러싸인 허다한 증인"은 증인의 숫자가 많음을 나타내기 위해 보조관념인 '구름'을 차용한 문장이다. 하늘을 빽빽이 덮고 있는 구름의 이미지를 활용한 것이다.

구름으로 번역된 네포스(νέφος)는 단 하나의 구름을 의미하는 네펠레(νεφέλη)와 달리 온 하늘을 빽빽이 덮고 있는 '구름'을 의미한다. "구름같이 둘러싸인 허다한 잠자리 떼"라는 문장에서 구름을 잠자리라 하지 않듯이 "구름같이 둘러싸인 허다한 증인"에서 구름도 육체(증인)라 하지 않는다. 성경의 문맥이나 언어의 용례에서 구름을 육체로 해석할 가능성은 전혀 없다.

둘째, 유다서 1:12의 구름은 이단의 특징을 나타내는 보조적 표현이며 사람과 동일시될 수 없다.

유다서 1:12에서 유다는 영지주의 이단의 특징을 구체적으로 열거하며 그들의 실상을 폭로한다. 유다는 이단자들을 가리켜 "애찬의 암초"라고 지탄한다. 이는 그들이 뻔뻔하게도 성도들 속에 들어와 함께 애찬을 나누며 성도들을 미혹하는 수법을 사용하는 것을 표현한 것이다. 또 이단자를 가리키는 "자기 몸만 기르는 목자"라는 말은 자기들 이익만 추구하는 자들이라는 뜻이다. 즉, 돈만 밝힌다는 뜻이다.

"물 없는 구름"이라는 묘사는 이단자들이 비를 뿌릴 것처럼 보이나 그 안에는 비를 조금도 머금고 있지 않은 무익한 자들이란 뜻이다. 안상홍은 이단자들을 표현한 "물 없는 구름"에서 '구름'을 '사람'을 표상한다고 해석한다. 이는 문맥과 전혀 맞지 않는다. 이단자를 일컬어서 "물 없는 구름"이라고 한 것은 은유를 사용한 비유적 표현이다. 이 단자는 원관념이며 구름은 보조관념이다.

여기서 "물 없는 구름"은 이단자의 특징을 드러내기 위해 보조적인 수단으로 사용되었다. 이단자는 자신들을 매우 근사하게 포장하고 있지만 알고 보면 물을 머금고 있지 않은 구름같이 맹탕이라는 의미이다. 구름으로 번역된 네펠라이(νεφέλαι)는 구름 이외의 다른 의미로 대체될 수 없는 오직 '구름' 자체이다. 안상홍의 방식대로라면 "애찬의 암초"에서 암초 혹은 바위 혹은 돌덩어리도 사람을 표상한다고 우길 수 있다.

셋째, 다니엘 7:13은 초림 예수에 대한 예언이 아니라 재림주에 대한 예언이다.

안상홍은 다니엘 7:13~14에서 예수님은 구름을 타고 오신다고 했는데 실지로는 육체를 가진 아기로 탄생했다고 하며 구름을 육체로 해석하기 위한 포석을 놓는다. 그리고 예수님이 구름 타고 재림하겠다고 하신 말씀도 육체로 세상에 오는 것을 말하며, 그것은 육체로 온 안상홍이 자신의 출생을 통해 성취되었다고 주장한다. 즉 안상홍은 자기가 그 재림 예수라는 것이다. 하지만 이 주장은 첫 단추부터 잘못 끼워졌다.

다니엘 7:13~14은 초림 예수가 아닌 재림 예수에 대한 예언이다. 말하자면 메시아의 탄생에 대한 예언이 아니다. 메시아가 구름 타고 지상으로 초림할 것이라는 고지가 아니라 부활하여 승천하신 예수님이 장차 재림할 것을 예고하는 구절이다. 다니엘은 인류 최후의 날에 구름 타고 오는 '인자'에 대해 예언했다(단 7:14). 예수님은 이 구름 타고 오는 인자가 바로 자기 자신인 것을 다니엘서를 인용해서 정확하게 나타내셨다(마 24:30; 26:64).

그 때에 인자의 징조가 하늘에서 보이겠고 그 때에 땅의 모든 족속들이 통곡하며 그들이 인자가 구름을 타고 능력과 큰 영광으로 오는 것을 보리라(마 24:30).

예수께서 이르시되 네가 말하였느니라 그러나 내가 너희에게 이르노니 이후에 인자가 권능의 우편에 앉아 있는 것과 하늘 구름을 타고 오는 것을 너희가 보리라 하시니(마 26:64).

구름은 예수께서 자신의 재림을 언급하실 때마다 자주 사용하셨던 소재였다. 구약성경에서 구름이란 하나님의 임재 시에 나타나는 현상(출 19:9, 16; 24:15~16; 40:34; 신 4:11; 5:22; 왕상 8:11; 시 97:2)이며 구름을 타고 세상에 오는 신적 존재는 오직 하나님 한 분밖에 없음을 나타내는 전통적인 표현법이다(시 104:3; 사 19:1).

예수님은 이러한 용례를 가진 구름을 통해 장차 심판주로 이 땅에 임할 자신의 재림을 알리셨다. 이 구름에 대한 성경적 이해를 고려하면, 구름이 인간을 표상한다거나 육체를 상징한다는 주장은 설자리가 없다. 구름이 육체를 표상한다는 안상홍의 의도는 자신이 육체를 가지고 온 재림주임을 말하기 위해서이다. 하지만 다니엘서가 예고한 '인자'는 초림 예수가 아닌 재림하실 그리스도에 대한 고지이다.

넷째, 마태복음 24:30~35의 징조들이 안상홍의 출생 때 일어나지 않았다면 안상홍은 재림 예수가 아니다.

안상홍은 마태복음 24:30의 구름을 타고 오는 '인자'를 1918년 1월 13일 전북 장수군 개남면에서 출생한 '자기'라고 주장한다. 말하자면 마태복음 24:30은 자기의 탄생을 예언하는 구절이라는 것이다. '구름'은 육체를 말하며, '구름을 탄 인자'는 육체를 입은 한 인간이며, 그 인간이 곧 자기라는 것이다. 안상홍은 육체로 온 인자인 자기를 알아보지 못하고 예수의 재림을 기다리며 구름만 쳐다보는 기독교인들은 멸망의 덫에 걸려 끝을 맺고 말 것이라고 으름장을 놓는다.

과연 이 구절이 안상홍의 탄생을 설명하고 있는가?

예수님은 장차 인자로서 세상에 오실 때 하늘에서 '징조'가 일어날 것을 말씀하셨다. "인자의 징조가 하늘에서 보이겠고"에서 "보이겠고"로 번역된 '파네세타이'(φανήσεται)의 원형 파이노(φαίνω)는 마태복음 24:27에서 번개가 '번쩍이다'는 표현에서 쓰인 단어로서 '빛나다'의 의미이다.

예수님께서 재림하실 때의 징조 중 하나는 하늘에서 발산되는 큰 빛이다. 이 빛은 사람들의 주목을 끌만한 찬란한 빛이다. 그렇다면 예수의 재림이 자신의 탄생을 의미한다고 주장하는 안상홍이 1918년 1월 13일 전북 장수군 개남면에 태어났을 때 과연 하늘에서 이와 같은 찬란한 빛이 비쳤는지 궁금하다. 그런 일이 일어났다면 전 세계의 기상학자, 천문학자, 천체학자들이 크게 주목했을 것이다.

또한, 예수님이 재림하실 때 나타날 현상 중 하나는 땅의 모든 족속이 통곡하는 것이다(30절). 이 통곡하는 주체들은 예수를 배척했던 모든 사람이다. 이 통곡은 예수를 거절했던 후회의 울음소리이다. 재림하는 예수님의 모습이 공개되는 순간 곳곳에서 통곡 소리가 들리게 된다. 예수님께서 재림하실 때는 나팔 소리도 크게 울려 퍼진다(31절). 이 나팔 소리를 듣고 죽어 땅에 묻혀있는 성도들이 다시 살아나며(고전 15:52; 살전 4:16), 살아있는 성도들은 영광스러운 형체로 변화되는 어마어마한 광경이 펼쳐진다.

예수님 재림 시에 또한 천사들이 동행한다. 이 천사들의 임무는 택하신 자들을 하늘 이 끝에서 저 끝까지 사방에서 모으는 일이다(31절). 이 모든 일이 예수님께서 재림하실 때 일어나게 될 현상들이다.

그렇다면 안상홍이 태어날 때 이러한 일들이 일어났을까?

통곡 소리, 나팔소리, 천사의 동행, 죽은 자의 영광스러운 부활 등이 말이다.

다섯째, 재림의 지연은 하나님의 전권에 속하는 일이며, 재림 지연과 안상홍은 아무 관계 없다.

안상홍은 "이 세대가 지나가기 전에 이 일이 다 이루리라"(마 24:34)에서 이 '세대'라는 용어를 주춧돌 삼아 자기를 '재림주'로 드러낸다. 그는 시편 90:10을 인용하여 '한 세대'는 80년에서 90년 정도인데 왜 예수님은 자신의 재림을 선포한 후 90년은 고사하고 1,900년이 지나도록 그 약속이 이루어지지 않았는지를 문제 삼는다.

이러한 문제 제기는 성경을 올바르게 해석하려는 목적이 아니라 자기가 재림주로 등장하기 위해, 자기를 따르는 사람들의 공감대를 끌어내리는 목적을 가진다. 하지만 마태복음 24:34은 안상홍을 그러한 존재로 볼 수 있는 근거가 존재하지 않는다. 설령 재림에 관한 예수님의 예언에 문제가 있었다 하더라도 안상홍이 그 재림주라는 증거가 없다.

'모'가 아니므로 '도'라고 확정하는 이러한 이분법적 사고가 통용되면 이 구절을 통해 자기를 재림주라 우기는 사람들은 계속해서 등장하게 된다. 실지로 지난 수 세기 동안, 재림 지연의 문제를 저마다 들고나와 마태복음 24:34의 신언성(神言性)에 이의를 제기하고, 자기를 재림주로 자처했던 천차만별의 사이비 교주들이 있었다.

마태복음 24:34 해석은 신중한 접근이 필요하다. "이 세대가 지나가기 전에 이 일이 다 일어나리라"를 직역하면 '이 모든 것들이 될 때까지 이 세대는 결코 지나가지 않는다'이다. 즉 이 세대는 당연히 재림 전에 일어날 징조들을 다 겪게 된다는 것이다.

예수님께서 이 세대 사람들이 이 징조들과 재림을 보게 될 것이라고 말한 것으로 봐서 자신의 재림이 임박한 것으로 믿었던 것이 사실이다. 그러나 결국 이 재림에 관한 모든 전권은 하나님에게 있다는 단서도 남기셨다.

> 그러나 그 날과 그 때는 아무도 모르나니 하늘의 천사들도, 아들도 모르고 오직 아버지만 아시느니라(마 24:36).

따라서 재림이 오늘날까지 이루어지지 않은 것은 하나님의 권한에 속한 문제이다. 하나님의 전권에 속한 이 문제를 안상홍이 왈가불가할 필요가 없다. 재림이 지연되고 있다는 단순한 하나의 사실만을 발판 삼아 자기를 재림주로 내세우는 안상홍도 선배 교주들의 전통을 그대로 이어가고 있다.

여섯째, 누가복음 18:8의 인자는 안상홍과 무관하며, 이 구절은 예수님의 재림을 말하고 있다.

안상홍은 "인자가 올 때 세상에서 믿음을 보겠느냐"(눅 18:8)라고 하신 예수님의 말씀을 인용한 후 "과연 믿는 사람이 없다면 구원은 누가 받을 것인가?"라는 자문을 한다. 안상홍은 이 구절을 장차 예수께서 재림했을 때 '믿음'을 가진 자가 세상에 단 한 사람도 존재하지 않을 것을 예언한 것이라고 해석한다. 이 해석 안에는 자기를 재림주로 나타내기 위한 교묘한 복선이 깔려 있다.

예수께서 3년간 복음의 씨앗을 뿌린 후 승천하여 재림할 때까지, 그 긴 세월 동안 자기에 대한 믿음을 가진 자가 단 한 명도 없을 것이라고 예언한 것은 이해하기 어렵다는 것이다. 그럴 리가 없다는 것이다. 예수께서 허튼소리를 할 리는 없고, 그렇다고 이 예언을 액면 그대로 받아들이기 힘들다는 보이지 전제를 깔아 놓는다. 그리고 이 구절을 자기를 가리키는 쪽으로 해석의 방향을 돌린다. 이러한 저의는 그다음 진술에서 확실히 드러난다.

> 그와 같이 "인자가 구름을 타고 오시리라"고 하신 그 말씀 그대로 고집하다가 벌써 인자가 구름을 타고(하나님의 영광을 가리우는 육체를 입고) 오셔서 택하신 백성들을 모으고 계시는데도 받아들이지 아니하고 연구도 아니 하고 하늘 구름만 쳐다보다가 결국 멸망의 덫에 걸려서 끝을 맺고 말 것이다.

안상홍은 누가복음 18:8을 결국 자기의 재림을 말하는 것이라고 해석하는 것이다. 여기서 재림이란 자기가 이 세상에 온 것을 말한다. 자기가 세상에 와서 가르치기 전까지는 세상에 참된 믿음을 소유한 사람이 한 사람도 없었다는 것을 예수님이 누가복음 18:8을 통해서 예언했다는 것이다. 그리고 이미 와 있는 자신을 몰라보고 구름만 쳐다보며 예수의 재림을 기다리는 사람들은 멸망의 덫에 걸려들었다고 질타한다.

과연 이러한 안상홍의 해석이 근거가 있는 것일까?

"인자가 올 때 세상에서 믿음을 보겠느냐?"라는 말씀은 예수께서 재림할 때 세상에 온전한 믿음을 지키고 있는 사람이 얼마나 되겠느냐의 의미이다. 이 말씀은 앞의 누가복음 17장에 나온 노아와 롯의 때를 생각하게 한다. 예수님은 자신이 재림할 때는 세상이 노아와 롯의 시대와 같을 것이라고 하셨다(눅 17:26, 28). 즉 계속되는 심판의 경고에도 불구하고 전혀 귀를 기울이지 않다가 멸망한 노아 시대의 사람들과 소돔의 심판에 대한 천사의 경고를 무시하고 평온한 삶만을 추구했던 롯 시대의 사람들과 흡사한 세상이 도래할 것을 예언하신 말씀이다.

예수님이 "인자가 올 때 세상에서 믿음을 보겠느냐"는 말씀은 이러한 배경 아래에서 해석할 수 있다. 안상홍이 성경을 하나님의 말씀으로 믿는다면 이 '인자'를 자기와 동일시하는 결론은 절대로 내리지 않는다.

일곱째, 성경은 재림과 강림을 구분하지 않는다.

안상홍은 독특하게 재림과 강림을 구분한다. 재림은 구름(육체) 타고 오는 것이고, 강림은 재림 예수가 불을 타고 오는 것으로 구분한다. 재림은 안상홍의 출생을 가리킨다. 즉 초림주는 예수님이고 재림주는 안상홍이다. 강림은 장차 안상홍이 심판주로 오는 것을 가리킨다. 그는 이사야 66:15~16과 데살로니가후서 1:7~8은 강림을 말하는 구절이라고 주장한다.

이사야 66:15~16 해석

보라 여호와께서 불에 둘러싸여 강림하시리니 그의 수레들은 회오리바람 같으리로다 그가 혁혁한 위세로 노여움을 나타내시며 맹렬한 화염으로 책망하실 것이라 여호와께서 불과 칼로 모든 혈육에게 심판을 베푸신 즉 여호와께 죽임 당할 자가 많으리니(사 66:15~16).

안상홍이 이 구절을 강림을 나타낸다고 주장하는 이유는 "보라 여호와께서 불에 둘러싸여 강림하시리니"(사 66:15)라는 문장 때문이다. "불에 둘러싸여"라는 표현의 히브리어는 '빠에쉬'(אֵשׁ)이다. 이는 '불을 가지고'(with fire)라는 의미이다. 원문의 의미를 가장 잘 살린 번역본 성경은 현대어 성경과 NIV와 KJV이다.

현대어 성경에는 "여호와께서 불을 가지고 오실 것이며," NIV에도 "…the LORD is coming with fire," KJV에도 "…the LORD will come with fire"로 번역한다. 모두 동일하게 불을 가지다는 의미이다. 15절의 "불에 둘러싸여 강림하시리니"라는 묘사는 안상홍이 말하는 불에 옹위 되어 오시는 하나님을 표현하지 않는다.

구약에서 '불'이라는 이미지는 '위엄'(창 3:24), 혹은 '거룩성'(출 3:2) 등을 나타낸다. 본문에서 '불'을 의미하는 에쉬(אֵשׁ)는 여호와의 분노를 상징하는 표현으로 본 절을 포함하여 이사야서에 다섯 번 사용되었다(10:17; 29:6; 30:27; 30:30). 하나님께서 악인을 최종 심판하실 때는 활화산 같은 분노를 하신다.

이 불은 실지 불도 아니며, 하나님이 실지 불에 둘러싸여 직접 땅으로 내려오는 것도 표현하지도 않는다. 이사야 66:15은 안상홍이 말하는 강림에 해당하지 않는다. 성경은 재림과 강림을 구분하지 않는다. 구름이 재림의 요건이고 불이 강림의 조건이라는 명제는 성경도 알지 못하는 기상천외한 주장이다.

데살로니가후서 1:7~8 해석

환난을 받는 너희에게는 우리와 함께 안식으로 갚으시는 것이 하나님의 공의시니 주 예수께서 자기의 능력의 천사들과 함께 하늘로부터 불꽃 가운데에 나타나실 때에 하나님을 모르는 자들과 우리 주 예수의 복음에 복종하지 않는 자들에게 형벌을 내리시리니(살후 1:7~8).

이 구절은 예수님께서 재림하시는 모습을 두 가지로 묘사한다. 하나는 천사들과 함께 내려오는 것이고 두 번째는 불꽃 중에 재림하시는 것이다. 성경은 예수의 재림에 천사들이 함께 함을 여러 차례 기술하고 있다(마 13:41; 막 8:38) "불꽃 중에"(ἐν πυρὶ φλογός)에서 불꽃은 구약에서 종종 하나님의 현현을 묘사하는 데 사용되었으며(출 3:2; 19:18; 신 4:11; 33:2; 사 66:15), 묵시문학에서는 종말적인 심판의 도래를 묘사하는 데 사용되었다(단 7:9-10; 말 4:1).

이 '불꽃 중에'는 헬라어 원문상 8절을 수식하는 전치사구이다. 즉 7절의 "나타나실 때"를 수식하지 않고 8절의 "형벌을 내리시니"를 수식한다.[12] "불꽃 중에"가 심판을 나타내는 8절에 있다는 것은 이 '불꽃'이 재림하는 예수님의 모습과 관련되지 않고 '형벌'이라는 개념과 맥이 닿아 있음을 암시한다. 말하자면 불같은 형벌을 내리신다는 의미이다.

실제로 성경에서 '불꽃'은 하나님의 진노와 관련되어 많이 사용된다(사 10:17; 29:6; 30:27; 단 7:9~10). 안상홍이 제시한 이 구절은 예수님께서 불꽃에 둘러싸여 오심을 말하지 않는다. 장차 예수님은 천사들과 함께 재림하셔서 복음에 복종하지 않는 자들에게 '불같은' 심판을 내리신다.

---

[12] 데살로니가후서 1:8의 헬라어 원문은 다음과 같다. "ἐν πυρὶ φλογός(불꽃 중에), διδόντος(주시리라) ἐκδίκησιν τοῖς μὴ εἰδόσιν(형벌을) Θεὸν καὶ τοῖς μὴ ὑπακούουσιν τῷ εὐαγγελίῳ τοῦ Κυρίου ἡμῶν Ἰησοῦ."

따라서 안상홍이 자기의 가르침을 믿지 않는 자들을 심판하기 위해 불을 타고 강림하는 일은 없다. 데살로니가후서 1:7~8은 '강림'의 요건이 '불'이라는 어이없는 주장을 뒷받침하지 않는다.

불에 둘러싸여 오는 것이 왜 '강림'에 해당하는 것인가?

불과 강림은 도대체 무슨 관계일까?

제3장

안상홍 성부 하나님 교리 해부하기

1. 육체를 지닌 하나님

1) 안상홍 하나님의교회의 주장

성경에 기록한 말씀대로 본다면 인치는 사업이 반드시 동방에서 나타나야 하겠다. 여기에 대한 문제를 더욱 분명하게 알아보려면 구약성경에서 연결되는 짝을 찾아보아야 할 것이다. 기록한바 "너희는 여호와의 책을 읽어보라 이것 중에 하나도 빠짐이 없고 그 짝이 없는 것이 없나니 이는 여호와의 입이 명하시고 그 신이 모으심이라"(사 34:16) 하시었다. 그런고로 구약성경에 기록되어 있는 예언서들을 찾아보면 다음과 같다.

> 동방에서 사람을 일으키며 의로 불러서 자기 발 앞에 이르게 하신 자가 누구뇨 또는 내 이름을 부르는 자를 해 돋는 곳에서 오게 하였나니… 내가 비로소 시온에 이르기를 너희는 보라 그들을 보라 하였노라 내가 기쁜 소식 전할 자를 예루살렘에 주리라(사 41:2, 25~27).

내가 동방에서 독수리를 부르며 먼 나라에서 나의 모략을 이룰 사람을 부를 것이라 내가 말하였은즉 정녕 이룰 것이요 경영하였은즉 정녕 행하리라(사 46:11).

동방에서 택한 사람은 기쁜 소식을 예루살렘에 전하는 사명이니(사 40:3~9; 41:25~27 비교) 일차에는 침례 요한으로 일부가 예언 성취되었으나 실상은 복음 시대 마지막 엘리야의 사명이다.[1]

엘리야는 역사상 아비도 없고 어미도 없고 족보도 없고 시작한 날도 없고 생명의 끝도 없어 승천하여 옛날 멜기세덱과 같은 분이요, 하나님의 아들과 방불하다.

그 이름을 번역한즉 첫째 의의 왕이요 또 살렘 왕이니 곧 평강의 왕이요 아비도 없고 어미도 없고 족보도 없고 시작한 날도 없고 생명의 끝도 없어 하나님의 아들과 방불하여 항상 제사장으로 있느니라(히 7:2~3).

이 말씀과 같이 암행 시에 오시는 육체의 하나님을 표상한 것이다. 마지막 엘리야는 암흑 세기 동안에 짓밟혔던 진리를 다 찾아 증거함으로 최후 종말을 마치게 될 것이다.[2]

---

[1] 안상홍, 『라오디게아 교회에 보내는 기별』, 28-29.
[2] 안상홍, 『하나님의 비밀과 생명수 샘』, 263.

'육체를 지닌 하나님'에 대한 안상홍 하나님의교회의 주장

① 요한계시록 7:2~3에서 천사가 인치는 일은 오늘날 동방에서 일어날 어떤 일을 의미한다.
② 이사야 34:16은 말씀에 짝이 있다고 말한다.
③ 요한계시록 7:2-3의 말씀의 짝은 구약 이사야 41:2, 41:25~27, 46:11이다.
④ 이사야 41:2, 41:25~27, 46:11은 엘리야의 사명을 받은 자가 동방에서 나타남을 예언한다.
⑤ 승천한 엘리야는 부모도 없고 족보도 없는 자로 멜기세덱과 같은 존재이다.
⑥ 엘리야는 암행 시에 오는 육체를 가진 하나님을 표상하는 인물이다.
⑦ 엘리야를 표상하는 인물이 진리를 회복하고 증거하면 종말이 온다.

2) 성경적 해석

첫째, 요한계시록 7:2의 해 뜨는 곳은 한국과는 무관한 해가 뜨는 지점일 뿐이다.

안상홍은 요한계시록 7:2~3에서 두 가지 오해를 하고 있다. 하나는 '천사가 인치는 일'에 관한 오해이고, 다른 하나는 '동방'에 관한 오해이다. 안상홍은 '천사가 인 친다'는 내용을 집요하게 오늘날의 상황으로 끌어온다. 그리고 이 구절을 오늘날의 상황과 평행적 관계에서 해석한다. 그는 천사가 인 치는 일은 오늘날 구원받을 사람들을 인치는 일이며, 그 인치는 주체가 동방 즉 한국에서 출현하게 된다는 것이다.

과연 이 안상홍의 해석이 정당한가?

요한계시록 7장은 네 천사가 땅 네 모퉁이에 선 것으로 시작한다. 이 천사는 바람을 붙잡아 땅에나 바다에나 각종 나무에 불지 못하게 하는 역할을 한다(1절). 이 천사 외에 또 다른 한 천사가 해 돋는 곳에서 올라오는데, 하나님의 인을 가지고 있다. 하나님의 인을 가진 천사가 바람을 저지하고 있는 네 천사에게 자기가 하나님의 종들 이마에 인을 치기 전까지 땅이나 바다나 나무를 해치지 말라고 당부한다(2~3절). 즉, 자기가 인을 치기 전까지 재앙을 유보해 달라는 것이다.

이 천사가 인을 치려고 하는 대상은 누구일까?

그들은 요한계시록 6:17의 진노 날에 구원받을 자들이다. 이 구원받을 자들을 위해서 심판을 지연시키는 것이다. 이들은 오늘날 안상홍에게 인 침 받고 구원받은 안상홍의 신도들이 가리키지 않는다. 이들은 1세기 당시 하나님의 재앙 가운데에서 보호받은 하나님의 백성들을 가리킨다.

천사가 심판을 중지시켜 달라고 부탁한 이유가 바로 이들을 보호하기 위해서이다. 하나님의 인을 가진 한 천사가 "해가 돋는 곳"에서 올라왔다. 안상홍은 이 해가 뜨는 곳을 동방으로 해석한 뒤, 이 동방을 한국을 가리키는 것으로 이끌어간다.

하지만 해가 돋는 곳(ἀπὸ ἀνατολῆς ἡλίου)은 해가 뜨는 지점일 뿐 '지역' 혹은 '나라'라는 의미를 부여할 수 없다. 안상홍은 이사야서에 등장하는 '동방'을 한국으로, 그리고 '동방에서 일으키실 한 사람' 한국에서 태어난 '자기'와 동일시하려고 시도한다. 안상홍이 성경의 사건을 끊임없이 현재의 사건과 평행적 관계로 해석하려는 목적이 바로 여기에 있다. 이러한 해석이 정당하다면 성경에 나오는 '해 돋는 곳'도 모두 그렇게 해석해야 한다.

> 그 후에 광야를 지나 에돔 땅과 모압 땅을 돌아서 모압 땅의 해 뜨는 쪽으로 들어가 아르논 저쪽에 진 쳤고 아르논은 모압의 경계이므로 모압 지역 안에는 들어가지 아니하였으며(삿 11:18).

"해 뜨는 쪽"은 모압 땅에서 볼 때 해가 솟아오르는 지점을 가리킬 뿐이다. 그러나 안상홍 식대로 하자면 이 해 뜨는 쪽도 한국이라고 주장해야 한다.

> 또 그발 족속의 땅과 해 뜨는 곳의 온 레바논 곧 헤르몬 산 아래 바알갓에 서부터 하맛에 들어가는 곳까지와(수 13:5).

이 "해 돋는 곳"은 그발 족속의 땅 동쪽을 가리킨다. 성경에서 해 뜨는 곳이란 표현은 단지 동쪽을 가리키는 것이지 우리나라를 의미하지 않는다. 지금까지 요한계시록 7:2의 '해 돋는 곳'을 동방과 한국으로 해석하고, 성경에 자기가 하나님이 세운 특별한 종임이 예언되었다고 주장한 사이비 교주들이 한둘이 아니었다.

① 자기를 동방 한국의 재림한 주라 자처한 통일교의 문선명[3]
② '해 돋는 곳' 한국에서 말세의 구원자가 나타난다며, 자기를 재림주로 호칭했던 동방교의 노광공[4]
③ 자기를 말세 심판의 비밀을 가진 '해 돋는 곳'의 종이라 주장했던 여호와 새일교단의 이유성[5]
④ 마지막 날 자기와 동방의 한국을 택하여 구원을 이룬다고 했던 유재열[6]
⑤ 강원도 원성이 성경의 해 돋는 곳, 동방이라 주장했던 엘리야 복음선교원의 박병호[7]
⑥ 자기를 해 돋는 곳의 새 언약의 비밀을 가진 자라 했던 새빛 등대 중앙교회의 김풍일[8]
⑦ 자기를 해 돋는 곳의 의인이라 주장했던 천부교의 박태선[9]
⑧ 신천지의 이만희(특히 신천지의 이만희는 이러한 주장을 그대로 되풀이하고 있다)

---

3 탁명환, 『기독교 이단 연구』(서울: 국제종교문제연구소, 1986), 136.
4 위의 책, 322.
5 위의 책, 334.
6 위의 책, 351.
7 탁명환, 『한국의 신흥 종교』(서울: 국제종교문제연구소, 2002), 177.
8 위의 책, 223.
9 위의 책, 273.

이상의 결론은 "해 돋는 곳"이 한결같이 동방 한반도요 땅끝이요 땅 모퉁이다. 이곳이 해 돋는 곳이다. 하나님 종들의 이마에 인을 치는 천사는 동방의 해 돋는 나라에서 올라왔다. 하나님의 모략을 성취할 자는 동방에서 부름을 받는다.[10]

둘째, 이사야 34:16의 짝은 장차 에돔을 뒤덮을 짐승들의 짝을 말할 뿐 성경의 짝을 가리키지 않는다.

안상홍의 동방 교리는 이처럼 선배 교주들이 줄곧 사용해 왔을 뿐 아니라 현재의 교주들에 의해서도 꾸준히 애용되고 있다. 그는 요한계시록 7:2~3의 인치는 사업은 반드시 동방에서 발생할 일인데 이것을 더 분명히 알기 위해서, 이 말씀의 짝인 이사야 41:2, 41:25-27, 46:11을 찾아보면 분명하다고 말한다. 안상홍은 이 말에 앞서 이사야 34:16을 인용해서 "말씀에는 짝이 있다"는 전제를 먼저 설정한다.

과연 요한계시록 7:2~3과 이사야 41:2, 41:25-27, 46:11이 짝 관계로 존재하는가?

이사야 34:16은 "너희는 여호와의 책에서 찾아 읽어보라 이것들 가운데서 빠진 것이 하나도 없고 제 짝이 없는 것이 없으리니"라고 기록한다. 안상홍은 여기서 "제 짝이 없는 것이 없으리니"를 구약과 신약의 말씀은 모두 짝을 하고 있다는 의미로 해석한다.

이사야 34장은 여호와의 날에 만국에 대한 종말적인 대심판이 시행될 것을 예언하며, 9~15절은 에돔에 내린 심판의 참상을 보여주고 있다. 그 중에서 16절은 에돔은 장차 황폐해져 짐승들의 처소로 변할 것을 보여준다. 여기서 "짝"은 11~15절에서 제시된 각종 짐승의 짝을 가리킨다. 당아새, 고슴도치, 부엉이, 까마귀, 승냥이, 타조, 이리, 올빼미, 부엉이, 솔개의 짝이다. 이사야는 이러한 짐승들이 암수로 모여들어 새끼를 낳고 번식

---

[10] 이만희, 『천국의 비밀 계시록의 진상』(안양: 도서출판 신천지, 1985), 31.

하여 에돔 전체 땅을 뒤덮게 될 것을 예언한다.

이사야는 "여호와의 책," 즉 이사야서가 가리키는 각종 짐승 목록들이 장차 그곳에 있는지 없는지 확인해 보라는 말까지 덧붙인다. 이사야 34:16은 성경 말씀에 짝이 존재한다는 내용과 무관하다.

셋째, 이사야 41:2, 41:25~27, 46:11의 한 사람은 고레스 왕이며, 동방은 페르시아이며 한국과 무관하다.

이사야 41:2은 하나님께서 "누가 동방에서 한 사람을 일깨워, 그가 가는 곳마다 승리하게 하며, 모든 민족을 정복하며, 모든 왕의 통지차로 삼았는지" 물으신 후 "나 여호와라"(4절)라고 답하신다.

여기서 동방의 한 사람은 페르시아의 고레스 왕을 가리킨다. 고레스는 막강한 군사력으로 주변 열국들을 정복해서 유례없는 광활한 영토를 차지한 왕이었다. 그리고 바벨론 포로에서 유대 나라를 해방한 인물이다. 이사야 41:2은 이 모든 일을 하나님이 하실 것을 예언한다. 미래에 일어날 일을 과거형으로 기록한 것은 그 일을 하나님이 작정해 놓고 반드시 이루실 것이기 때문이다. 동방은 한국이 아니라 페르시아를 가리키며, 하나님이 장차 일으킬 한 사람은 안상홍이 아닌 고레스 왕이다.

이사야 41:25~27에서도 하나님은 동방에 사는 한 사람을 일으키고 그를 북방에서 끌어내 여러 나라를 치게 하며, 예루살렘에 이 기쁜 소식을 전하는 자는 하나님 자신이라고 선언한다. 여기서도 동방은 페르시아이며, 하나님이 일으킬 한 사람은 고레스 왕이다.

이사야 46:11에서도 하나님께서 동방에서 부르시는 날짐승과 하나님의 뜻을 이룰 사람은 페르시아의 고레스 왕이다. 하나님께서 이루실 그 하나님의 뜻은 유대 나라를 바벨론의 압제해서 해방해 고국으로 귀환시키는 일이다. 이 일을 하나님께서 고레스를 통해서 이루실 것을 말씀하신다. 요한계시록 7:2의 해 돋는 곳과 이사야 41:2, 25~27, 46:11의 동방은 아무런 연관이 없다. 안상홍이 제시한 요한계시록과 이사야는 짝 관계로 존재하지 않는다.

넷째, 이사야 40:3~9의 '외치는 자'는 엘리야의 사명을 가진 자도 아니고 육신을 가진 하나님도 아니다.

안상홍은 이사야 40:3~9을 근거로 해서 '동방에서 택한 한 사람'을 가리켜 엘리야의 사명을 가진 자라고 주장한다. 그리고 멜기세덱을 매개로 하여 엘리야와 자기를 동일시한다.

이사야 40:3~9은 하나님께서 유다 백성들을 포로에서 해방해 다시 하나님의 통치 아래에 거하는 역사를 개시할 것을 선언하신다. "외치는 자의 소리여 이르되 너희는 광야에서 여호와의 길을 예비하라 사막에서 우리 하나님의 대로를 평탄하게 하라"(3절)는 압박받는 유다 백성들이 바벨론 포로 생활에서 해방될 것이라는 메시지이다.

이 외치는 주체가 누구인지에 대해서는 이사야가 밝히고 있지 않다. 하지만 안상홍은 이 외치는 자를 가리켜 동방에서 택한 그 사람이라고 단정한다. 더 나아가 이 외치는 자를 엘리야의 사명을 가진 자와 동일시한다. 즉 이 '외치는 주체'와 '동방에서 택한 한 사람'과 '엘리야의 사명을 가진 자'가 모두 동일인이라는 의미이다.

하나님께서 동방에서 택한 한 사람은 페르시아의 고레스 왕임을 이미 밝혔다. 이 고레스가 본 절의 "외치는 자"라는 단서는 없으며, 그가 시온에 거하는 하나님의 백성들에게 곧 징계가 해제되며, 모든 육체가 하나님의 영광을 다시 보게 될 것을 선포했다고 보기는 불가능하다. 왜냐하면, 고레스는 이스라엘이 하나님의 언약에 기초한 백성임을 모르는 이방 왕이다. '여호와의 영광'(5절)이라는 표현은 자기 백성에 대해 과거 모세와 맺었던 언약을 성실히 이행하시는 하나님의 행사와 깊은 관련을 지닌 단어이다.

동방에서 택한 한 사람과 엘리야의 사명을 가진 자를 동일시하는 저의가 여기서부터 드러난다. 안상홍은 엘리야를 가리켜 "아비도 없고 어미도 없고 족보도 없고 시작한 날도 없고 생명의 끝도 없어 승천하여 옛날 멜기세덱과 같은 분이요, 하나님의 아들과 방불하다"라고 표현한다. "아비도 없고 어미도 없고 족보도 없는"이라는 표현은 멜기세덱에게 적용되는 표현이다(히 7:3).

안상홍은 신비의 인물이었던 멜기세덱에게 적용되었던 요소들을 엘리야에게 다시 대입함으로 엘리야를 신비의 인물로 설정한다. 그리고 엘리야를 자기와 동일시한다. 안상홍은 멜기세덱에게 적용되었던 부모가 없었다는 표현의 의미는 부모가 불신자임을 말하는 것이며, 이것을 불신자 부모를 두었던 자기와 멜기세덱을 동일시하는 수단으로 삼는다.[11] 성경에는 엘리야의 부모와 그의 족보에 대한 기록이 없다.

그렇다고 엘리야가 부모도 없고 족보도 없는 사람이었을까?

이런 논리라면 성경에서 아버지나 어머니의 이름이 기록되지 않은 모든 선지자는 모두 아비도 없고 어미도 없고 족보도 없는 자로 간주해야 하며, 모두 신비의 인물이라고 해도 무방하다.

엘리야는 "길르앗에 우거하는 자 중에 디셉 사람"(왕상 17:1)이었다. 엘리야의 출신 지역은 곡창 지대와 목초지로 유명한(대상 5:16; 미 7:14) 길르앗이었으며 그의 고향은 길르앗 내에 있었던 디셉 지방이었다.

성경은 엘리야의 출신과 고향에 대해 기록하고 있다(왕상 21:17, 28; 왕하 1:3, 8; 9:36). 성경은 엘리야를 족보나 출신 성분을 알 수 없는 멜기세덱과 같은 신비한 인물로 묘사하고 있지 않다. 엘리야는 부모도 있었고, 고향도 있었던 평범한 선지자였다.

안상홍은 아무런 연관성이 없는 멜기세덱을 엘리야와 연결하고 있다. 그리고 이 엘리야의 암행 시에 오신 육체를 가진 하나님을 표상하는 인물이라 선포하며, 이 하나님이 진리를 회복하고 증거하면 종말이 온다고 주장한다. 암행어사는 '자기'를 가리키고, 암행 시란 '자기가 나타난 때'를 가리킨다. 안상홍은 대담하게도 자기를 육체를 가진 하나님이라고 선포한다. 아무 연관도 없는 구절들을 끌어모아 연결 고리를 만들어 멜기세덱과

---

[11] 안상홍, 『하나님의 비밀과 생명수 샘』, 150.

엘리야와 자기 자신을 나란히 놓으려 했던 그 목적은 결국 이 결론을 내리기 위해서였다. 엘리야를 표상하는 인물이 와서 진리를 회복하고 증거한다는 것은 마귀에게 빼앗긴 새 언약 유월절을 자기가 회복하고 증거한 일을 가리킨다.

안상홍은 육체를 가진 하나님이 이 일을 다 끝내고 나면 종말이 온다고 하며 1988년[12]과 2012년[13]이 종말의 해로 두 번 예고한 바가 있다. 그러나 2020년 현재까지 아무 일도 일어나지 않고 있다.

그러한 그가 과연 육신을 가진 하나님이었던가?

안상홍은 우선 요한계시록 7:2의 '해 뜨는 곳'을 동방(한국)으로 해석하여 우선 한국을 특별한 위치로 올려놓는다. 그리고 이사야 41:2의 '동방의 한 사람'을 장차 마지막 때 한국에서 나타날 특별한 한 사람과 동일시한다. 그리고 이 사람을 다시 이사야 40:1~3의 '외치는 자'와 동일인으로 간주한다. 그 이유는 이 한 사람이 마지막 때에 '진리를 외치는 자'임을 드러내기 위해서이다.

그리고 이 외치는 자를 느닷없이 엘리야를 표상하는 인물로, 그리고 육체를 지닌 하나님으로 선포한다. 그리고 자기를 엘리야를 표상하는 인물과 동일시하며 자연스럽게 육체를 지닌 하나님으로 등장한다. 여기서 기가 막히는 것은 엘리야와 자기를 연결하는 기법이다. 부모가 없을 리 없는 엘리야를 부모가 없는 자로 만들고, 부모가 없다는 의미를 '불신 부모'로 해석하고, 이것을 불신 부모를 두었던 자기와 엘리야를 동일시하는 연결고리로 만든 점이다. 그것도 모자라 자기를 가리켜 육체를 지닌 하나님이라고 선포한다.

안상홍은 자기를 신격화하기 위해 아무런 연관도 없는 구절을 끌어모아 모자이크처럼 잇고, 그것을 비약하여 내린 결론을 절대화한다. 이는 대부

---

[12] 위의 책, 7.
[13] 안상홍, 『신랑이 더디 오므로 다 졸며 잘새』, 14.

분 사이비 교주들이 즐겨 사용하는 기법이다. 자기를 신격화하는 대부분 교주는 그것을 증명하기 위해 항상 문맥과 전혀 어울리지 않는 구절들을 끌어모아 계단식으로 연결 고리를 이어나간다. 이러한 해석은 매우 저급한 성경 해석의 전형이다.

2. 새 언약 진리를 회복한 하나님

1) 안상홍 하나님의교회의 주장

> A.D. 325년에 니케아 종교 회의로 말미암아 유월절은 더 이상 이 세상에 존재하지 않는 진리로 사라지게 되었다.
> 그렇지만 하나님께서 유월절을 통해서 영생을 주겠다고 약속하셨는데 이 유월절이 없어져야 하겠는가?
> 다시 복원되어야 한다.
> 그럼 누가 오셔서 그 모든 역사를 복원시키시고 감추어진 만나를 다시금 회복하시고, 되찾아 주셔야 하는가?
> 그 내용이 이 시대에 굉장히 소중한 예언이 되겠다. 히브리서 9:27의 말씀을 보자.
>
> > 한번 죽는 것은 사람에게 정하신 것이요 그 후에는 심판이 있으리니 이와 같이 그리스도도 많은 사람의 죄를 담당하시려고 단번에 드리신 바 되셨고 구원에 이르게 하기 위하여 죄와 상관없이 자기를 바라는 자들에게 두 번째 나타나시리라(히 9:27).
>
> 모든 인류를 구원에 완전히 이를 수 있도록 인도하기 위해서 다시금 등장한다고 했다.

유월절을 통해서 영생을 주시겠다고 약속하셨는데 유월절이 소멸되고 사라져 버렸으니까 어떻게 해야 하겠는가?

다시 오셔서 되찾아 주셔야 하지 않겠는가?

요한계시록 2:17의 말씀을 보면, 하나님이 아니시고는 결단코 감추었던 만나를 인류 인생들에 가져다줄 수 없다. 바로 이 만나! 만나라고 하는 것은 쉽게 표현하면 유월절 새 언약의 진리라고 보시면 되겠다.

그렇다면 누가 우리에게 감추었던 만나의 진리인 유월절 새 언약을 주셨는가?

안상홍 님이시다.

그렇다면 안상홍 님은 성경과 선지자들의 모든 증거 위에 예언되어 계시는 누구시라는 건가?

하나님이시다. 이 사실에 대해서 예언하고 있는 장면을 이사야 25장에서 우리 한 번만 더 확인해 보도록 하자. 이사야 25:6이다.

> 만군의 여호와께서 이 산에서 만민을 위하여 기름진 것과 오래 저장하였던 포도주로 연회를 베푸시리니 곧 골수가 가득한 기름진 것과 오래 저장하였던 맑은 포도주로 하실 것이며 또 이 산에서 모든 민족의 그 가리워진 면박과 열방의 그 덮인 휘장을 제하시며 사망을 영원히 멸하실 것이라(사 25:6).

이사야 선지자의 예언을 보면 언제 어느 날 한 시대가 도래하면 하나님께서 오래 저장하였던 포도주로 잔치를 베푸실 일이 생길 것이다.

오래 저장했다는 것은 오랫동안 개봉을 하지 않았다는 얘기 아니겠는가?

1,600년 동안 봉해졌으니까 굉장히 오래 보관이 되었던 것이다. 오래 저장했던 포도주로 연회를 베푸시는데 사망을 없애는 연회요, 사망을 없애는 잔치이다. 그럼 포도주로써 사망을 없애는 잔치, 즉 절기가 있다면 어떤 절기가 있는가?

유월절 포도주로써 예수님께서 죄 사함을 허락하시고 우리 인류에게 예수님의 살을 표상하고 피를 표상하는 유월절 진리로써 영원한 생명을 주셨다는 것, 이미 우리가 다 알고 있는 바이다. 8절을 계속 보자.

주 여호와께서 모든 얼굴에서 눈물을 씻기시며 그 백성의 수치를 온 천하에서 제하시리라 여호와께서 이같이 말씀하셨느니라(사 25:8).

그 날에 말하기를 이는, 즉 오래 저장하였던 유월절의 떡과 유월절의 포도주로써 사망을 영원히 멸해주시는 이분은 누구라고 하는가?

우리의 하나님이시라 우리가 그를 기다렸으니 그가 우리를 구원하시리로다. 이는 여호와시라 우리가 그를 기다렸으니 우리는 그 구원을 기뻐하며 즐거워하리라 할 것이며(사 25:8~9).

이사야 25:8~9에 이날에 말하기를 즉 오래 저장하였던 유월절의 떡과 유월절의 포도주로써 사망을 영원히 멸해주시는 이분은 누구라고 하는가?
우리의 하나님이시다.
여기에 여호와라고 했지 어디 안상홍 님이라고 했느냐?
그건 성삼위일체에 대한 진리를 모르는 사람이 하는 말이다.
여호와 하나님이 2천 년 전 이 땅에 왔을 때 어떤 이름을 썼는가?
예수라는 이름을 쓰셨고! 또 좀 전에 감추었던 만나와 무슨 이름을 주신다고 하는가?
예수님은 예수님인데, 예수라는 이름을 사용하지 않고 어떤 이름을 쓰신다고 하는가?
새 이름을 사용하신다고 했다.
여호와, 예수, 안상홍, 모두가 다 어떤가?

한 분 같은 하나님이다.[14]

'새 언약의 진리를 회복한 하나님'에 대한 안상홍 하나님의교회의 주장

① 요한계시록 2:17의 감추었던 만나는 새 언약 유월절을 말한다.
② 히브리서 9:28은 소멸된 유월절을 회복시키기 위해 안상홍이 올 것을 예언한다.
③ 유월절 새 언약 진리를 회복한 안상홍은 이사야 25:6~8에 의하면 하나님이다.
④ 예수님은 감추었던 만나를 주고 새 이름을 준다 했는데 그 새 이름이 안상홍이다.
⑤ 여호와, 예수, 안상홍은 모두 한 분 하나님의 이름이다.

2) 성경적 해석

첫째, 감추었던 만나는 영원한 양식이신 예수님 자신을 의미하며, 안상홍이 회복했다는 새 언약 유월절은 성경에 존재하지 않는다.

김주철은 요한계시록 2:17의 감추었던 만나를 안상홍이 회복했다는 새 언약 유월절과 동일시한 후 안상홍을 하나님의 위치로 올려놓는다.

과연 감추었던 만나와 새 언약 유월절이 그러한 관계로 연결될 수 있을까?

요한계시록 2:17의 감추었던 만나는 1세기의 소아시아 일곱 교회 중 하나였던 버가모교회에 주신 약속이다. 예수님은 각종 우상과 이단 사설들이 난무하는 버가모 지역에 위치한 버가모교회에게 이러한 것들과 싸워

---

14 김주철, "감추어진 만나와 새 이름," 2019년 5월 5일 설교, https://www.youtube.com.

'이기는 그'에게 감추었던 만나와 새 이름이 기록된 흰 돌을 주시겠다고 약속했다. 여기서 '이기는'으로 번역된 니콘티(νικῶντι)는 현재 분사형으로 '계속 싸워서 이겨 나가다'는 의미이다.

예수님은 버가모교회가 발람의 교훈에 물들지 않고 우상 숭배와의 싸움에서 계속해서 이겨 나간다면 만나를 먹게 하겠다고 약속했다. 여기서 '만나'는 영원한 생명을 주는 '양식'이다. 이 약속은 버가모교회에 합당한 상급이다. 버가모교회는 먹는 문제로 고민하는 교회였기 때문이다.[15]

이 만나 곧 영원한 양식은 예수님을 상징한다. 요한계시록의 저자 요한은 예수께서 구약 시대 하늘에서 내린 만나와 대비해 자신을 영원한 생명의 떡(요 6:48)이라고 천명한 사실을 요한복음에 기록했다. 요한이 언급한 이 '만나'는 영원한 생명을 허락하는 예수님 자신을 의미한다. '감추었던 만나'는 니케아 회의 때 폐지되어 1,600년간 감추어져 있었다는 '유월절'과 관련된다는 단서는 성경 그 어디에도 없다.

만나가 '감추어져 있었다'고 표현한 이유는 아론의 싹 난 지팡이와 함께 지성소의 법궤 안에 넣어 두었던 만나(출 16:31-34; 히 9:4)가 B.C. 586년 예루살렘 성전 파괴 후 소실되었기 때문이다.[16]

예수님께서 자신의 몸과 피를 상징하는 떡과 잔을 제자들과 나누면서 세우신 새 언약은 짐승의 피로 제사를 드렸던 옛 언약과 대비되는 새 언약 즉 복음을 말한다.

안상홍 하나님의교회 핵심 교리인 '새 언약과 유월절'은 용어 자체부터 모순을 안고 있다. 왜냐하면, '새 언약'과 '유월절'이란 말은 각각 그 의미와 용례에 있어서 결합될 수 없는 말이기 때문이다.

김주철은 예수님이 유월절 날짜에 맞추어 만찬을 했고 이때 '새 언약'을 세웠기 때문에, 이 언약을 가리켜 새 언약 유월절이라 호칭한다. 또한,

---

[15] 박수암, 59-60.
[16] M. 유진 보링, 『요한계시록』, 소기천 역 (서울: 한국장로교출판사, 2011), 147.

예수님이 유월절 떡과 잔에 새 언약으로 인을 쳤기 때문에 새 언약 유월절이라는 용어가 가능하다는 것이다. 이는 안상홍의 주장에서도 동일하게 나타난다. 그의 진술을 들어보자.

"유대 역세의 정월 14일 바로 1,500년간의 장구한 시일에 걸쳐서 유월절 양을 잡아 내려온 그 달 그 날에 그리스도께서 제자들과 함께 유월절 잔치를 잡수시고 이 절기를 세상 죄를 지고 가는 하나님의 어린 양으로서의 당신의 죽으심을 기념할 날로 제정하셨다"라고 하였다. 그런고로 예수 그리스도께서 십자가의 크신 공로를 유월절 성만찬 예식에다가 새 언약으로 인을 쳐 놓으신 것이다.[17]

하지만 예수님은 "유대 역세의 정월 14일 바로 1,500년간의 장구한 시일에 걸쳐서 유월절 양을 잡아 내려온 그 달 그 날 에" 성만찬을 행하지 않았다. 이 문제는 대해서는 제6장 '유월절 교리 해부하기'에서 상세히 다룬다. 제6장은 예수님께서 유월절에 만찬을 하지 않았음을 상세히 밝힌다. 이는 '새 언약 유월절'이란 교리를 구성하는 필요조건 중 하나인 '유월절'이란 말이 쓸데없이 '새 언약'과 결합되어 있다.

안상홍은 "예수 그리스도께서 십자가의 크신 공로를 유월절 성만찬 예식에다가 새 언약으로 인을 쳐 놓으신 것이다"라는 표현을 사용한다. 판독조차 힘든 추상적인 묘사이다. 그리고 말하기를 예수께서 유월절 만찬 식사 중에 제정한 '새 언약'은 다름 아닌 유월절 날짜에 맞추어 성만찬을 행하라는 의미가 있다고 주장한다.

예수께서 이 사실을 기념하고 기억하라고 했다는 것이다. 하지만 누가복음 22:19~20의 성만찬 기사는 '유월절'과 '성만찬'에 전혀 강조점을 두고 있지 않다. 왜냐하면, 예수님께서 성만찬을 행할 때마다 기억해야 할

---

[17] 안상홍, 『새 언약과 옛 언약』 (부산: 하나님교 예수증인회, 1973), 23.

것은 다름 아닌 '예수 자신'(눅 22:19)이라고 말씀하셨기 때문이다. 기억해야 할 것은 유월절도 아니고 성만찬도 아니다. 유월절을 잃어버린 일도 없고, 회복한 일도 없고, 회복한 사람도 없다. 새 언약 유월절이란 용어와 개념은 성경과 관계없다. 동시에 감추었던 만나와 유월절도 아무 관련이 없다.

둘째, 히브리서 9:28은 예수님의 재림을 말하며 안상홍과 무관하다.
김주철은 A.D. 325년에 니케아 종교 회의에서 폐지된 유월절이 1,600년 동안 봉인되어 있었지만, 하나님께서 영생을 주시기 위해서 유월절을 되찾아 줄 존재에 대해서 히브리서 9:28에 미리 예언해 두었다고 말한다.

히브리서 9:28 해석

> 이와 같이 그리스도도 많은 사람의 죄를 담당하시려고 단번에 드리신 바 되셨고 구원에 이르게 하기 위하여 죄와 상관없이 자기를 바라는 자들에게 두 번째 나타나시리라(히 9:28).

본 절을 이해하기 위해 다른 번역본 성경을 참고하는 것이 현명하다.

> 그리스도께서도 많은 사람의 죄를 없애려고 단번에 희생의 제물이 되셨다. 그리고 다시 오실 때에는 죄를 위해서가 아니라 자기를 기다리는 사람들에게 구원을 주시기 위해서 두 번째 나타나실 것이다(현대어 성경).

> 이와 같이 그리스도께서도 많은 사람의 죄를 짊어지시려고, 단 한 번 자기 몸을 제물로 바치셨고, 두 번째로는 죄와 상관없이, 자기를 기다리고 있는 사람들에게 나타나셔서 구원하실 것이다(새번역).

so Christ was sacrificed once to take away the sins of many people; and he will appear a second time, not to bear sin, but to bring salvation to those who are waiting for him(NIV).

예수님은 사람들의 죄를 속하기 위해 단번에 자기 몸을 제물로 바치셨다. 그리고 "죄와는 상관없이" 자기를 기다리는 모든 사람을 구원하기 위해 재림하시게 된다. 예수님이 단번에 자기 몸을 제물로 드린 이유는 사람들의 죄를 담당하기 위해서였다. 즉 죄를 치워버리기 위해서이다. 그러나 두 번째 오시는 이유는 다르다. 두 번째는 죄를 치우는 것이 목적이 아니라 자기를 기다리고 있는 사람들의 구원을 위해서이다. 히브리서 9:28의 "두 번째"와 안상홍은 아무 관련이 없다.

김주철의 성경 해석—사실 성경 해석이라고 할 것까지도 없다—의 특징 중 하나는 자기주장의 근거로 제시하는 구절 대부분을 특정한 '단어'나 '문장' 중심으로 선택한다는 것이다. 즉 그 구절의 정확한 의미는 고려하지 않고 자기주장에 어울릴 것 같은 단어나 문장이 포함된 구절을 선택한다는 것이다.

히브리서 9:28을 선택한 이유는 "자기를 바라는 자들에게 두 번째 나타나시리라"는 문장이 마음에 들었기 때문이다. 하지만 원하는 단어나 문장이 그 구절에 있다고 해서 그 구절이 김주철이 말하고 있는 내용을 담고 있지 않다는 데 문제가 있다. 이러한 것이 성경을 오용하는 대표적 사례이다. 모르고 잘못 인용했다기보다 충분히 의도된 인용이다. 이러한 예는 이사야 25:6~8 해석에서도 그대로 드러난다.

셋째, 이사야 25:6~8은 새 언약 유월절과 무관하며, 안상홍을 하나님으로 나타내지 않는다.

김주철은 이사야 25:6~8을 새 언약 유월절 교리의 정당성과 안상홍을 하나님으로 등장시키는 용도로 사용한다.

이사야 25:6~8 해석

> 만군의 여호와께서 이 산에서 만민을 위하여 기름진 것과 오래 저장하였던 포도주로 연회를 베푸시리니 곧 골수가 가득한 기름진 것과 오래 저장하였던 맑은 포도주로 하실 것이며 또 이 산에서 모든 민족의 얼굴을 가린 가리개와 열방 위에 덮인 덮개를 제하시며 사망을 영원히 멸하실 것이라 주 여호와께서 모든 얼굴에서 눈물을 씻기시며 자기 백성의 수치를 온 천하에서 제하시리라 여호와께서 이같이 말씀하셨느니라(사 25:6-8).

이 구절은 세상에 대한 심판이 모두 끝나고 난 후 하나님의 백성들이 참여할 종말적 잔치에 대한 광경을 묘사하고 있다. 김주철이 "기름진 것과 오래 저장하였던 포도주로 연회를 베푸시리니"(6절)에서 '오래 묵은 포도주'는 안상홍이 회복했다는 유월절 포도주를 가리킨다고 한다. 그는 이렇게 말한다.

> 오래 저장했다는 것은 오랫동안 개봉을 하지 않았다는 얘기 아니겠습니까?
> 1,600년 동안 봉해졌으니까 굉장히 오래 보관이 되었던 것이죠?

그는 '오래 저장된 포도주'를 1,600년 동안 폐지되어 있었던 유월절과 유월절 음식인 포도주를 말하는 것으로 해석한다. 그는 '저장'의 의미를 '폐지'로 해석한다. 그리고 이 포도주를 안상홍이 회복했다는 유월절에 사용하는 포도주와 동일시한다. 이러한 논리라면 호세아 4:11과 누가복음 5:39의 "묵은 포도주"도 1,600년 동안 폐지되었던 유월절 포도주라고 할 수 있다.

"오래 묵은 포도주"로 번역된 쉐마림(閻飽)은 오랜 발효과정을 거친 후 완벽하게 숙성되고 찌꺼기가 제거된 최상의 포도주를 가리킨다. 그래서 이 포도주는 맑은 포도주이다(8절). 이 쉐마임에 대한 묘사는 하나님께서 장차 구원받은 하나님의 백성들에게 최상의 환대를 해주실 것을 상징한다. 쉐마임과 유월절 포도주는 하등 상관없다.

오래 저장했던 포도주로 연회를 베푸시는데 사망을 없애는 연회요, 사망을 없애는 잔치이다.
그럼 포도주로써 사망을 없애는 잔치, 즉 절기가 있다면 어떤 절기가 있죠?

김주철이 이렇게 물으며 8절의 "사망을 영원히 멸하실 것이라"는 문장에 주목한다. "사망을 영원히 멸하는"이라는 말이 무엇을 의미하는지 파악조차 하지 않고, 전후 문맥을 제거한 뒤 이 문장을 '유월절'을 수식하는 어구로 사용하여 '사망을 영원히 멸하는 유월절'이라는 황당한 문구를 성립시킨다.

이는 유월절을 지켜야 영생을 얻는다는 그들의 교리와 일맥상통한다. 하지만 8절은 하나님의 종말적 잔치에 참여한 하나님의 백성들에게는 사망이 없다는 일반적인 진리를 표현한 것이다.
다음은 더 황당하다. 김주철이 8절의 "…사망을 영원히 멸하실 것이라. 주 여호와께서…"라는 문장의 전후 문장을 잘라낸 뒤 "사망을 영원히 멸해주시는 이분은 누구라고요? 우리의 하나님이시다"라고 물은 뒤 이 하나님을 곧 바로 안상홍으로 대체시켜버린다. 이사야는 6~8절의 예언은 하나님으로부터 비롯된 계시임을 나타내기 위해 "여호와께서…이같이 말씀하셨느니라"라고 마무리하고 있을 뿐이다. 김주철의 주장대로 사망을 멸하는 존재가 안상홍이라면 이사야 25장은 해괴한 성경이 되고 만다.

이사야는 그동안 안상홍을 찬양한 것이 되며, 도시를 폐허로 만든 장본인도 안상홍이며(1~5절) 모압으로 상징되는 세계의 모든 대적자의 성을 흙가루로 만들어 버린 장본인도 안상홍이어야 한다(10~12절).

과연 그 태어나지도 않았던 안상홍이 이사야에게 그런 찬양을 받았으며, 이미 죽은 안상홍이 그런 대사(大事)를 이룰 수 있을까?

이사야 25:6~8은 유월절 떡과 포도주와 무관하며, 안상홍과는 관계없다.

넷째, 요한계시록 2:17에서 새 이름은 구원받는 자의 이름이며, 하나님의 새 이름이라는 안상홍과 무관하다.

김주철이 요한계시록 2:17을 근거로 제시하며 하나님께서 앞으로 자신의 '새로운 이름'을 사용할 것을 예고했다고 주장한다. 이에 대한 그의 설교를 들어보자.

> 오래 저장하였던 유월절의 떡과 유월절의 포도주로써 사망을 영원히 멸해 주시는 이분은 누구라고요?
> 우리의 하나님이십니다. 여기에 여호와라고 했지 어디 안상홍이라고 했습니까?
> 그건 성삼위일체에 대한 진리를 모르는 사람이 하는 말입니다.
> 여호와 하나님이 2천 년 전, 이 땅에 왔을 때 어떤 이름을 썼습니까?
> 예수라는 이름을 쓰셨고! 또 좀 전에 감추었던 만나와 무슨 이름을 주신다고요?
> 예수님은 예수님인데 예수라는 이름을 사용하지 않고 어떤 이름을 쓰신다고요?
> 새 이름을 사용하신다고 했습니다.

여기서 김주철이 언급한 '새 이름'은 요한계시록 2:17에 등장하는 용어이다. 예수님께서 버가모교회에게 감추었던 만나와 새 이름이 기록된 흰 돌을 주시겠다고 약속했다. 여기서 수여하겠다고 약속한 것은 새 이름이 기록된 '흰 돌'이지 새 이름이 아니다. 새 이름이 기록된 흰 돌은 각종 이단 사설과 그것을 사주하는 사단과의 종말적인 전투에서 버가모교회가 이겨 나갈 때 받게 된다.

이 구절을 하나님께서 자기의 이름을 '안상홍'이라는 이름으로 대신하겠다고 말한 것으로 해석하는 것은 황당하다. 김주철은 이 '새 이름'이라는 단어가 마음에 들었기 때문에 요한계시록 2:17을 선택했다. 그리고 '새 이름'이란 용어를 통해 자기 교리의 정당성과 안상홍이 오늘날의 하나님인 것을 열심히 증명한다. 하지만 새 이름이란 용어가 요한계시록 2:17에 있지만, 이 구절이 그러한 의미를 담고 있지 않다는 데 문제가 있다.

초대교회 당시 '테세라'로 불리는 흰 돌을 주는 풍습이 있었다. 이 돌을 가진 자는 공적인 연회에 참석할 수 있었다. 흰 돌은 이러한 초대교회 당시의 사회 문화적 배경을 반영한다. 버가모교회가 계속해서 진리를 지키며 이겨 나갈 때 받는 이 흰 돌은 장차 메시아 왕국이 도래할 때 그 잔치에 참석할 수 있게 해주겠다는 하나님의 약속이다. 이 흰 돌에 새 이름이 기록되어 있다. 이 새 이름은 천국의 초대를 받은 자의 이름이다. 그 이름이 새 이름인 것은, 그가 곧 메시아 왕국의 시민이 되기 때문이다.

'흰'으로 번역된 레켄(λευήν)과 '새'로 번역된 카이논(καινὸν)은 요한계시록에서 천국의 기본어다(1:14; 3:4~4, 18; 4:4; 6:2; 11:7:9, 13; 14:14; 19:11, 14; 20:11; 3:12; 5:7; 14:3; 21:1~2, 5 참조).[18] 이 새 이름은 하나님 자신이 사용하는 이름이 아니라 버가모 교회에 주시는 새 이름이다.

김주철의 성경 해석은 신천지의 이만희를 방불케 한다. 김주철도 단어 중심으로 연결 고리를 만드는 방식을 활용한다. 그는 자기가 말하고 싶은 주제와 맞아 떨어지게 보일법한 이미지의 단어나 소릿값이 같은 단어를

---

[18] 박수암, 60.

찾는 데 여념이 없다. 철자나 소릿값이 같은 글자를 끌어와 꿰맞추는 성경 해석 방법은 성경을 오용하는 대표적인 사례 중 하나이다.

제4장

안상홍 성령 하나님 교리 해부하기

1. 안상홍 하나님의교회의 주장

마태복음 28:19에 "아버지와 아들과 성령의 이름으로 세례를 주고 내가 너희에게 분부한 모든 것을 가르쳐 지키게 하라"고 하셨다.

성령이 인격체가 아닌 전파나 에너지 같은 무형의 활동적인 힘이라고 한다면 어찌 성령에게 이름이 있을 수 있겠는가?

성령님에게 이름이 있다는 말씀만으로도 성령이 인격체임을 확신할 수 있는 것이다.[1]

성부 시대에는 어떤 이름을?

여호와라는 이름이 하나님의 약속된 이런 모든 역사를 끌어내셨고 성자 시대에는?

예수라는 이름이 모든 죄 사함과 구원과 영생이라는 모든 것을 불러왔다. 성령의 시대에도 마찬가지이다. 성령의 시대에도 새 이름 안상홍 님의 이름과 새 예루살렘 하늘 어머니의 이름이 우리 모든 시온의 자녀에게 영

---

1 김주철, 『내 양은 내 음성을 듣나니』, 150~151.

생과 죄 사함과 영원한 구원의 역사를 끌어내더라는 것이다.

그래서 사단은 시대마다 그 하나님의 이름이 인류의 인생들의 그 입술을 통해서 알려지지 아니하고 불리지 않도록 온갖 노력을 했다. 축복이 필요하다고 한다면 이름을 불러 보라.

"아버지 안상홍 님 복 많이 주십시오. 우리 하늘 아버지의 이름으로 찬양 드립니다."

그 이름이 항상 우리의 열매가 되어야겠다.[2]

성령, 예수님의 새 이름으로 이 땅에 오신 그리스도 안상홍 님은 2,000년 전에 우리를 위해서 골고다에서 십자가를 짊어지셨던 바로 그 예수님이시고, 3,500년 전 홍해를 가르시고 이스라엘 백성들에게 40년간 하늘에서 만나를 내리신 바로 그 여호와 하나님이셨다는 사실을 확인할 수가 있겠다.

안상홍 님이 뭐 기적을 행하신 게 있는가?

이런 걸 물어볼 필요가 없다. 홍해를 가르는 기적을 누가 했으며 보리떡 다섯 개와 물고기 두 마리로 오천 명을 먹이고 열두 광주리에 차고 넘치게 하신 이가 누구신가를 올바르게 이해 못 할 때 자꾸 그런 질문을 한다. 성부 시대에는 여호와로 불리셨고 성자 시대에는 예수라는 이름으로 불리셨고, 마지막 성령 시대에는 안상홍 님이라는 이름으로 이 땅에 오셔서 우리에게 영원한 생명의 근원 되시는 예루살렘 어머니까지 깨닫게 해 주시고 알려주시고 올리우신 우리의 영원하신 그리스도 안상홍 님! 또 새 예루살렘 하늘 어머니! 오늘 이 안식일 통해서 더 크신 영광과 찬양을 받으셔야 할 분이시다.[3]

---

2 김주철, "각 시대의 이름의 중요성, 성령 안상홍 님," 2019년 3월 1일 설교.
3 김주철, "성삼위일체와 하나님," 2018년 9월 21일 설교.

'안상홍 성령 하나님'에 대한 안상홍 하나님의교회의 주장

① 마태복음 28:19에서 성령에게 이름이 있다는 것은 성령이 사람임을 말한다.
② 성부 시대 하나님의 이름은 여호와, 성자 시대 하나님 이름은 예수, 성령 시대 하나님의 이름은 안상홍과 장길자이다.
③ 안상홍 님의 이름과 하늘 어머니의 이름이 영생과 죄 사함과 구원의 역사를 끌어낸다.
④ 안상홍 님은 2천 년 십자가를 지셨던 그 예수님이고, 광야에서 만나를 보낸 그 하나님이다.

2. 성경적 해석

첫째, 성령님을 '인격적'이라고 표현하는 것은 성령의 본성을 말하는 것이지, 성령이 사람이라는 뜻이 아니다.

김주철은 성령이 전파나 에너지 같은 무형의 활동적인 힘이 아니라 이름을 가지고 있기에 인격체임을 확신할 수 있다고 설명한다. 성령님을 '인격'이라고 하는 것은 정확한 설명이다. 왜냐하면, 성령님께서는 인격의 세 요소인 지·정·의를 가지고 계시기 때문이다. 성령님은 지성을 가지고 계시고(고전 2:10~11), 감정을 가지고 계시고(롬 8:26; 엡 4:30) 의지를 가지고 계신다(행 16:7; 고전 12:11).

하지만 여기서 김주철이 말하는 '인격'이란 '인간'을 말하는 것이다. 말하자면 성령 하나님은 인간이며, 이 인간을 안상홍이라는 것이다. 김주철이 그렇게 가르치는 것은 자유이지만 '성령의 인격성'을 그렇게 오용해서는 안 된다. 성령님을 인격적이라고 하는 것은 성령님의 본성에 대한 표현이지, 성령이 인간이라는 뜻이 아니다.

둘째, 성경은 성령 하나님의 이름을 안상홍이라 말한 바 없다.

김주철은 성부 시대 하나님의 이름은 여호와, 성자 시대 하나님의 이름은 예수, 성령 시대 하나님의 이름은 안상홍과 장길자라고 주장한다.

과연 그럴까?

물론 '여호와'가 구약성경에서 가장 빈번한 하나님의 이름을 가리키는 표현 중 하나이지만 구약성경은 하나님의 이름을 '여호와,' '엘로힘,' '아도나이'를 혼용해서 사용한다. 성부 시대 하나님의 이름은 여호와만 있는 것이 아니다.

이어서 김주철은 성령 시대에 하나님의 이름은 안상홍과 장길자라고 한다. 장길자라는 이름은 거명하지 않았지만, "새 예루살렘 하늘 어머니"는 장길자를 가리키는 용어이다. 하늘 어머니에 대해서는 5장에서 다루기로 하고 여기서는 안상홍만 언급한다.

과연 성경은 '안상홍'이라는 이름이 성령 시대의 하나님 이름이라고 증거하는가?

성령(Πνεύμα)은 신약성경에서 '하나님의 영'(고전 2:11; 벧전 4:14), '예수의 영'(행 9:7), '거룩한 영' 혹은 '성결의 영'(롬 1:14), '그리스도의 영'(롬 8:9), '아들의 영'(갈 4:6), '양자의 영'(롬 8:15) 등으로 표현되지만, 안상홍을 가리키는 용어로 단 한 번도 사용된 적 없다. 신약성경 안에는 성령을 안상홍을 암시한다고 해석할 단서는 존재하지 않는다.

안상홍은 그의 저서 『성부 성자 성령 성삼위일체 해설』에서 성령은 하나님의 영도 되고 그리스도의 영도 되고, 아들의 영도 된다고 하며 성령을 영이라고만 주장할 뿐 육체를 가리킨다고 표현하지 않는다.[4]

그 밖에 안상홍의 가르침을 총망라한 『하나님의 비밀과 생명수 샘』에서도 성령을 사람과 동일시하지는 않았다. 이로 보아 사람을 성령 하나님이라고 가르치기 시작한 때는 안상홍 사후로 생각한다. 이는 초대 교주 사후 안상홍 하나님의교회 교리가 많이 수정되고 보완되었음을 의미한다.

---

4 안상홍, 『성부 성자 성령 성삼위일체 해설』, 33.

셋째, 안상홍이 여호와이며, 예수님이며, 성령님이라는 사실은 성경에서 말하는 바가 아니다.

김주철은 안상홍의 이름과 하늘 어머니의 이름이 영생과 죄 사함과 구원의 역사를 끌어낸다고 주장한다. 김주철의 이러한 논조는 그의 설교집이나 설교에서 일관되게 나타난다. 이를 수용할 수 있는 유일한 방법은 안상홍 하나님의교회 신도가 되는 수밖에 없을 것 같다.

김주철은 안상홍을 2천 년 십자가를 지셨던 그 예수라고 주장한다. 더 나아가 광야의 이스라엘 백성에게 만나와 메추라기를 보냈던 그 하나님과 동일한 분이라고 주장한다. 그에 의하면 안상홍이 구약의 하나님이며 신약의 예수님이며 오늘날의 성령님이다. 그가 하나님을 삼위일체가 아닌 일위삼체로 설명하는 목적이 바로 여기에 있다.

하나님은 한 분이고, 이 한 분이 시대마다 모습과 이름을 달리하여 세 양태로 나타났다는 것이다. 안상홍이 구약 때는 여호와 하나님으로 나타났고, 신약 때는 예수 그리스도로 왔고, 지금은 성령 하나님으로 와 있다는 것이다. 하지만 살아생전 안상홍은 노골적으로 자기를 성령과 동일시하지는 않았다. 이는 안상홍 사후 누군가에 의해 교주를 더욱 신격화하는 쪽으로 강화되었음을 보여준다.

과연 안상홍이 태초부터 존재했던 창조주 하나님이며, 죽었다가 부활한 그리스도인가?

과연 안상홍이 빛을 창조했으며, 낮과 밤을 구분지었으며, 궁창을 만들었으며, 물을 한 곳으로 모아 육지와 바다를 드러냈으며, 태양과 달과 수억의 별들을 만들었으며, 수천수만 종의 포유류, 조류, 어류, 파충류, 양서류, 식물들을 만들었을까?

흙으로 아담을 만들고 그의 갈비뼈를 취해 하와를 만들었으며, 물로 세상을 심판했으며, 애굽에 10가지 재앙을 내렸을까?

이스라엘 백성들을 홍해를 건너게 했으며, 해 그림자를 10도 물러가게 했을까?

과연 안상홍이 승천하여, 현재 하나님 우편에 앉아 자기 사람들을 위해 간구하고 있을까?

그런데 왜 인류에게 영생 주기 위해 온 그 구원자가 공원묘지에 안장되어있는지 궁금하다. 물론 안상홍 하나님의교회에서는 그가 장차 강림하기 위해 승천했다고 발뺌을 한다.

그렇다면 1988년이 세상 종말의 해이며 안상홍이 다시 강림할 것이라는 주장은 왜 불발되었는지, 또 2012년에 그와 같은 일이 다시 일어날 것이라고 단언했던 그 전능자의 예언[5]은 왜 공수표가 되었는지 궁금하다. 물론 이때 급조한 '하늘 어머니 교리'로 위기를 극복했다지만, 이는 이 집단이 어떤 정체성 위에 서 있는지를 잘 드러낸다.

김주철은 왜 안상홍이 여호와와 예수와 성령이 되는지에 대한 직접적인 성경의 증거는 제시하지 않는다. 다만 '여호와 = 예수,' '여호와 = 성령,' '예수 = 성령'이라는 등식만 열심히 성립시키고자 노력했다. 이 등식이 마치 안상홍이 하나님, 예수님, 성령님으로 밝혀질 결정적인 단서가 되는 양 장황하게 늘어놓았지만, 어느 하나 정당한 해석이 없다. 모두 말장난보다 못한 해석과 적용이었다.

물론 이러한 등식이 성립된다고 해도 안상홍이 하나님이 될 수 있는 것도 아니다. 왜냐하면, 수많은 '하나님 후보자'가 이런 식의 해석을 시도해 왔기 때문이다. 안상홍도 그 후보자 중 한 명이다. 더군다나 그러한 등식조차도 타당하지 않다. 왜냐하면, 그 같은 일위삼체론 즉 양태론적 단일신론은 이미 교회 역사 속에서 이단적 교설(教説)로 증명되었기 때문이다.[6]

논증이란 어떤 주장에 대한 객관적인 증거 제시를 통해 이루어지며, 이 과정도 논리적이며 타당해야 한다. 안상홍이 성령 하나님이라는 주장은 성경에서 증거를 찾을 수 없고, 그것을 증명하는 과정도 타당하지 않다.

---

5 안상홍, 『신랑이 더디 오므로 다 졸며 잘새』, 14.
6 Henry Bettenson, 『초기 기독교 교부』(The Early Christian Fathers), 박경수 역 (고양: 크리스챤다이제스트, 2005), 402.

제5장

어머니 하나님 교리 해부하기

1. 안상홍 하나님의교회의 주장

1) 안상홍의 주장

하갈은 시내 산에서 받은 모세 율법과 지상의 예루살렘으로 말미암는 육신적 이스라엘 백성들을 말하는 것이고 사라는 예수 그리스도께서 마가의 다락방에서 세우신 새 언약과 영적 이스라엘 백성들을 말하는 것인바 곧 위에 있는 예루살렘을 두고 하신 말씀이다.[1]

요한계시록 21:1~4의 거룩한, 즉 하나님의 장막이 사람들과 함께 있으매 한 이 장막도 사람이 아닌 신령한 건물이다.

그러면 왜 우리 교회에서 주장하는바 성도들이 교회요 144,000 성도가 새 예루살렘이라 하는가?

그 이유는 모든 교회가 생각하기를 건물이 교회요 새 예루살렘이라 하기 때문에 나는 그것을 좀 더 확실하게 알리기 위하여 성도가 모이면 그

---

[1] 김주철, 『아버지 하나님, 어머니 하나님』(안양: 멜기세덱출판사, 2008), 17-18.

곳이 교회 144,000이 들어갈 곳이 새 예루살렘이라고 분명하게 증거한 것이다.[2]

"성령과 신부가 말씀하시기를"(계 22:17), 여기 신부는 요한계시록 21:9~10의 신부와 같은 신부인 것은 사실이다. 그런고로 신부는 9~10절의 예언과 같이 하늘에 새 예루살렘을 말하는 것이고 새 예루살렘은 곧 144,000 성도들을 말하는 것이다.[3]

2) 김주철의 주장

> 오직 위에 있는 예루살렘은 자유자니 곧 우리 어머니라(갈 4:26).
>
> 갈라디아서에서는 어머니로서 하나님에 대한 진리를 드러내고 있다. 따라서 구원 얻을 백성들에게는 틀림없이 아버지 하나님도 계셔야 하고 어머니 하나님도 계셔야 한다. 아버지 하나님만 믿어서는 결단코 구원에 이를 수 없다.[4]
>
> 또 내가 보매 거룩한 성 새 예루살렘이 하나님께로부터 하늘에서 내려오니 그 예비한 것이 신부가 남편을 위하여 단장한 것 같더라. 내가 들으니 보좌에서 큰 음성이 나서 가로되 보라 하나님의 장막이 사람들과 함께 있으매 하나님이 저희와 함께 거하시리니 저희는 하나님의 백성이 되고 하나님은 친히 저희와 함께 계셔서 모든 눈물을 그 눈에서 씻기시매 다시 사망이 없고 애통하는 것이나 곡하는 것이나 아픈 것이 다시 있지 아니하리니 처음 것들이 다 지나갔음이러라(계 21:2-4).

---

2 안상홍, 『새 예루살렘과 신부 여자들의 수건 문제 해석』, 17-20.
3 위의 책, 41.
4 김주철, 『아버지 하나님, 어머니 하나님』, 194.

우리를 구원으로 인도하는 거룩한 성 예루살렘은 우리 영의 어머니이다.[5]

일곱 대접을 가지고 마지막 일곱 재앙을 담은 일곱 천사중 하나가 나아와서 내게 말하여 가로되 이리 오라 내가 신부 곧 어린 양의 아내를 네게 보이리라 하고 성령으로 나를 데리고 크고 높은 산으로 올라가 하나님께로부터 하늘에서 내려오는 거룩한 성 예루살렘을 보이니(계 21:9-10).

기약이 이르러 등장하시는 분은 어린 양과 어린 양의 아내, 곧 아버지 하나님과 그 신부 되신 어머니 하나님을 뜻하고 있다.[6]

성령과 신부가 말씀하시기를 오라 하시는도다 듣는 자도 오라 할 것이요 목마른 자도 올 것이요 또 원하는 자는 값 없이 생명수를 받으라 하시더라. 내가 이 책의 예언의 말씀을 듣는 각인에게 증거하노니 만일 누구든지 이것들 외에 더하면 하나님이 이 책에 기록된 재앙들을 그에게 더하실 터이요 만일 누구든지 이 책의 예언의 말씀에서 제하여 버리면 하나님이 이 책에 기록된 생명 나무와 및 거룩한 성에 참예함을 제하여 버리시리라 (계 22:17-19).

성령은 성삼위일체로 볼 때 성부이신 아버지 하나님을 뜻한다. 따라서 아버지 하나님의 신부는 곧 어머니 하나님이시다.[7]

하나님이 '우리의 형상'(26절) 곧 '하나님의 형상'(27절)을 모델 삼아 그대로 창조하신 존재가 남자와 여자였다. 이는 곧 하나님의 형상 안에 복수의 형상, 정확히 말하자면 남자의 형상과 여자의 형상이 존재하는 말씀이

---

[5] 위의 책, 228-231.
[6] 위의 책, 204-205.
[7] 위의 책, 196-197.

> 다. 그 가운데 남자 형상의 하나님을 우리가 가족적인 호칭으로 부를 때 아버지라고 한다. 그래서 사람들이 "하늘에 계신 우리 아버지여"라고 기도하고 복을 구한다.
> 창세기 1장에 '우리'라는 하나님의 형상대로 지어진 존재가 남자와 여자였고, 그 하나님의 남성적인 형상을 '아버지 하나님'이라 한다면 여성적인 형상은 당연히 '어머니 하나님'이 되지 않겠는가?[8]

'어머니 하나님'에 대한 안상홍 하나님의교회의 주장

① 안상홍은 갈라디아서 4:26의 "위에 있는 어머니"를 그리스도의 새 언약이라 하고 김주철은 어머니 하나님이라 한다.
② 안상홍은 요한계시록 21:2의 "예루살렘"을 144,000을 수용할 건물이라 하고, 김주철은 어머니 하나님이라 한다.
③ 안상홍은 요한계시록 21:9 "어린 양의 아내 신부"를 144,000이라 하고 김주철은 어머니 하나님이라 한다.
④ 안상홍은 요한계시록 22:17의 "신부"를 144,000이라 하고 김주철이 어머니 하나님이라고 한다.
⑤ 창세기 1:26의 하나님의 형상 안에 아버지 하나님 형상과 어머니 하나님 형상이 있다.

---

8   위의 책, 193.

2. 성경적 해석

첫째, 어머니 하나님 교리는 안상홍에 의해 퇴출되었지만, 김주철이 다시 사용하고 있다.

다음은 안상홍의 저서 목록이다.

① 『하나님의 비밀과 생명수 샘』
② 『라오디게아에 보내는 기별』
③ 『천사 세계에서 온 손님들』
④ 『침례식에 대한 원식』
⑤ 『신랑이 더디 오므로 다 졸며 잘새』
⑥ 『새 언약과 옛 언약』
⑦ 『하나님의교회 교리 요람』
⑧ 『엘리야와 마지막 교회』
⑨ 『성경이 가르치는 음식 문제』
⑩ 『선악과와 복음』
⑪ 『새 언약의 복음』
⑫ 『하나님의 마지막 약속의 자손』
⑬ 『구약 설교집』
⑭ 『성부·성자·성령 성삼위일체 해설』

이런 책에서 놀랍게도 '어머니 하나님' 혹은 '하늘 어머니'에 대한 이야기가 없다. 오히려『새 예루살렘과 신부 여자들의 수건 문제 해석』에서는 이 교리를 적극적으로 부정한다. 하지만 김주철의 설교집『아버지 하나님, 어머니 하나님』에서는 '어머니 하나님' 존재 이야기로 도배되어있다.

그렇다면 이 '어머니 하나님 교리'가 생성된 출처는 어디일까?

여기에 놀라운 사실이 하나 있다. 안상홍은 생전에 어머니 하나님 교리를 적극적으로 부정했다는 사실이다. 이는 안상홍이 엄수인이라는 여인이 자기가 어머니 하나님이라고 주장했던 내용들을 조목조목 반박했던 내용에서 확인할 수 있다. 더 놀라운 사실은 엄수인이 인용했던 성경 구절을 김주철이 그대로 차용하였으며 그녀가 주장했던 내용을 김주철이 똑같이 되풀이하고 있다는 사실이다.

거기에 김주철이 개인적인 기지를 발휘에서 몇 가지 성경 해석을 더 덧붙였다. 엄수인이라는 여인이 어떤 사람이었는지에 대해서는 안상홍의 저서 『새 예루살렘과 신부 여자들의 수건 문제 해석』에서 충분히 알 수 있다. 격앙된 어조의 문장들이 많이 등장하는 것으로 봐서 그녀가 안상홍의 속을 얼마나 뒤집었는지 짐작이 된다.

엄수인은 갈라디아서 4:26의 "위에 있는 어머니," 요한계시록 21:3의 "거룩한 성 새 예루살렘," 요한계시록 21:9의 "어린 양의 아내," 요한계시록 22:17의 "신부"라는 용어를 모두 자기와 동일시하며, 자기를 '어머니 하나님'이라고 주장했다. 안상홍은 이러한 엄수인의 주장을 일일이 반박했다. 이를 눈으로 직접 확인하자.

> 엄수인은 자기가 하늘에 있는 예루살렘인데 자기가 지상으로 내려왔다고 한다. 갈라디아서 4:22~24의 예언대로 사라가 위에 있는 예루살렘인데 그 예루살렘이 엄수인이 되었다면, 엄수인은 자기 아들하고 결혼한 셈이 된다. 왜냐하면, 사라의 아들이 이삭이요 이삭은 또한 그리스도라고 하였기 때문이다(갈 3:6). 엄수인은 그리스도의 어머니도 되고 그리스도의 신부(아내)도 된 셈이다. 엄수인은 나를 눈먼 이삭이라 하면서 자기는 위에 있는 예루살렘 즉 사라라고 하니 결국 이삭, 아들하고 살겠다고 하니 이런 해괴망측한 일이 또 어디 있겠는가?[9]

---

9 안상홍, 『새 예루살렘과 신부 여자들의 수건 문제 해석』, 18.

엄수인의 말하는 성경 구절은 요한계시록 22장 17절이다. "성령과 신부가 말씀하시기를 오라 하시는도다" 하였는바 이 신부가 엄수인 자신이라고 말하고 또 요한계시록 21장 3절 "내가 들으니 보좌에서 큰 음성이 나서 가로되" 한 그 음성도 엄수인 자신이라고 하니 참으로 놀라지 않을 수 없다…보좌에서 큰 음성이 나는 것은 하나님이나 어린 양밖에는 아주 다른 이는 할 수 없는 일이다. 그런데 방자하게도 엄수인이 자기가 큰 음성을 냈다고 하는 것은 보통 정신병자가 아니다.[10]

안상홍은 '위에 있는 예루살렘 곧 우리의 어머니'(갈 4:26)와 '신부'(계 22:17)를 자기라 하며, 자기를 어머니 하나님이라고 주장한 엄수인을 원색적으로 비난한다. 황당한 것은 안상홍이 정신병자라고 한 엄수인의 주장을 김주철이 그대로 베껴 장길자를 '어머니 하나님'으로 만들어 놓고 있다는 사실이다. 자기가 섬기고 있는 하나님에 의해서 퇴출한 교리를 다시 재활용하고 있는 셈이다. 이는 이 단체가 얼마나 우스꽝스러운 집단인지를 잘 보여준다.

둘째, 갈라디아서 4:26의 '위에 있는 어머니'는 어머니 하나님이 아니라 복음 아래에서 자유를 누리고 있는 모든 사람의 어머니 사라를 상징한다.

김주철은 갈라디아서 4:26의 '위에 있는 어머니'라는 표현을 가리켜 어머니 하나님의 존재를 알린다고 주장한다. 하지만 안상홍은 '위에 있는 어머니'는 예수께서 다락방에서 세운 새 언약을 말하는 것이라고 주장했다. 제자와 스승의 말이 서로 다르다.

바울은 갈라디아서 4:21~31의 이야기는 '비유'(ἀλληγορούμενα)라고 밝힌다(갈 4:24). 바울은 아브라함의 본처 사라와 후처 하갈을 비유로 들어 복음과 율법의 차이를 설명한다. 자유자 사라는 복음을 상징하고 종 하갈

---
[10] 위의 책, 41.

은 율법을 상징한다. 하갈은 율법의 규정에 따라 제사가 드려지고 있는 땅의 예루살렘에 비유되고(갈 4:25) 사라는 땅의 예루살렘과 대비되는 하늘의 예루살렘으로 비유된다(갈 4:26).

하갈은 율법에 매여 여전히 종의 신분으로 살아가는 사람들의 어머니로 상징되고(갈 4:25) 사라는 복음 아래에서 자유를 누리고 있는 모든 사람의 어머니로 상징된다(갈 4:26). 즉 '위에 있는 우리 어머니'라는 표현은 사라를 비유한다. 이를 '어머니 하나님'이라고 주장하는 것은 본문의 진의와 아무 상관 없다.

셋째, 요한계시록 21:2의 '예루살렘'은 어머니 하나님이 아니라 교회 공동체를 상징한다.

김주철은 요한계시록 21:2의 "예루살렘"을 가리켜 어머니 하나님을 가리키는 표현이라고 주장한다. 그러나 안상홍은 이 "예루살렘"을 144,000이 들어갈 건물이라고 주장한다. 교주와 제자의 주장이 서로 다르다. 요한계시록이 예루살렘 성을 가리켜 남편을 위하여 단장한 신부와 같다고 묘사한다. 즉 예루살렘은 남편의 신부이다. 요한계시록 19:7~8에는 신부가 누구인지 이미 제시했다. 신부가 입고 있는 세마포 옷을 "성도들의 옳은 행실"(계 19:8)이라 했다. 신부의 실체는 성도들이다. 즉 신부는 교회 공동체를 상징한다.

넷째, 요한계시록 21:9의 '어린 양의 아내'는 어머니 하나님이 아니라 교회 공동체를 상징한다.

김주철이 요한계시록 21:9에 등장하는 "어린양의 아내"가 '어머니 하나님'이라는 존재를 알려준다고 주장한다. 하지만 안상홍은 "어린양의 아내"를 '144,000'이라고 한다. 역시 두 사람의 주장이 엇갈린다. 요한계시록 21:9은 일곱 천사 중 하나가 요한에게 곧 "어린 양의 아내"를 네게 보이겠다고 말한다.

이 어린 양의 아내는 요한계시록 21:1의 신부와 동일인이다. 즉 이 어린 양의 아내는 교회 공동체를 상징한다. 요한은 요한계시록을 통해서 다양한 교회의 모습들을 제시한다. 셀 수 없는 큰 무리(7:9~17), 십사만 사천 (7:1~8; 14:1~15), 두 증인(11:3~13), 여인(12장), 신부(19:7~9) 등은 모두 교회 공동체를 표현하는 용어들이다.

다섯째, 요한계시록 22:17의 '신부'는 어머니 하나님이 아닌 교회공동체이며, '생명수'를 주는 존재는 예수 그리스도이다.

김주철이 요한계시록 22:17의 "신부"를 가리켜서도 '어머니 하나님'에 대한 표현이라고 한다. 하지만 안상홍은 이 "신부"를 '144,000'이라고 한다. 이 부분에서도 두 사람은 서로 다른 주장을 한다. 요한계시록 22:17의 '성령과 신부'(τὸ Πνεῦμα καὶ ἡ νύμφη)는 '성령의 영감을 받은 교회'라는 뜻이다.[11]

성령의 감동을 한 교회는 듣는 자와 목마른 자와 원하는 자들을 향하여, 즉 세상으로 향하여 교회로 오라고 초청한다. 그리고 생명수를 받아 마시라고 한다.

이 생명수는 누가 주는가?

요한계시록 21:6은 이미 초청받은 모든 사람에게 생명수를 주는 분은 예수 그리스도라고 명시한다. "나는 알파와 오메가요 처음과 마지막이라 내가 생명수 샘물을 목마른 자에게 값없이 주리니"에서 보듯이 생명수를 주는 존재가 안상홍 하나님과 장길자 하나님이 아님을 알 수 있다. 얼마나 많은 천차만별의 종교적인 집단이 성경을 이처럼 제멋대로 이용하는지 모른다.

---

[11] 박수암, 284.

여섯째, 로마서 5:14은 아담을 '오실 자의 모형'으로 그렸을 뿐 하와를 '오실 자의 아내'로 표상하지 않는다.

김주철이 창세기 2:18과 로마서 5:14을 연결하여 하나님이 남자와 여자라는 두 가지 성(性)으로 존재한다고 주장하며 어머니 하나님의 존재를 증명하려는 시도를 이어간다. 그는 다음과 같은 주장을 한다.

> 아담에게 왜 돕는 베필인 하와가 필요했을까요?
> 남성은 생명을 주고 자녀를 젖 먹여 기르는 일을 할 수 없습니다. 이 모든 일은 하나님께서 인간을 창조하실 때에 여자에게 맡기신 일입니다. 아담은 오실 자, 즉 재림 그리스도의 표상이었습니다(롬 5:14). 그러므로 아담의 아내인 하와는 재림 그리스도이신 어린 양의 아내를 표상하고 있습니다.
> 이런 중차대한 진리가 창세기 속에 감추어져 있었던 것입니다. 남성의 형상으로 역사하실 때의 하나님께서 하실 일과 여성의 모습으로 역사하실 때의 하나님께서 하실 일이 각각 무엇인지를 우리가 이해해야 하겠습니다.
> 이것이 하나님을 아는 출발점입니다…창세기 속에 나타난 이와 같은 섭리를 통해서 우리는 그리스도로 표상된 아담과 그리스도의 아내로 표상된 하와, 그리고 그들의 자녀로 표상되어있는 오늘날 인류 인생들의 모습을 조명해 볼 수 있습니다.
> 아담은 그리스도요, 하와는 그의 아내요, 그 자녀인 아벨과 가인은 오늘날 지상에 사는 구원받을 자와 구원받지 못할 자, 곧 이 땅에 사는 모든 인류 인생들을 뜻하고 있습니다. 이 모든 내용을 통해 성경은 하나님 안에 두 가지 성(性)이 있음을 증거하고 있습니다.[12]

하나님께서 아담이 혼자 사는 것을 좋지 않게 여기시고 아담을 깊이 잠들게 한 후 갈빗대 하나를 취해 아담의 돕는 배필 하와를 만드셨다

---

12 김주철, 『아버지 하나님, 어머니 하나님』, 200-201.

(창 2:18~21). 김주철이 하와를 아담의 "돕는 배필"이 되게 하였다는 사실에 착안해 '여성의 역할'을 부각한다. 그리고 이를 구체화해서 하나님은 반드시 남성과 여성이 존재하도록 한다는 전제를 설정한다.

그리고 이를 재림 그리스도에게 적용한다. 아담에게도 아내의 역할을 한 하와가 있었으므로 예수 그리스도에게도 아내가 있어야 하며, 장차 재림주에게도 아내가 있어야 한다는 논리를 펼친다. 김주철이 이 지점에서 장길자를 등장시킨다. 그리고 재림주 안상홍이 장길자를 택했기에 그녀가 재림주의 아내가 된다는 결론을 끌어낸다.

'하와'는 다름 아닌 바로 장길자의 모형이었다. 따라서 재림주 안상홍도 신적인 존재이므로 그 아내 장길자도 당연히 신이다. 이런 식의 논리라면 남성 여호와께서도 혼자 있는 자신이 좋지 않게 보여서 여성 하나님을 만드셨으며, 이 여성 여호와가 자신의 부족한 부분을 메꾸어줄 돕는 배필로 삼았다고 할 수 있다.

과연 창세기 2:18과 로마서 5:14에서 하와가 재림 그리스도의 아내를 표상하는가?

로마서 5:14은 단지 아담을 가리켜 "오실 자의 모형" 즉 예수 그리스도의 모형으로만 기록한다.

아담이 어떤 면에서 예수 그리스도의 모형이 되는가?

그것은 '대표성'에 있어서 모형이다. 아담은 범죄 한 모든 인류의 대표인 것 같이 예수 그리스도는 구원받은 모든 자의 대표가 된다. 아담은 자신의 범죄로 말미암아 온 인류를 죄 아래 있게 만든 대표자이다. 반면 예수 그리스도는 자신의 희생으로 온 인류를 은혜 아래에 있게 만든 대표자이다. 이러한 대표성에 있어서 아담은 예수 그리스도의 원형이 된다.

로마서 5:14에는 하와라는 말이 나오지 않으며, 재림주의 아내라는 개념도 있지 않다. 더군다나 하와가 예수 그리스도의 아내를 표상한다는 개념 또한 존재하지 않는다. 성경 해석은 '추리'나 '상상'으로 하는 것이 아니라 본문 속에 담긴 저자의 의도와 문맥 속에서 의미를 찾는 일이다.

일곱째, 하나님께서 남자와 여자를 만들었으므로 하나님도 남성과 여성으로 존재한다는 주장은 성립될 수 없다.

김주철이 창세기 1:26의 "우리"라는 글자와 "형상"이라는 낱말을 근거로 해서 남자 형상의 하나님과 여자 형상의 하나님이 존재한다고 주장한다. 그의 주장을 들어 보자.

> 창세기 1장을 보면 하나님께서는 "나의 형상대로 내가 사람을 만들겠다" 하지 않으시고 "우리의 형상을 따라 우리의 모양대로 우리가 사람을 만들고"라고 말씀하셨다. 이 말씀을 통해, 인류를 '우리'라는 복수(複數)로서의 하나님께서 창조하셨다는 사실을 이해할 수 있다. 하나님이 '우리의 형상'(26절) 곧 '하나님의 형상'(27절)을 모델 삼아 그대로 창조하신 존재가 남자와 여자였습니다. 이는 곧 하나님의 형상 안에는 복수의 형상, 정확히 말하자면 남자의 형상과 여자의 형상이 존재한다는 말씀이다.
> 창세기 1장에 '우리'라는 하나님의 형상대로 지어진 존재가 남자와 여자였고, 그 하나님의 남성적인 형상을 '아버지 하나님'이라 한다면 여성적인 형상은 당연히 '어머니 하나님'이 되지 않겠는가?[13]

김주철이 "우리의 형상을 따라 우리의 모양대로 우리가 사람을 만들고"에서 "우리"를 남자 형상의 하나님과 여자 형상의 하나님을 의미하는 것으로 해석한다. 또한, 주기도문에 나오는 "하늘에 계신 우리 아버지여"(마 6:9)에서 하나님을 '아버지'라고 표현한 것은 아버지로서의 하나님과 어머니로서의 하나님이 존재함을 나타낸다고 주장한다.[14]

그 밖에 하나님께서 자신을 "우리"라고 호칭한 창세기 11:7과 이사야 6:8을 통해서도 동일한 주장을 이어간다. 하나님이 스스로 '우리'라고 부

---

13 위의 책, 193.
14 위의 책, 194.

른 것은 또 다른 하나님 즉 여성 하나님을 염두에 두었기에 사용하신 표현이라는 것이다.

김주철이 이처럼 집요하게 하나님을 양성(兩性)을 가진 존재로 전제하는 이유는 '어머니 하나님'의 존재를 드러내기 위해서이다. 더 나아가 양성으로 존재하는 하나님이 자기들의 성을 모델 삼아 사람을 남자와 여자로 만들었다고 주장한다. 하나님이 양성을 가진 사람을 만든 것은 자신들이 양성으로 존재하기 때문이라는 논리이다.

과연 피조물의 특성과 특징을 통해서 창조자의 존재 양식을 인식할 수 있는가?

무례하기 짝이 없다. 이런 논리라면 하나님은 육지와 바다를 창조하셨으므로 하나님은 흙과 H2O로 존재한다고 할 수 있고, 하나님이 새를 만드셨으므로 하나님은 날갯짓할 수 있는 존재라고 할 수 있다. 하나님께서 남자와 여자를 만들었으므로, 하나님도 남녀 양성으로 존재한다는 주장하는 것은 유아기적 발상에 가깝다.

여덟째, '우리'라는 말은 삼위(三位)로 계시는 하나님을 나타내는 표현이다.

하나님은 "우리의 형상을 따라 우리의 모양대로" 사람을 만들자고 누군가에게 제안하셨다. 여기서 "우리"라는 복수형을 사용하신 것은 인간 창조는 삼위(三位)로 존재하시는 하나님의 사역임을 암시하는 표현이다. 성자 예수 그리스도께서도 창조 사역에 있어서 하나님과 함께 활동하셨다(요 1:2-3). 수면 위를 운행하고 있는 루아흐 엘로힘(רוח אלהים) 즉 성령 하나님도 성부 하나님과 함께 창조 행위를 준비하고 계신다(창 1:2).

하나님은 삼위로 계시는 즉 성부 하나님과 성자 예수님과 성령 하나님으로 존재하는 자신을 가리켜 "우리"라는 복수로 표현하셨다. 창세기 11:7에서도 하나님께서 "자, 우리가 내려가서 거기서 그들의 언어를 혼잡하게 하여"라고 하시며 하나님께서는 자신이 삼위로 존재하고 계심을 나타내셨다. 이사야 6:8의 "우리"도 삼위로 존재하시는 하나님에 대한 표현이다.

김주철의 주장대로 하나님의 형상이 남녀 양성을 의미하는 것이라면 골로새서 1:15의 "그는 보이지 아니하는 하나님의 형상이시오 모든 피조물보다 먼저 나신이시니"는 어떻게 해석해야 할까?

여기서 형상으로 번역된 에이콘(εἰκὼν)은 창세기 1:26에서 형상으로 번역된 첼렘(舵)의 역어이다. 김주철의 논리대로라면 예수님도 태초부터 남성과 여성으로 존재하셨던 분이 된다. 고린도후서 4:4에서도 예수님을 하나님의 형상(εἰκὼν)을 지닌 분이라 나타내지만, 이는 남성과 여성으로 존재하는 예수님을 가리키는 표현이 아니다. 고린도전서 15:49에서 성도는 장차 하늘에 속한 이의 "형상"(εἰκόνα)을 입을 것이라고 했는데, 이를 가리켜 성도가 장차 남성의 형상과 여성의 형상을 입을 것이라고 해석하지 않는다.

그렇다면 하나님께서 자신의 형상(舵)대로 사람을 창조하셨다는 것은 무슨 뜻일까?

창세기 1:26은 성별에 관심을 두고 있지 않다. 단지 창조된 인간을 계시하는 데 목적이 있다. 하나님께서 자신의 형상을 닮은 사람을 만들어 창조세계에 두신 것은, 사람을 '대리 통치자'로 삼으셨다는 의미이다. 하나님께서 사람에게 자신이 창조하신 세계 만물을 통치할 수 있는 권리를 위임했다는 의미이다.[15]

이것은 세상 만물을 통치하시는 하나님의 본질이 인간 창조에 반영되었다는 것이다. 하나님께서 사람을 만들자고 제안한 목적은 "바다의 물고기와 하늘의 새와 가축과 온 땅과 땅에 기는 모든 것을 다스리게"(창 1:26)함에 있다. 그리고 하나님은 첫 사람을 만드신 후 곧바로 바다의 고기와 공중의 새와 지상의 모든 생물을 다스리라고 명령하셨다(창 1:28).

---

15 고든 웬함, 128.

남자 형상과 여자 형상으로 존재하시는 하나님이 자기의 성(性)을 모델로 삼아 남자와 여자를 만들었다는 주장은 창세기 1:26과는 거리가 멀다. 단지 '우리'라는 단어 하나를 주춧돌 삼아 하나님이 남녀 양성으로 존재한다고 주장하는 것은 유치한 추론에 불과하다. "우리"라는 말이 남녀 양성으로 존재하는 하나님에 대한 정보라는 어떠한 암시가 성경에 있지 않다.

아홉째, 창세기 3:15의 여자의 후손은 예수 그리스도를 가리키며, 요한계시록 12:17의 여자는 교회를 상징한다.

김주철이 그의 설교집 『아버지 하나님, 어머니 하나님』에서 어머니 하나님의 존재를 증명하려는 시도를 멈추지 않는다.

> 창세기 기록 가운데 하나님께서는 뱀과 여자를 원수가 되게 하셨다. "내가 너로 여자와 원수가 되게 하고, 너의 후손도 여자의 후손과 원수가 되게 하리니 여자의 후손은 네 머리를 상하게 할 것이요 너는 그의 발꿈치를 상하게 할 것이니라"(창 3:15)는 말씀은 마지막 시대에 이루어질 예언이다.
> 계시록에는 용으로 표상된 마귀가 여자에게 분노하여 돌아가서 여자의 남은 자손과 싸운다고 했으니 마지막 때는 틀림없이 악한 원수 마귀가 남성의 형상을 지니신 하나님이 아닌, 여성의 형상을 지니신 하나님으로 말미암아 모여들 144,000 자녀들과 일전을 겨루기 위해 바닷모래 위에 서게 될 것이다.
> 이 싸움에서 여자의 후손은 뱀의 머리를 상하게 할 것이라고 하셨고, 뱀은 여자 후손의 발꿈치를 상하게 할 것이라고 하셨다. 예언처럼 마귀는 여자의 후손에게 어느 정도 타격을 줄 것이지만 치명적이지는 않을 것이고, 마귀에게는 치명적인 결과가 초래될 것이다. 성경은 이미 마지막에 영적 전투를 예언하고 있으며 승리가 여자의 후손에게 돌아간다고 결론짓고 있다.
> 결국, 우리가 하나님의 계명을 지키고 아버지 어머니에 대한 온전한 믿음

을 지키는 것이 승리하는 길이다.¹⁶

  김주철이 창세기 3:15과 요한계시록 12:1~17을 오늘날 자기 교회에 대한 예언으로 해석한다. 이 두 구절 속에 등장하는 뱀과 붉은 용은 마귀를 가리키고, 여자는 어머니 하나님을 상징하고, 여자의 후손(아들)은 자기 교회 신도들을 가리킨다고 주장한다. 김주철이 뱀이 여자와 여자의 후손과 원수 되게 한다는 창세기 3:15을 오늘날 마귀가 어머니 하나님과 이를 믿는 자기 신도들을 괴롭힐 것을 예언한 것이라고 한다.

  또한, 요한계시록 21:1~17에 등장하는 붉은 용이 여자와 여자가 낳은 아이를 죽이려 하는 내용 또한 자기 교회에 대입한다. 김주철이 오늘날 어머니 하나님을 믿는 자기 신도들에게 가해지는 갖가지 마귀의 핍박들은 성경의 예언 성취이므로 두려워하지 말 것을 주문한다. 왜냐하면, 이 영적 전투에서 자신들이 승리하게 될 것도 예언되어있기 때문이라는 것이다.

  과연 이와 같은 김주철의 해석이 성경의 지지를 받을 수 있을까?

  창세기 3:15은 일반적으로 원시 복음으로 일컬어진다. 여자의 후손(後進)은 뱀의 후손과 대결하여 결정적인 승리를 얻을 한 사람, 장차 오실 예수 그리스도를 가리키는 표현이며 뱀의 후손은 사단을 상징한다. 사단은 예수 그리스도의 발꿈치 정도를 상하게 하지만 예수 그리스도는 사단의 머리를 뭉개는 치명상을 입힌다. 이 예언은 예수 그리스도께서 십자가의 죽음을 이기시고 부활하심으로 성취되었다.

  이로써 사단은 더 이상 예수 그리스도의 구속 계획을 방해하지 못한다. 창세기 3:15의 예언은 이미 십자가에서 성취되었다. 여자는 장길자가 아니며 여자의 후손도 장길자를 어머니 하나님으로 믿고 따르는 신도들이 아니다.

---

16 김주철, 『아버지 하나님, 어머니 하나님』, 195-196.

요한계시록 12장에서 "붉은 용"이 여자가 아이를 해산하면 삼키려는 장면(3~4절)은 예수 탄생 시에 아기를 죽이려 했던 헤롯의 흉계를 나타낸다. 하늘에서 쫓겨난 용이 여자의 남은 자손과 싸우려고 바다 위에 서 있는 장면(17절)은 당시 교회의 성도들이 당하고 있는 핍박에 대한 묘사이다.

요한은 이 환상을 통해 로마의 거대한 위협과 박해 속에 살아가고 있는 당시 성도들에게 현재의 고난의 배후에 붉은 용 사단이 있음을 보여준다. "여자의 남은 자손"은 1세기 당시 교회의 성도를 가리키고, "해를 입은 여자"는 당시의 교회 공동체를 상징한다. 성경에서 '여자'는 유대민족(사 54:3~6; 렘 3:6-10; 호 2:14~16) 혹은 교회(마 25:1~13; 막 2:19; 엡 5:29; 고후 11:2; 계 19:7)를 상징하는 용어로 사용된다.[17] 요한계시록은 로마 제국의 치하에 살아가는 1세기 교회를 배경으로 한다. 여자는 장길자가 아니며, 여자의 후손도 장길자를 따르는 신도들과 무관하다.

열째, 디모데전서 6:15에서 기약이 된 존재는 어머니 하나님이 아니고 예수 그리스도이다.

김주철이 디모데전서 6:15에서 때가 되면 하나님께서 나타내 보일 '그'를 가리켜 어머니 하나님이라고 주장한다. 그의 주장을 확인하자.

> 기약이 이르면, 곧 때가 되면 하나님께서 우리에게 나타나시리라 하셨다. 인간의 눈으로 볼 수 있는 모습으로 오신다면 육체로 오신다는 말씀이다. '우리'의 형상대로, 이 땅 위에 남성과 여성의 형상을 지니시고 천사보다 못한 모습으로 오신다고 하셨다.[18]

---

17 박수암, 163.
18 김주철, 『아버지 하나님, 어머니 하나님』, 203.

디모데전서 6:15의 "그"는 예수 그리스도를 가리킨다. 14절에 언급된 예수 그리스도의 재림과 결부된 표현이다. 바울은 14절에서 디모데에 언제인지 확실히 알지 못하지만, 장래에 필연적으로 발생할 그리스도의 재림 때까지 이 명령들을 철저하게 지키라고 당부했다. 그리고 15절에서 하나님께서 때가 되면 그리스도를 보내실 것이라고 한다.

이어진 16절에 그리스도의 재림을 가져오실 하나님의 전능하심에 대한 찬양이 이어진다. 때가 되면 하나님께서 나타내 보일 '그'는 장길자가 아니라 예수 그리스도이다. 이는 다른 번역본 성경을 보면 쉽게 확인할 수 있다.

> 정한 때가 오면, 하나님께서 주님의 나타나심을 보여주실 것이다(딤전 6:15, 새번역).

> 때가 되면 하나님이 그리스도를 나타나게 하실 것이다(딤전 6:15, 현대인의 성경).

> 그리스도께서는 하느님께서 친히 정하신 때에 나타나실 것이다(딤전 6:15, 공동번역 성경).

열한째, 예레미야 31:21~22의 '새 일'은 하나님께서 패망한 이스라엘을 회복하는 일이며 어머니 하나님과 무관하다.

김주철이 예레미야 31:21~22의 '새 일'과 예레미야 31:31~34의 '새 언약'을 어머니 하나님의 존재를 드러내는 일이라고 하며 다음과 같이 주장한다.

예레미야 31:22에는 '여자가 남자를 안는 일'이 새 일이라 하셨는데, 이 새 일이 31절의 '새 언약을 세우시는 일'로 연결되고 있다. 육신으로 판단

한다면 여자가 남자를 안는 일이 별다른 새 일이 될 수 없다만, 영적인 눈으로 살펴볼 때 이 부분은 매우 깊이 있는 내용을 담고 있는 말씀이다.
여자(하와)는 원래 남자의 갈빗대를 뽑아 여자를 만드시지 않았다면 어찌 남자 안에 있던 여자가 남자를 안을 수 있겠는가?
따라서 하나님께서 예언하신 새 일은 아버지 하나님 속에 있으셔서 그간 드러나지 않았던 어머니의 존재가 드러나는 전대미문의 일을 뜻합니다.[19]

예레미야 31:1~22은 이스라엘의 회복에 대한 예언을 보도하는 기사이다. 1~6절은 이스라엘 회복에 대한 하나님의 약속과 7~14절은 하나님께서 이스라엘을 회복하시는 구체적인 모습을 예언적으로 묘사한다. 15~20절에서는 하나님께서 포로로 잡혀간 이스라엘 백성을 귀환시킬 것을 약속하신다. 그리고 21~22절은 하나님께서 이스라엘을 위해 새 일을 행하신다는 예언과 더불어 그들의 귀환을 촉구한다.

하나님께서 선민 이스라엘을 처녀 이스라엘과 반역한 딸로 비유하며 "돌아 오라"는 명령어를 두 번 반복하신다. 이스라엘이 돌아와야 할 이유는 하나님께서 새 일을 행하시기 때문이다. 그 새 일이란 '여자가 남자를 둘러싸는 일'이다. "둘러싸리라"로 번역된 테소베브(תסובב)는 외곽에서 에워싸는 것을 나타내는 동사이다.

여자가 남자를 둘러싼다는 것이 어떤 의미이며, 이것이 어떤 측면에서 하나님께서 행하시는 새 일인가?

여자로 비유되는 이스라엘 땅이 포로에서 돌아오는 남자들을 받아들임으로 다시 많은 인구로 채워지리라는 것이다. 멸망과 살육과 포로로 인해 텅 비어있던 이스라엘 성읍과 땅에 다시 많은 사람으로 붐비게 되리라는 것이다. 15절은 자식을 잃고 슬퍼하며 위로받기를 거절했던 당시 이스라엘의 여인들을 보여준다.

---
[19] 위의 책, 207.

이스라엘은 B.C. 722년에 멸망해 수많은 사람이 죽고 포로로 잡혀갔다. 하나님께서 행하실 새 일은 이러한 이스라엘을 총체적으로 회복하시는 일이다. 인구가 다시 증가할 뿐만 아니라, 농업과 목축이 다시 성행한다(24절). 짐승과 가축의 숫자가 증가하며(27절) 생업이 다시 풍성해진다. 하나님께서 행하실 새 일이란 패망한 이스라엘을 다시 온전하게 회복시키는 일이다.

여자가 남자를 둘러싼다는 의미는 이러한 문맥 가운데 해석해야 한다. 이 문구를 어머니 하나님에 대한 알림으로 해석하는 것은 성경의 기본 해석 원칙에 크게 벗어난다. "남자의 갈빗대를 뽑아 여자를 만드시지 않았다면 어찌 남자 안에 있던 여자가 남자를 안을 수 있겠는가?"라고 하며 "하나님께서 예언한 새 일이란 아버지 하나님 속에 있으셔서 그간 드러나지 않았던 어머니의 존재가 드러나는 전대미문의 일을 뜻합니다."라는 김주철의 말은 판독조차 할 수 없는 기이한 문장이다. 성경 해석은 반드시 본문의 역사적 정황과 문맥 안에서 이루어져야 한다.

열두째, 예레미야 31:31~34의 '새 언약'은 예수 그리스도를 통해서 이루어지는 복음이다.

예레미야 31:31~34은 하나님께서 세우실 "새 언약"에 관한 언급이다. 하나님께서 장차 이스라엘 집과 유다 집에 세우실 새 언약의 특징은 다음과 같다. 예레미야는 하나님이 세우시는 새 언약은 이스라엘을 애굽에서 인도하여 낸 후 맺은 언약과 같지 않다는 점을 든다(32절). 애굽에서 인도하여 낸 후 맺은 언약은 모세가 시내 산에서 받은 율법이다.

그러므로 이 율법은 새 언약에 반해 옛 언약이 된다. 새 언약의 또 하나의 특징은 마음에 기록하는 법이라는 것이다(33절). 율법은 돌에 기록하였다. 그러나 새 언약의 현저한 특징은 사람의 마음에 두고 마음에 기록하는 법이다. 새 언약의 또 하나의 특징은 죄 문제를 해결한다는 점이다(34절).

새 언약은 사람의 죄를 사하고 다시는 그 죄를 기억하지 않게 하는 것이다. 이는 예수 그리스도의 구속적 희생을 전제로 하는 복음을 가리킨다. 하나님께서 장차 이스라엘 집과 유다 집에 세우실 새 언약은 장길자의 존재를 드러내는 전대미문의 일이 아니라 예수 그리스도를 통해서 주어지는 복음이다.

김주철의 성경 해석 대부분은 자신의 주장과 일치할 수 낱말이나 이미지가 포함된 구절들을 뽑아 와서 자기에게 유리하도록 의미를 뜯어 고쳐 버리는 것 외에는 아무것도 없다. 예레미야 31:31~34의 '새 언약'은 어머니 하나님과 상관없다.

열세째, 아담은 가족의 대표가 아니라 죄인으로 전락한 인류의 대표이다.

김주철이 로마서 5:12과 창세기 2:21을 통해서 어머니 하나님의 존재를 증명하려는 시도를 집요하게 이어간다. 그는 다음과 같은 주장을 한다.

> 성경에서 하나님을 한 분이라고 기록한 이유는 아버지 하나님을 대표적인 입장에서 설명한 것이다. 창세기를 보면 분명 하와가 죄를 지었는데 로마서에는 아담 한 사람으로 말미암아 죄가 세상에 들어왔다고 되어있다(롬 5장 12절). 이는 하와를 아담의 일부로 간주하고 아담을 대표적 입장에서 설명하고 있는 부분이다. 하와가 아담의 갈비뼈에서 창조되었기 때문에 둘은 한 몸이라 하였습니다(창 2:21~24). 그러나 신약에 와서는 어머니를 완전히 독립적인 입장으로 기록하고 있다.[20]

김주철이 하나님은 남성 하나님과 여성 하나님으로 존재하는데, 성경이 하나님을 한 분이라고 기록하는 이유는 대표성의 원리에 따랐기 때문이라

---

[20] 위의 책, 216-217.

고 한다. 이 주장을 뒷받침하기 위해서 로마서 5:12을 인용한다. 아담과 하와 두 사람이 죄를 지었는데 대표성의 원리에 따라 로마서 5:12은 아담 한 사람으로 말미암아 죄가 세상에 들어왔다고 말한 것처럼, 남자와 여자 곧 두 분의 하나님이 계시지만 이러한 대표성의 원리에 따라 하나님을 한 분이라고 표현한다는 것이다.

김주철이 여기에 한 가지 예를 더 추가한다. 창세기 2:21에 하나님이 하와를 아담의 갈비뼈를 취하여 만들었기 때문에 이 둘이 한 몸인 것처럼, 남자 하나님과 여자 하나님도 한 몸이며, 한 분 하나님이라고 했다는 것이다.

그러나 신약에 와서는 어머니 하나님을 독립적 입장으로 나타내고 있다고 설명한다. 과연 그럴까?

로마서는 아담과 예수 그리스도를 인류의 죄인과 인류의 의인 대표로 대비한다(롬 5:19). 로마서 5:12에서 아담을 대표자로 나타내는 것은 아담과 하와의 대표가 아니라 인류의 대표라는 의미이다. 로마서 5:12은 인류의 첫 사람 아담을 통해 죄가 세상에 들어왔으므로 아담은 죄인으로 전락한 인류를 대표한다고 말한다.

반면 두 번째 아담인 예수 그리스도는 자신의 순종으로 인류에게 새 생명과 구원의 가능성을 열어두었다는 점에서 아담과 상반된 인류의 대표이다. 성경이 아담을 대표자라고 표현하는 것은 그 가족의 대표라는 뜻이 아니다. 하와를 아담의 일부로 간주하고 아담을 대표자로 나타낸다는 주장과 로마서는 전혀 상관없다.

열네째, 아담과 하와가 한 몸이듯 하나님도 남자와 여자로 존재한다는 논리는 성립될 수 없다.

하와가 남편의 갈비뼈에서 창조되었기에 둘이 한 몸이라는 사실을 근거로 남녀로 존재하는 하나님을 드러내려는 시도는 무례하기 짝이 없다. 자기의 주장을 관철하기 위해 이러한 '인신동형론'(人神同形論)적 접근으로 하나님을 정의하려는 시도는 올바르지 않다. 인간 안에 존재하는, 인간적인 어떤 한 요소를 척도로 우주보다 크신 분을 이해하고 규정지으려는 시도는 대단히 무례하다.

물론 하나님 안에 존재하는 신인동형론적인 상징들을 바탕으로 우리는 그분을 이해하고 그분의 인격을 배울 수 있다. 성경이 하나님을 마치 인간의 육체나 성정을 가지고 있는 것처럼 표현하는 이유는 하나님께서 인간이 이해할 수 있는 방식으로 자신을 계시하신 것이기 때문이다. 그중에 하나님이 성육신하여 인간이 되신 사건이 가장 대표적이다. 이는 하나님 스스로 그렇게 하신 것이다. 하지만 인간이, 인간 안에 있는, 인간적인 요소들을 바탕으로 하나님을 모형 지으려는 시도는 올바르지 않다.

하나님을 인간이 그렇게 규격 지어서는 안 된다. 구약에서 아담과 하와가 한 몸이었듯이, 구약에서 남성 하나님과 여성 하나님도 그렇게 한 몸으로 존재했다는 이야기를 듣고 일반인들이 성경을 우스갯거리로 여기지 않을지 너무나 염려된다.

구약에는 이러한 이유로 하나님을 한 분이라고 기록하며 어머니 하나님의 존재가 드러나지 않았지만, 신약에 와서는 어머니를 완전히 독립적인 입장으로 기록하고 있다는 김주철의 주장에도 동의할 수 없다. 왜냐하면, 김주철이 제시한 신약의 모든 구절 안에는 어머니 하나님의 존재가 나타나지 않기 때문이다.

제6장

유월절 교리 해부하기

1. 새 언약 유월절

1) 안상홍 하나님의교회의 주장

예수께서 행하신 유월절은 양을 먹는 대신 당신의 몸을 표상하는 떡을 먹게 하신 것이며 양의 피를 제단이나 백성들에게 뿌리는 대신에 당신의 피를 상징하는 포도즙을 마시게 하여 우리의 몸을 정결케 함으로 "성령이 거하실 성령의 전"이 되게 하신 새 언약의 도리를 주셨으니 우리에게 이날을 기억하고 이날을 전하게 하신 것이다(고전 11:23~26; 눅 22:15~20; 요 6:53~55 비교).[1]

만일에 예수께서 마지막 행사로 남겨주신 유월절 예식이 아무 날에나 행하여도 관계가 없을 것 같으면 아무 날이나 성찬을 행하시고 아무 날에나 행하여도 관계없는 것으로 본을 주셨을 것이다. 그러나 예수께서는 우리에게 본을 주시려고 유월절을 기다리고 "유월절 먹기를 원하고 원하였

---

1 안상홍, 『하나님의 비밀과 생명수 샘』, 219.

노라"라고 말씀하셨다.

> 내가 고난을 받기 전에 너희와 한가지로 이 유월절 먹기를 원하고 원하였노라(눅 22:15).

이 말씀은 유월절이 아니고는 당신의 사업을 이룰 수 없으므로 그날을 기다려서 제자들과 한가지로 유월절 잡수시기를 원하고 원하셨다. 그러므로 그 예식을 유월절 먹는 잔치라고 기록한 것이다(참고 눅 22:8~15; 마 26:17; 막 14:12~14). 유대 역세의 정월 14일 바로 1,500년간의 장구한 시일에 걸쳐서 유월절 양을 잡아 내려온 그달 그날에 그리스도께서 제자들과 함께 유월절 잔치를 잡수셨다.[2]

천국을 목적으로 삼고 참된 신앙생활을 하고자 하는 진실한 성도들에 빼놓을 수 없는 중요한 규례가 하나 있으니, 그것은 새 언약의 유월절이다. 하나님께서 이날을 잊지 않고 기념하여 영원한 규례로 대대에 지킬 것을 명령하셨다(출 12:1-14).[3]

예수님이 영생을 얻으려면 유월절을 행하라고 가르쳐 주셨다. 유월절 안에는 예수님의 살을 상징하는 떡과 보혈(寶血)을 상징하는 포도주가 있다(눅 22:7-20). 그러므로 새 언약 유월절은 영생을 갈망하는 우리가 모두 꼭 지켜야 할 거룩한 계명이고(고전 5:7) 세상 끝날까지 집행되어야 할 생명의 법도이다.[4]

> 이를 인하여 그(예수님)는 새 언약의 중보이니 이는 첫 언약 때에 범한 죄를 속하려고 죽으사 부르심을 입은 자로 하여금 영원한 기업의 약속을 얻게 하려 하심이니라(히 9:15).

---

2 위의 책, 219-220.
3 김주철, 『내 양은 내 음성을 듣나니』, 78-81.
4 위의 책, 78-86.

새 언약 유월절은 우리에게 영원한 천국을 유업으로 주시기 위해 하나님의 뜻으로 세워진 진리이며 약속이다. 창세 이래로 마귀는 인류를 죽음의 길로 끌고 가려 했지만, 이 땅에 오신 예수님은 그런 마귀의 일을 멸하셨고 모든 사람을 영원한 생명의 길로 인도하셨다. 하나님께서 그 약속이 유월절을 지키지 않는 자는 백성이 될 자격이 없다고 분명히 지적해 주셨다(민 9:13). 그것은 천국 백성이 될 수 없다는 것이며 영생을 얻지 못한다는 말씀이다. 이제 우리는 영생을 주시기로 약속하신 하나님의 뜻이 유월절 안에 있음을 분명히 알고 성스러운 유월절 절기를 거룩하게 지켜야 하겠다.[5]

'새 언약 유월절'에 대한 안상홍 하나님의교회의 주장

① 예수님께서 유월절 성만찬을 몸소 행하시므로 새 언약의 도를 우리에게 허락했다.
② 고린도전서 11:23~26, 누가복음 22:15~20, 요한복음 6:53~55은 이러한 새 언약의 도에 관하여 전하고 있다.
③ 예수님은 본을 보이시기 위해 니산월 14일을 지켜 성만찬을 거행하였다.
④ 출애굽기 12:14에서 하나님은 유월절을 영원한 규례로 대대로 지킬 것을 명령했다.
⑤ 고린도전서 5:7은 예수의 살과 피를 상징하는 성만찬을 통해 세운 새 언약 유월절은 반드시 지켜야 함을 말한다.
⑥ 히브리서 9:15은 새 언약 유월절이 천국을 주시기 위한 하나님의 진리라고 말한다.

---

[5] 위의 책, 87-88.

⑦ 민수기 9:3은 유월절을 지키지 않으면 천국 백성이 되지 못하고 영생을 못 얻는다고 한다.

2) 성경적 해석

안상홍은 예수님이 유월절 양을 먹는 대신 자신의 몸을 상징하는 떡을 먹었으며, 유월절 양의 피를 뿌리는 대신에 자신의 피를 상징하는 포도즙을 마심으로 제자들에게 '새 언약'의 도를 전해주었다고 주장한다. 이 '새 언약의 도'의 정확한 명칭은 '새 언약 유월절'이다. 이는 오늘날 안상홍 하나님의교회 대표 교리이다.

새 언약 유월절은 유월절 날짜에 맞추어서 행하는 성찬식으로, 예수님이 이를 가르쳐주시고 기억하라고 명하셨다는 것이다. 안상홍은 고린도전서 11:23~26, 누가복음 22:15~20, 요한복음 6:53~55을 '새 언약 유월절'의 도에 관한 참고 구절로 제시한다.

첫째, 고린도전서 11:23~26은 기억해야 할 것은 유월절이 아니라 예수님 자신이라고 말한다.

고린도전서 11:23~26 해석

> 내가 너희에게 전한 것은 주께 받은 것이니 곧 주 예수께서 잡히시던 밤에 떡을 가지사 축사하시고 떼어 이르시되 이것은 너희를 위하는 내 몸이니 이것을 행하여 나를 기념하라 하시고 식후에 또한 그와 같이 잔을 가지시고 이르시되 이 잔은 내 피로 세운 새 언약이니 이것을 행하여 마실 때마다 나를 기념하라 하셨으니 너희가 이 떡을 먹으며 이 잔을 마실 때마다 주의 죽으심을 그가 오실 때까지 전하는 것이니라(고전 11:23~26).

바울은 고린도 교인들에게 성찬 예식의 의의를 설명한다. 바울은 예수님이 떡을 들어 축사하시고, 이것을 행하여 나를 기념하라 하셨던 것과 잔을 들고 이는 내 피로 세운 새 언약이니 마실 때마다 나를 기념하라 하셨던 것을 상기시킨다. 떡과 잔은 십자가에서 찢긴 예수님의 몸과 예수님이 흘리신 피를 상징한다.

예수님이 행하신 이 행위가 뜻하는 바는 희생 제물로 십자가에서 죽는 자기 자신을 대대로 기억하고 기념하라는 의미이다. 성찬 예식에서의 기념이란 예수 그리스도의 희생에 대한 기억이다. 예수님은 기억해야 할 대상을 "나" 즉 자기로 두 번 지정하셨다(23절, 25절). 그리고 제자들이 전파해야 할 것은 "주의 죽으심"(26절)이라 하셨다. 하지만 안상홍은 기억하고 기념하고 전파해야 할 것을 엉뚱하게도 "이날" 즉 유월절로 돌려버린다. 고린도전서 11:23~26은 유월절을 기억하라고 지시하지 않는다.

둘째, 누가복음 22:15~20은 예수님께서 유월절의 상징적 의미를 폐지하셨음을 말한다.

누가복음 22:15~20 해석

이르시되 내가 고난을 받기 전에 너희와 함께 이 유월절 먹기를 원하고 원하였노라 내가 너희에게 이르노니 이 유월절이 하나님의 나라에서 이루기까지 다시 먹지 아니하리라 하시고 이에 잔을 받으사 감사 기도 하시고 이르시되 이것을 갖다가 너희끼리 나누라 내가 너희에게 이르노니 내가 이제부터 하나님의 나라가 임할 때까지 포도나무에서 난 것을 다시 마시지 아니하리라 하시고 또 떡을 가져 감사 기도하시고 떼어 그들에게 주시며 이르시되 이것은 너희를 위하여 주는 내 몸이라 너희가 이를 행하여 나를 기념하라 하시고 저녁 먹은 후에 잔도 그와 같이하여 이르시되 이 잔은 내 피로 세우는 새 언약이니 곧 너희를 위하여 붓는 것이라(눅 22:15~20).

누가복음 22:15~20은 안상홍이 유월절 교리를 세우는 데 결정적으로 불리한 구절이다. 우선 15절은 예수님께서 제자들과 유월절 식사를 간절히 원했다고 기록한다. 왜냐하면, 예수님은 유월절 성만찬을 통해 자기 죽음이 갖게 될 신학적 의미를 가르치기 원하셨기 때문이다. 예수님은 식사 중에 제자들에게 유월절 음식을 하나님의 나라에서 이루기까지 다시 먹지 아니하리라고 두 번 강조하셨다(16절, 18절).

이 두 번의 말씀은 문자대로 유월절 음식을 이 땅에서 먹는 일이 없음을 나타낸다. 물론 예수님은 내일 죽으실 것이고 또 부활하여 승천하실 것이기 때문에 오늘 제자들과의 식사가 지상에서는 마지막이라는 의미가 내포되어있다. 하지만 이 선언은 이는 유대인의 절기였던 유월절의 상징적 의미가 폐지됨을 선언하신 것이다.

왜냐하면, 십자가 사건 이후로 복음이 시작되기 때문이다. 이 복음은 유대인에게서 이방인에게로 확장된다. 십자가 이후부터 복음 아래에서 유대인과 비유대인의 구분이 없어진다. 그러므로 유대인의 구원의 상징인 유월절 만찬이 더 이상 의미가 없어진다는 것이다.

안상홍 하나님의교회는 "포도나무에서 난 것을 먹지 않겠다"고 하신 예수님의 선포가 신학적으로 무엇을 의미하는지 깊이 성찰해야 한다. 예수님은 이 선포 후에 잔을 드시고, 떡을 떼시며 '나'를 기념하라 하셨다(19절). 기념해야 할 대상은 그리스도이다. 예수님은 성만찬을 통해 자신의 구속 사역을 현재화시킴으로 제자들이 자기를 기억해 달라고 요구하셨다.

기독교는 이 명령에 따라 성찬식을 행한다. 그리고 떡과 잔을 먹고 마심으로 그리스도를 기억하고, 그리스도와 연합한다. 우리가 기억해야 할 것은 새 언약의 도리를 주었다는 '이날' 곧 유월절이 아니라 예수 그리스도이다. 누가복음 22:15~20은 안상홍의 사견을 지지하지 않는다.

셋째, 요한복음 6:53~55은 유월절에 행하는 성만찬이 새 언약이라는 사실을 말하지 않는다.

요한복음 6:53~55 해석

예수께서 이르시되 내가 진실로 진실로 너희에게 이르노니 인자의 살을 먹지 아니하고 인자의 피를 마시지 아니하면 너희 속에 생명이 없느니라 내 살을 먹고 내 피를 마시는 자는 영생을 가졌고 마지막 날에 내가 그를 다시 살리리니 내 살은 참된 양식이요 내 피는 참된 음료로다(요 6:53~55).

예수님은 생명을 얻으려면 두 가지가 필요함을 말씀한다. 하나는 참된 양식인 예수님의 살을 먹는 것이고 또 하나는 참된 음료인 예수님의 피를 마시는 것이다. 예수님은 떡과 잔을 먹고 마실 때마다 이는 일반 음식이 아니라 우리를 위하여 찢긴 그리스도의 몸이며 흘리신 피로 믿고 고백하며 취하는 자는 이미 영생을 가진 자임을 선언하셨다. 요한복음 6:53~55은 유월절에 행하는 성만찬이 새 언약이라는 취지를 내포하지 않는다.

넷째, 예수님은 니산월 14일에 유월절 만찬을 하지 않고 유월절 식사 일정을 앞당겼다.

안상홍은 예수께서 마지막 행사로 남겨주신 유월절 예식을 아무 날에나 행하지 않고 구약의 유월절 날짜를 정확히 지켜 행했다고 주장한다. 그렇게 하지 않으면 예수님이 자신의 사업을 이룰 수 없으며, 사람들에게 유월절에 대한 본을 보여 줄 수 없기 때문이라는 것이다. 안상홍은 자기주장의 단서로 누가복음 22:8~15, 마태복음 26:17, 마가복음 14:12~14을 제시한다.

과연 예수님께 후대 사람들에게 본을 보여주기 위해 유월절 날짜에 맞추어 유월절을 지켰을까?

누가복음 22:8~15 해석

예수께서 베드로와 요한을 보내시며 가라사대 가서 우리를 위하여 유월절을 예비하여 우리로 먹게 하라 여짜오되 어디서 예비하기를 원하시나이까 이르시되 보라 너희가 성내로 들어가면 물 한 동이를 가지고 가는 사람을 만나리니 그의 들어가는 집으로 따라 들어가서 그 집 주인에게 이르되 선생님이 네게 하는 말씀이 내가 내 제자들과 함께 유월절을 먹을 객실이 어디 있느뇨 하시더라 하라 그리하면 저가 자리를 베푼 큰 다락방을 보이리니 거기서 예비하라 하신대 저희가 나가 그 하시던 말씀대로 만나 유월절을 예비하니라 때가 이르매 예수께서 사도들과 함께 앉으사 이르시되 내가 고난을 받기 전에 너희와 함께 이 유월절 먹기를 원하고 원하였노라 (눅 22:8-15).

안상홍이 제시한 누가복음 22:8~5은 예수님이 유월절을 예비하기 위해 베드로와 요한에게 객실을 준비시키는 내용이다. 이 본문에는 예수님이 니산월 14일에 유월절을 지켰다는 기록이 없다. 오히려 "고난을 받기 전에 너희와 함께 이 유월절 먹기 원하고 원하였노라"고 하셨다.
　이 말씀은 예수님이 유월절 날짜를 앞당겨 지키셨음을 암시한다.
　예수님이 자연스럽게 다가오는 니산월 14일에 정례대로 유월절을 지키기를 원하셨다면 굳이 "내가 고난을 받기 전에"(15절) 제자들과 함께 마지막 유월절을 지키고 싶다는 말씀을 하실 필요가 있었을까?
　예수님은 자신의 고난으로부터 십자가를 지기까지의 모든 과정을 내다보고 계셨다. 그러므로 정례대로 유월절을 지킬 수 없음을 제자들에게 알리셨다. 안상홍은 "유월절을 예비하라," "유월절 먹기를 원하고 원하였노라"는 문구만 강조할 뿐 그 밖에 무슨 내용이 기록되어있는지 전혀 눈여겨보고 있지 않다.

마태복음 26:17 해석

무교절의 첫날에 제자들이 예수께 나아와서 이르되 유월절 음식 잡수실 것을 우리가 어디서 준비하기를 원하시나이까(마 26:17).

무교절 첫날은 유월절인 니산월 14일에 해당한다(출 12:18). 엄격히 말하면 14일 저녁에서 15일 저녁 되기까지의 기간이다. 마태복음은 예수님이 만찬 준비를 명하신 시점이 유월절 당일 즉 니산월 14일이라고 기록한다. 이 부분에서부터 니산월 14일에 예수께서 성만찬을 베풀었다는 안상홍의 주장은 빗나간다. 왜냐하면, 유월절 준비는 니산월 13일부터 시작하기 때문이다.

출애굽기 12:1~22에 소개하고 있는 유월절과 무교절 규례는 니산월 13일 오후에 어린 양을 잡아 그다음 날 14일이 되면 양고기와 쓴 나물과 무교병을 먹음으로 유월절을 지키고, 이어 그날부터 7일간 무교절로 지킨다고 규정하기 때문이다. 그러므로 유대인들은 니산월 13일에 유월절을 준비하고 니산월 14일 유월절에 준비한 음식을 먹는다.

마태복음 26:17은 예수께서 유월절 날짜에 맞추어 성만찬을 행함으로 본을 보여주었다는 안상홍의 주장을 증명하지 못한다.

그런데 마태복음과 요한복음의 기록에는 다소 차이가 있다. 요한복음의 기록에 의하면 예수님께서 성만찬을 베푸신 날을 유월절 예비일 곧 니산월 13일로 말하고 있다(요 13:1).

왜 요한복음에서는 유월절 하루 전에 유월절 만찬을 했다고 기록하고 있을까?

예수님이 유월절을 하루 앞당겨 지키신 이유는 "내가 고난을 받기 전에 너희와 함께 이 유월절 먹기를 원하고 원하였노라"(눅 22:15)고 이미 밝히셨기 때문이다. 예수님은 유월절을 하루 앞당긴 유월절 예비일(니산월 13일 저녁)에 성찬식을 하셨다. 그리고 그다음 날 낮(니산월 13일)에 돌아가셨다.

유대인의 하루는 해질 때부터 그다음 날 해질 때까지이다.

마가복음 14:12~14 해석

> 무교절의 첫날 곧 유월절 양 잡는 날에 제자들이 예수께 여짜오되 우리가 어디로 가서 선생님께서 유월절 음식을 잡수시게 준비하기를 원하시나이까 하매 예수께서 제자 중의 둘을 보내시며 이르시되 성내로 들어가라 그리하면 물 한 동이를 가지고 가는 사람을 만나리니 그를 따라가서 어디든지 그가 들어가는 그 집 주인에게 이르되 선생님의 말씀이 내가 내 제자들과 함께 유월절 음식을 먹을 나의 객실이 어디 있느냐 하시더라 하라(막 14:12~14).

마가복음 14:12~14은 예수님이 무교절 첫날 유월절에 제자들에게 유월절 음식을 먹을 객실을 마련하기 위해 준비시키고 있다. 유월절 준비는 유월절 하루 전에 시작하여 마친다(출 12:1~22). 마가는 "무교절 첫날"로 표현한 후 "곧 유월절 양 잡는 날"이란 보충적 설명을 덧붙였다.

여기서 '잡는'으로 번역된 '에뒤온'(ἔθυον)은 미완료 과거 시제로써, 이는 해마다 유월절 하루 전에 관례로 양을 잡는 것을 의미한다. 유월절 양 잡는 날은 니산월 13일 즉 유월절 하루 전이다. 마태복음 14:12~14은 예수님이 유월절을 지켰다고 말하지 않고 유월절 하루 전에 제자들에게 유월절을 준비시키는 모습을 담고 있다

안상홍은 누가복음 22:8~15, 마태복음 26:17, 마가복음 14:12~14을 근거로 들어 예수께서 유월절 예식을 아무 날에나 행하지 않고 유월절 날짜를 정확히 지켰다고 주장하지만 제시한 본문에는 그런 내용이 보이지 않는다.

다섯째, 예수님은 성만찬을 유월절 예비일(니산월 13일 저녁)에 행하셨고, 유월절 예비일(니산월 13일 낮)에 죽으셨다. 예수님의 시신은 유월절(니산월 14일 저녁)부터 무덤에 있게 된다.

예수님이 십자가에 처형당하는 현장까지 함께 했던 요한은 성만찬에서부터 십자가 사건까지의 상황을 상세히 보도한다.

요한복음 13:1~20은 예수님이 제자들과 만찬을 나누던 중 제자들의 발을 씻기셨던 장면을 기록한다. 요한복음 13:1에서 이날은 '유월절 전'이었다고 기록한다. 예수님이 제자들과 만찬을 나눈 시점은 유월절이 아니라 그 전날이다.

요한복음 18:28은 유대 종교지도자들이 예수에 대한 사형을 결정하고 빌라도 관정으로 이송한 사실을 기록한다. 이는 당시 유대가 로마의 식민지였기 때문에 사형 선고와 집행에는 로마 총독의 인준이 필수적이었기 때문이다.

그러나 유대 종교지도자들이 예수를 로마 총독의 관저로 이송하고 자기들은 그곳에 들어가지 않았다. 그 이유에 대해서 성경은 다음과 같이 기록한다.

> 그들은 더럽힘을 받지 아니하고 유월절 잔치를 먹고자 하여 관정에 들어가지 아니하더라(요 18:28).

유월절 잔치는 니산월 14일에 이루어진다. 율법에 의하면 유월절 의식에는 의식적으로 깨끗한 사람만이 참가할 수 있다. 따라서 이들이 만약에 이방인의 집에 들어간다면 부정하게 되고 만 하루가 지나 옷을 빨아서 입어야 정해질 수 있다(민 19:7; 신 23:11). 유월절이 몇 시간 남지 않았던 시점에 유대 종교지도자들이 이방인의 총독 관저에 들어가는 것은 상상도 못할 일이다. 예수님은 제자들과 만찬 후 이 로마 관저로 끌려가셨다. 이 시점도 유대인의 유월절 잔치가 시작되기 전이였다. 예수님은 유월절 날짜에 맞추어서 제자들과 만찬 식사를 했다는 주장은 사실이 아니다.

　요한복음 18:39에는 로마 총독 관저에서 있었던 한 가지 일을 기록한다. 빌라도가 유월절이 되면 죄수 하나를 풀어주는 관례가 있는데 잡혀 온 예수를 풀어줘도 되겠는가 하고 묻는다. 곧 다가올 유월절에 잡혀 온 예수를 풀어주고자 했다. 유월절에 예수께서 이미 성만찬을 했다는 안상홍은 주장은 허위적 사실이다.

　요한복음 19:13~14은 빌라도가 예수님을 끌고 나와 재판석에 앉힌 날을 유월절의 준비일 즉 유월절이 되기 전으로 기록한다. 그렇다면 예수님의 성만찬은 유월절 준비일 이전의 일이었음이 드러난다. 이쯤 되면 안상홍의 주장은 설 자리가 없다.

　요한복음 19:31에는 십자가에서 돌아가신 예수님의 시신을 치워 달라고 유대인들이 요구한 날도 유월절 예비 일이라고 기록한다. 예수님이 돌아가신 날이 유월절 전이었다.

　예수님이 십자가에 달리신 금요일 낮은 유월절의 예비 일(니산월 13일)이었다. 그리고 그 금요일 밤부터 유월절(니산월 14일)이 시작된다. 이날 유대인들은 안식일에 시체를 나무에 매달아 둘 수 없으므로 예수님의 시신을 치워달라고 빌라도에게 요구했다. 그해의 유월절은 안식일과 겹쳐진 날 즉 "큰 날"(요 19:31)이었기 때문이다. 안상홍은 예수님이 제자들과 유월절(니산월 14일 밤)에 성만찬을 했다고 하지만 유월절에는 예수님 시신이 무덤 안에 있는 시간이다.

　요한의 진술을 토대로 예수님의 행적을 구성해보면 예수님은 성만찬을 니산월 13일 '밤'(유월절 예비일)에 행하셨다. 그리고 재판을 받으신 후 니산월 13일 '낮'(유월절 예비일)에 죽으셨다. 그리고 예수님의 시신은 니산월 14일 '저녁'(유월절)부터 16일 부활 전까지 무덤에 있게 된다. 유대인은 하루 개념은 우리와 다르다. 우리는 자정부터 그다음 날 자정까지로 계산하지만, 유대인의 하루는 해가 지면서 시작하여 그다음 날 해질 때까지의 시간이다.

이외에도 마태복음 26:5과 마가복음 14:2에는 대제사장과 백성들의 장로들이 예수를 잡아 죽이려고 계획을 세우는데, 명절은 피해서 하자는 내용이 기록되어 있다. '명절'(마 26:5; 막 14:2)로 번역된 헤오르테(ἑορτῇ)는 유월절을 말한다. 이런 이유로 그들은 예수님을 유월절 하루 전(니산월 13일 낮)에 처형했다.

여섯째, 성경은 대대로 영원히 지켜야 할 규례로 할례, 추수법, 레위인 규정, 대속죄일 규정, 성전의 번제물 규정, 유월절을 언급한다. 유월절은 그 중에 하나이다.

김주철이 출애굽기 12:14을 근거로 들어 천국을 목적으로 삼는 성도들에게는 빼 놓을 수 없는 중요한 규례가 유월절이며 하나님께서는 이날을 잊지 않고 기념하여 영원한 규례로 지킬 것을 명령하셨으므로 오늘날에도 지켜야 한다고 주장한다. 이러한 주장에 대해 우리는 다음과 같은 문제를 제기할 수 있다. 하나님께서 영원한 지켜야 할 규례로 지정한 것은 유독 유월절만 있는 것은 아니었다는 것이다.

창세기 17:12~13은 태어난 지 8일 된 남자아이는 할례를 행해야 하는데 이는 대대로 지켜야 할 하나님의 영원한 규례라고 기록한다. 그렇다면 안상홍 하나님의교회 신도 가정에서 태어난 남아는 무조건 8일 된 날에 할례를 받도록 해야 하고 이를 교리상으로 엄격히 규정하고 가르쳐야 한다.

레위기 23:9~14은 추수하는 자는 첫 곡식 단을 제사장에게 가져오고 제사장은 그것으로 번제와 소제와 전제를 드려야 하는 것도 대대로 지켜야 할 하나님이 명하신 영원한 규례로 규정한다. 그렇다면 안상홍 하나님의교회에서는 농업에 종사하는 신도들에게도 번제와 소제와 전제하도록 적극적으로 지도해야 한다.

민수기 18:23은 레위인이 땅을 기업으로 가질 수 없는 것도 대대로 지켜야 할 하나님이 명하신 영원한 규례라고 명령한다. 그렇다면 오늘날 안상홍 하나님의교회 목회자들은 토지나 주택 명의자가 되어서는 안 된다. 부동산을 상속받거나 증여받아서도 안 된다.

레위기 16:29은 7월 10일 행하는 대속죄일 규정 또한, 대대로 지켜야 할 하나님이 명하신 영원한 규례라고 선언한다. 그렇다면 오늘날 안상홍 하나님의교회에서는 7월 10일에 제비 뽑아 염소 한 마리는 제물로 쓰고 또 한 마리 염소는 광야로 보내야 한다.

역대하 2:4에서는 성전에서는 항상 향을 사르고 떡을 차려 놓고 아침과 저녁마다 번제물을 드려야 하는 규정 또한, 대대로 지켜야 할 하나님이 명하신 영원한 규례라고 선포한다. 그렇다면 오늘날 안상홍 하나님의교회 예배 처소에서도 향을 피우고 떡을 차려놓고 아침저녁으로 번제물을 드려야 한다.

레위기 17:7에서는 화목제물을 제사법에 따라 드려야 하는 규정 또한, 대대로 지켜야 할 하나님이 명하신 영원한 규례라고 명시한다. 그렇다면 안상홍 하나님의교회에서는 오늘날 동물을 레위기 규정에 맞게 잡고 죽여서 화목 제사를 하나님께 드려야 한다. 영원히 지켜야 할 규례는 유월절만 있는 것이 아니다.

그렇다면 안상홍 하나님의교회에서는 형평성에 맞게 유월절뿐 아니라 성경이 '지켜야할 영원한 규례'로 명령한 그 모두를 준수하고 강조해야 한다. 그렇지 않다면 유독 유월절에만 영원한 규례라는 단서를 달아서는 안 된다.

율법을 지킨다는 의미는 율법 모두를 지키는 것을 뜻하지 그 일부만 지키는 것을 의미하지 않는다. 안상홍은 오직 자기 교리의 정당성만을 증명하기 위해 소수의 구절만을 선택적으로 인용하는 오류를 범하고 있다.

출애굽기와 신명기의 법전 안에는 이스라엘 신앙공동체가 속한 사회 전반에 관한 규율이 포함되어 있다. 레위기의 성결 법전 안에는 각종 제사와 성결에 관한 법이 명시되어 있다. 이 법전 안에는 유월절을 포함한 각종 절기에 관한 규례들이 있다(출 23:10~19; 레 20:22~23:44; 신 16:1~17). 이 가운데 절기만을 뽑아내어 오늘날에도 적용해야 한다고 주장하는 것은 모순이다.

구약에서 대대로 지켜야 할 영원한 규례들은 오늘날 지킬 의무도 없고, 지킬 수도 없다(갈 4:10~11; 골 2:14~16). 왜냐하면, 구약의 절기들은 복음의 그림자로 주어졌고 이미 2천 년 전 그 복음의 실체인 예수 그리스도께서 오셨기 때문에 더 이상 존재할 이유가 없다(히 10:1~3). 이스라엘과 사회적, 문화적 배경이 다른, 출애굽 경험이 없는 오늘날 세계 각처의 기독교인들에게 구약의 절기 준수를 요구하는 것은 복음에 대한 무지에서 비롯된 발상이다. 이는 복음과 율법의 차이 즉 율법에 관한 구약과 신약의 연속성 문제에 대한 무지이기도 하다.

일곱째, 유월절에 담긴 하나님의 목적과 마음은 폐하여지지 않지만, 유월절 의식은 폐하여졌다.

신약성경에 율법에 대해서 두 가지 입장이 공존한다. 하나는 율법은 폐하여졌다는 것(엡 2:15; 히 7:18)과 또 하나는 율법은 폐하여지지 않았다는 것이다(마 5:17~18). 또 예수님께서 내가 율법을 폐하러 온 것이 아니라 완성하러 왔다고 선언하셨다(마 5:17). 우리가 예수님의 율법관을 이해하려면 먼저 "율법을 폐하러 온 것이 아니다."는 개념과 "완성하러 왔다."는 개념을 이해해야 한다.

율법이 폐하여지지 않았다는 의미는 율법의 문자적 준수가 아닌, 율법이 가지고 있었던 본래적인 성격, 정신이 폐하여지지 않았다는 것을 의미한다. 율법을 주신 하나님의 마음과 뜻은 세상 끝날까지 폐하여지지 않는다. 우리를 향하신 거룩함에 대한 하나님의 소망은 율법 안에 끝까지 남아 있기 때문이다. 그렇지만 율법의 구속력이 영원히 남을 것이라는 의미는 아니다. 만약 그렇다면 예수님은 이 땅에 오신 목적을 이루시는 데 실패한 것이 된다.

예수님은 율법을 완성하러 오셨다. 여기서 완성이란 새로운 기준의 (율법을 제정한다는 의미이다. 예를 들면 예수님은 이혼에 관한 모세의 율법 (신 24:1~4)을 거부하셨다(마 5:31). 동시에 음행 한 연고 외에 이혼할 수 없다는 새로운 법을 선포하였다(마 5:32). 이로써 예수님은 남편이 싫어한다는 이유만으로 이혼할 수 있었던 시대의 여성의 권리를 보호하셨다.

예수님은 안식일에 밀 이삭을 잘라 먹은 제자들을 옹호하시면서 안식일 법에 관한 모세의 율법을 거부하셨다(마 12:3~5). 동시에 비록 안식일이라도 불쌍한 사람에게 자비를 베푸는 노동(일)을 하였다면 그것은 율법을 지키는 것보다 더 중요한 일이라는 새로운 법을 주셨다(마 12:7). 예수님은 도덕과 관련된 모든 구약의 법조문들을 하나님을 사랑하고 이웃을 사랑하라는 법으로 응축하셨다(막 12:33). 율법을 완성하러 오셨다는 말씀의 의미는 이와 같다.

율법의 완성에 대한 또 하나의 의미는 의식법과 관련 있다. 의식법은 레위기의 제사 제도와 정결법 그리고 절기와 관련된 규례이다. 예수님이 인류를 위한 속죄를 완성하시기 위해 십자가에서 희생 제물이 되심으로 더 이상 동물의 피가 흘려질 필요가 없게 되었다. 이로써 율법의 모든 요구를 충족하게 되었고, 율법의 정죄도 받을 필요가 없게 되었고, 죄에 대한 심판 또한 십자가로 넘어가게 되었다. 예수님이 율법을 완성하셨으므로 제사 제도와 관련된 모든 의식법은 폐지되었다.

그러므로 바울은 로마서 7:4에서 성도는 "그리스도의 몸으로 말미암아 율법에 대하여 죽임을 당하였으니"라고 선언한다. 율법에 대하여 죽었다는 말은 성도는 그리스도와 연합함으로 율법의 주관아래 있지 않다는 의미이다. 이 진술은 의식법은 폐하여졌다는 말과 동일하다.

바울은 에베소서 2:14~15에서 "그는 우리의 화평이신지라 둘로 하나를 만드사 원수 된 것 곧 중간에 막힌 담을 자기 육체로 허시고 법조문으로 된 계명의 율법을 폐하셨으니 이는 이 둘로 자기 안에서 한 새 사람을 지어 화평하게 하시고"라고 서술한다. 자기 육체를 헐었다는 뜻은 예수님의 육체적 죽음을 뜻한다.

예수님은 자기 죽음으로 여러 가지 조문으로 된 의식법을 폐하셨다. 히브리서 7:18~19은 "전에 있던 계명은 연약하고 무익하므로 폐하고 이에 더 좋은 소망이 생기니 이것으로 우리가 하나님께 가까이 가느니라"고 한다. 전에 있던 계명은 모세의 율법이다. 예수님이 율법의 완성자로 오셨으므로 더 이상의 구약의 의식법은 유효하지 않다는 것이다.

그러므로 바울은 골로새서 2:16에서 "먹고 마시는 것과 절기나 초하루나 안식일을 이유로 누구든지 너희를 비판하지 못하게 하라"고 강조한다. 여기서 "절기"는 이스라엘 백성이 전통적으로 지켜왔던 모든 성일을 가리킨다.

즉, 유대인들이 매년 지켜야 하는 유월절, 오순절(칠칠절), 나팔절, 장막절(초막절), 나팔절, 수전절, 부림절 등이다. 바울은 이러한 절기들은 더 이상 유효하지 않다고 말한다. 그리고 이러한 절기 준수 여부로 남을 비판하지 못하게 했다. 왜냐하면, 골로새 교인 중에 오늘날 안상홍 하나님의교회 신도들과 같은 사람들이 있었기 때문이다. 그들은 예수를 믿어도 구약의 절기들을 준수해야 한다는 사상을 가진 자들이었다.

바울이 오늘날 존재했다면 안상홍 하나님의교회는 신랄한 비판을 면치 못했을 것이다. 구약의 절기는 실체이신 그리스도를 가리키는 그림자에 불과하다(골 2:17). 모든 구약의 의식법들은 그리스도를 나타내기 위해 당분간 존재했던 것들이다(히 4:8~11; 8:5; 10:1). 그러므로 실체이신 그리스도를 만난 자들은 그림자를 쫓을 필요가 없다.

이스라엘 백성들에게 절기 준수를 명한 목적은 항상 하나님을 경외하며 살도록 하기 위함이었다. 절기 준수의 가장 큰 핵심은 하나님께서 이스라엘 백성들에게 베푸신 그 은혜를 늘 기억하며 예배하는 삶에 있다. 유월절에 내포된 이 의미는 오늘날 우리에게도 여전히 유효하고 중요하다. 그러나 유월절 의식과 그 내용 그리고 그 날짜는 이미 폐지되었으므로 지킬 필요가 없다.

여덟째, 예수님께서 세우신 새 언약은 옛 언약인 율법과 대조되는 복음을 말하며, 복음은 유월절과 상관없다.

김주철이 유월절 안에는 예수님의 살을 상징하는 떡과 보혈을 상징하는 포도주가 있기 때문에 '새 언약 유월절'은 영생을 갈망하는 우리가 모두 꼭 지켜야 할 거룩한 계명이며, 세상 끝날까지 집행돼야 할 생명의 법도라고 주장한다. 하지만 이미 앞서 밝혔듯이 예수님이 제자들과 만찬을 한 시기는 유월절이 아니라 유월절 예비 일이었다. 또한, 예수님께서 세우신 새 언약 안에도 유월절을 지키라는 지시가 없다. 그러므로 '새 언약 유월절'이란 용어 자체가 성립되지 않는다.

누가복음 22:19~20은 예수님은 자신의 피에 의한 새로운 언약이 세워질 것을 말씀하셨다. 예수님은 떡을 가리켜 제자들을 위해 주는 자신의 몸이며, 잔을 가리켜 자신이 흘릴 피라 하신 후 이 잔을 가리켜 내 피로 세우는 새 언약이라 하셨다(눅 22:19~20). 예수님이 피를 상징하는 잔을 가리켜 이전에 없었던 '새 언약'이라 하신 것은 옛 율법을 염두에 두신 말씀이다. 이미 하나님과 모세 사이에는 짐승의 피를 통해 죄 사함받는 언약이 체결되어 있었다(출 24:5~8). 그러나 짐승의 피는 불완전한 것이었고 한시적인 것이었다.

그러므로 완전하고 영원한 새 언약이 준비되어야만 한다. 그러므로 예수님은 불완전한 짐승의 제물 대신 스스로 흠 없고 완전한 제물이 되어 피흘리실 것을 준비하였다. 그래서 내일 십자가에서 흘릴 자신의 피를 가리켜 '새롭게 세우는 언약'이라 하셨다. 예수님이 기념하고 기억하라고 하신 것은 유월절이 아니라 새 언약의 기초가 되는 '피'이며 그리스도 자신이다.

이 말씀에 기초하여 오늘날 성찬식에 참여하는 모든 성도는 떡과 잔을 대할 때마다 그의 찢긴 살과 흘리신 피를 기억하고 감사한다. 예수님이 세우신 새 언약이 유월절을 지키는 것이라는 주장은 성경의 가르침이 아니다.

아홉째, 고린도전서 5:7~8은 유월절 준수와 무관하며, 고린도교회 내 음행 제거에 대한 명령이다.

> 너희는 누룩 없는 자인데 새 덩어리가 되기 위하여 묵은 누룩을 내버리라 우리의 유월절 양 곧 그리스도께서 희생되셨느니라. 이러므로 우리가 명절을 지키되(고전 5:7~8).

이 말씀이 새 언약 유월절을 말하고 있는가?
이 구절이 오늘날에도 유월절을 지켜야 한다고 가르치고 있는가?

바울은 고린도전서 5:1~8에서 고린도교회에서 발생한 음행의 문제에 대한 교회의 미온적인 대처에 대해 책망하며, 교회가 순결해야 할 것을 유월절 규례를 실례로 들어 설명한다. "적은 누룩이 온 덩어리에 퍼지는 것을 알지 못하느냐"(6절)라는 표현은 발효성이 강한 누룩을 비유로 들어, 그러한 음행의 죄를 방치하면 교회 안에 퍼져 전체 교인이 물들게 된다는 의미이다.

바울은 고린도 교인을 향하여 "너희는 누룩 없는 자"라는 사실을 상기시킨다. 하나님께서 출애굽 전에 이스라엘 백성들에게 집안의 모든 누룩을 제거하라고 명령했다. 이는 애굽에서 우상 숭배와 죄악을 모두 털어버리는 것을 상징한다. 이스라엘이 새로운 언약의 백성으로 출발하기 전에 과거를 청산하는 것이 선결과제이기 때문이다.

이스라엘 백성들은 이를 기념하여 유월절이 되면 누룩을 완전히 제거한다(신 16:4). 바울은 이스라엘 백성이 유월절에 누룩을 제거하고 출애굽하여 노예 생활에서 구원받은 사실을 기념한 것을 비유로 들어 고린도 교인들의 정체성이 바로 이와 같음을 각인시킨다. 고린도 교인들도 유월절 양이 상징하는 그리스도로 인해, 죄와 단절된 구원받은 성도라는 것이다(7절). 그러므로 바울은 그 같은 음행 즉 누룩을 교회 내에서 제거하라고 촉구한다.

김주철은 이어서 등장하는 "이러므로 우리가 명절을 지키되"(8절)라는 표현을 오늘날에도 유월절을 지켜야 한다는 근거로 제시한다. 하지만 이 구절은 고린도 교인들이 자신의 정체성을 직시하고 이 유월절의 의미를 자신의 삶 가운데 적용하는 일을 중단 없이 하라는 의미이다.

그것은 바로 이어서 나오는 "묵은 누룩으로도 말고 악하고 악의에 찬 누룩으로도 말고 누룩이 없이 오직 순전함과 진실함의 떡으로 하자"라는 문구에서보다 명확해진다. 여기서 "묵은 누룩"과 "악하고 악의에 찬 누룩"은 구원받기 전 가졌던 죄악 된 습성 모두를 총칭하는 표현이다. 바울은 구원받은 성도는 이러한 과거를 청산하기 위해 끊임없이 유월절의 의미를 자신의 삶 속에서 적용할 것을 촉구한다.

전후 문맥은 제거하고 "이러므로 우리가 명절을 지키되"라는 문장만을 끄집어내어 유월절과 결부시키는 김주철의 해석은 저자의 의도와는 아무 상관 없다. 김주철은 자기의 주장에 걸맞게 보이는 "이러므로 우리가 명절을 지키되"라는 문장이 마음에 들었다. 그러나 이 문장이 포함된 고린도전서 5:8은 김주철이 주장하는 내용을 담고 있지 않다. 그는 여기에서도 전후 문맥을 잘라낸 후 본문의 의미를 왜곡하고 있다.

열째, 히브리서 9:15은 옛 언약과 대비된 새 언약의 중보자 예수 그리스도를 말할 뿐 새 언약 유월절과 상관없다.

김주철은 히브리서 9:15을 근거로 제시하며 이 새 언약 유월절이 우리에게 천국을 주시기 위한 하나님의 진리라고 말한다.

과연 이 구절이 유월절을 내포하고 있을까?

 # 히브리서 9:15 해석

이로 말미암아 그는 새 언약의 중보자시니 이는 첫 언약 때에 범한 죄에서 속량하려고 죽으사 부르심을 입은 자로 하여금 영원한 기업의 약속을 얻게 하려 하심이라(히 9:15).

히브리서 기자는 9장에서 옛 언약에 의한 구약의 제사와 제물은 불완전한 것이었으므로 구약의 제사는 완전한 것이 되지 못한다고 밝힌다(9~10절). 구약의 제사는 인간에게 본질적인 정결을 가져다주지 못하기 때문이다. 하지만 새 언약에 의한 제사는 예수 그리스도라는 온전한 제물에 의해 드려졌으므로 영원한 제사가 된다고 한다.

이 구절에서 말하는 새 언약의 중보자는 예수 그리스도를 가리킨다. 예수님은 첫 언약 아래에서 범해진 인간의 죄를 대속하기 위해서 죽으셨다. 그리고 예수님은 이 대속 죽음을 통해서 부르심을 입는 자들에게 영원한 기업의 약속을 얻게 하셨다고 설명한다. 이 구절 안에는 유월절이란 용어뿐 아니라 유월절을 암시하는 흔적조차 없다.

열한째, 민수기 9:13은 유월절과 영생이 연관된다고 말하지 않는다. 영생은 예수 그리스도를 믿음으로 얻는다.

김주철은 유월절을 지키지 못하면 천국 백성이 되지 못하고 영생을 얻을 수 없다고 주장한다. 이를 민수기 9:13 "유월절을 지키지 아니하는 자는 그 백성 중에서 끊어지리니"라는 구절을 근거로 제시한다.

민수기는 출애굽한 이스라엘 백성들의 광야 여행을 배경으로 한다. 김주철은 광야 생활을 하던 이스라엘 백성에게 "유월절을 지키지 아니하는 자는 그 백성 중에서 끊어지리니"라고 했던 모세의 말을 오늘날 상황으로 끌어와 유월절을 지키지 않는 사람은 구원과 영생에서 제외된다는 평행적 해석을 시도한다. 비상식적인 해석이다.

민수기 9:13은 아무런 사유 없이 유월절 예식에 참여하는 것을 포기하거나 중지하는 사람은 하나님의 백성으로서 자격 상실하고 공동체의 일원으로서 권리를 갖지 못하게 됨을 의미한다. 구약성경에 이스라엘 회중에서 '끊어지는' 예는 얼마든지 있다. 화목제 희생 제물을 이틀까지 다 먹지 못하고 삼 일까지 먹는 자는 이스라엘 백성 중에 끊어진다(레 19:8).

그러면 오늘날에도 이것을 지키지 않으면 영생에서 제외되는가?

무교절에 누룩 넣은 빵을 먹는 자도 이스라엘 회중 가운데 끊어진다(출 12:19).

그러면 오늘날에도 이것을 준수하지 못하면 구원받지 못하는가?

그밖에 구약에서 이스라엘 백성이 하나님의 백성으로서 자격 상실하게 되는 원인은 매우 다양하다. 하나님은 할례를 받지 아니하는 남자는 "백성 중에서 끊어지리니"(창 17:14)라고 선언하셨고, 정해준 규정대로 향을 만들지 않는 사람도 "백성 중에서 끊어지리라"(출 30:38)고 하셨다.

그렇다면 김주철도 오늘날에도 이 규정을 지키지 않으면 천국 백성이 되지 못하고 영생을 얻을 수 없다고 동등하게 가르쳐야 한다. 화목제물을 규정된 날까지 먹는 것, 무교절에 유교병을 먹는 것, 할례를 시행하는 것, 여호와의 명대로 향을 제조하는 것 등은 오늘날의 구원과 영생과는 아무 관계가 없다. 마찬가지로 유월절의 준수 여부가 오늘날의 구원과 영생의 조건이 되지 못한다.

성경은 영생을 얻는 조건에 대해서 직접으로 말한다. 영생은 예수 그리스도에 대한 믿음 여부로 결정된다(요 3:36; 요 5:24; 요 5:40; 요 6:40; 요 6:47). 구약 당시 이스라엘 회중에서 제외되는 사람과 오늘날 영생 받지 못하는 사람을 동일하게 간주하는 것은 받아드릴 수 없다. 민수기 9:13은 영생과 연관이 없으며, 안상홍 하나님의 유월절 교리도 실증해 주지 못한다.

신약성경에 유월절과 관련된 그 어떤 명령도 찾을 수 없으며, 천국 백성이 되는 조건과 영생에 이르는 길을 유월절과 관련하는 경우는 없다. 출애굽과 유월절 경험을 바탕으로 하나님의 언약의 백성으로 나아가는 이스라엘 백성에게 내린 이 명령을 오늘날 상황으로 끌어와 유월절을 지키지 않는 사람과 영생 받지 못하는 사람을 동일시하는 것은 성경 해석의 원칙에 크게 벗어나 있다.

성경 해석에서 가장 선행되어야 하는 것은 저자와 독자의 시각에서 성경을 이해하는 것이다. 성경 저자들은 오늘 우리의 상황을 염두에 두지 않았기 때문이다. 성경을 정확하게 파악하기 위해서는 하나님께서 무엇 때문에 이 메시지를 그들에게 전달하셨는지에 대한 이해가 선행되어야 한다.

2. 유월절의 신비

1) 안상홍 하나님의교회의 주장

구약 때에는 구약의 언약을 잘 지키는 사람에게 재앙 내림을 면하였으며 신약에서 신약의 새 언약을 순종하는 자에게 재앙이 면해진다고 하였다. B.C. 1498년경 출애굽 당시에도 유월절 어린 양의 표를 삼아 구원받았고 히스기야 왕 당시에도 유월절을 지킨 히스기야와 그 백성들이 예루살렘 성전에서 천사의 도움을 받아 앗수르 나라 침략에서 구원받은 역사가 있었다.[6]

오랫동안 하나님의 거룩한 유월절을 지키지 못하고 있던 유대 나라가 이사야 선지자의 권면으로 히스기야 왕이 즉위하자 즉시 파괴된 성전을 수리하고(대하 29:1-3) B.C. 726년 2월 14일에 유월절을 지키기로 작정하고 보발군들을 유다와 사마리아 땅에까지 보냈다.

그러나 사마리아 땅에는 약 250여 년의 긴 세월 동안 지켜보지 못한 유월절을 알 수도 없을뿐더러 유월절의 진리는 더욱 알 까닭이 없었다. 그로부터 삼년 후에 앗수르 왕 살만에셀이 사마리아로 올라와 에워쌌다가 3년 후에 함락되었으니 때는 B.C. 722년이요 사마리아의 이스라엘 왕 호세아

---

6 안상홍, 『하나님의 비밀과 생명수 샘』, 58.

의 9년 조롱하고 비웃었던 그 사마리아 땅은 끝이 나고 말았다.[7]

유대 나라는 하나님의 유월절 언약을 저버리므로 바벨론 나라의 침략을 받아 나라는 망하고 예루살렘은 함락되고 수백만의 사망자와 수십만이 포로로 잡혀가서 예레미야의 예언대로 70년이 차기까지 지루한 포로 생활을 지내왔다.[8]

예수가 침례 받으신 때로부터 40년이 지난 A.D. 70년 후 예루살렘은 함락되고 백십만 명의 사망자와 9만 7천 명이 노예로 잡혀갔으며 그의 남은 백성들은 열방에 흩어져서 나라 없는 유랑민이 되어 가진 고생과 학대를 받아왔다. 흩어진 이스라엘 민족들이라고 해서 다 그러한 생각을 가진 것은 아니지만 뼈대가 있는 정신 사상을 가진 사람으로서는 시온성을 향하는 마음과 해마다 유월절을 지키는 사상은 변하지 않았다.

그들은 선지자들의 예언을 절대적으로 믿어왔기 때문에 그들은 모든 선지자의 예언이 성취될 날이 오기를 기다리며 지켜 내려오고 있었다. 그들은 하나님과 약속한 언약을 배반하지 않았으므로 1967년 6월 6일 만에 대승리를 거두었다. 그들은 지금도 모세로 말미암아 받은 옛 언약을 그대로 지키면 하나님의 약속대로 복을 받게 되는 것이다.[9]

'유월절의 신비'에 대한 안상홍 하나님의교회의 주장

① 구약 때에는 구약의 언약을, 신약 때에는 신약의 새 언약을 순종해야 재앙을 면한다.
② 출애굽의 성공과 남유다가 앗수르와의 전쟁에서 승리한 것은 유월절을 지켰기 때문이다.

---

7 위의 책, 58-29.
8 위의 책, 61-62.
9 위의 책, 65-71.

③ 북이스라엘은 유월절을 지키지 않아 멸망했고, 남유다도 그와 같은 이유로 망했다.

2) 성경적 해석

첫째, 신구약성경에는 유월절을 지켜야 복을 받고 재앙을 면한다는 약속이 없다.

안상홍은 구약 때에는 구약의 언약을 잘 지키는 사람에게 재앙 내림을 면하였으며 신약 때에는 신약의 새 언약을 순종하는 자에게 재앙이 면해진다고 주장한다. 여기서 새 언약이란 유월절과 관계된다.

과연 이러한 주장이 성경의 지지를 받을 수 있을까?

구약의 신명기 신학의 주제는 율법에 대한 순종과 불순종의 결과에 따라 축복과 저주가 주어진다는 것이다. 이를 신명기 사관이라고 한다. 역사서인 여호수아, 사사기, 사무엘상하, 열왕기상하가 이러한 신명기 사관에 따라 이스라엘의 흥망성쇠가 순환 반복됨을 보여준다.

신명기 5:1~26:49에는 여러 가지 율법 규정들이 소개되어 있다. 십계명 규례, 중앙 성소에 관한 규례, 우상 숭배에 대한 규례, 음식 규례, 십일조 규례, 면제년 규례, 종의 해방에 대한 규례, 초태생에 대한 규례, 재판에 대한 규례, 왕에 대한 규례, 제사장과 레위인의 생활 보장에 대한 규례, 과실 치사에 대한 규례, 상속에 대한 규례, 불효자에 대한 규례, 각종 혼합에 대한 규례, 성적 순결에 대한 규례, 각종 사회 보장에 대한 규례 등이 소개되어 있다. 또한, 유월절을 포함한 칠칠절과 초막절에 관한 규례는 신명기 16:1~17에 소개된다.

이 규례의 준수 유무에 따른 상벌 규정은 신명기 27:1~30:20에 기록되어 있다. 상벌 규정은 "네가 네 하나님 여호와의 말씀을 삼가 듣고 내가 오늘 네게 명령하는 그의 모든 명령을 지켜 행하면 네 하나님 여호와께서 너를 세계 모든 민족 위에 뛰어나게 하실 것이라"(신 28:1)로 시작한다.

여기서 이스라엘 백성이 순종해야 할 하나님의 명령은 신명기 5:1~26:49에 소개된 모든 규례를 다 포함한다. 즉 유월절 규례를 포함한 모든 율법 조항들이다. 구약 시대 이스라엘 백성들이 저주를 피하고 복을 받기 위해서는 유월절 규범뿐 아니라 이 모든 규범을 모두 지켜야 한다. 따라서 재앙을 면하기 위해 유월절 준수 하나만을 강조하는 것은 신명기 신학의 주제와 어울리지 않는다.

구약성경에 유월절을 지켜야 재앙을 면할 수 있다고 단독적으로 언급하는 구절은 존재하지 않는다.

그렇다면 신약의 새 언약을 순종하는 자에게 재앙이 면해진다는 주장은 정당한가?

여기서 말하는 '새 언약'은 새 언약 유월절이다. 하지만 신약성경 어디에도 유월절 준수 여부가 상벌을 정한다는 기록이 없다.

신약성경 안에는 구약적 의미의 복 개념은 선명히 드러나지 않는다. 구약의 복은 주로 물질적이며, 현세적이며, 외형적이며, 가시적이다. 반면 신약의 복은 초월적이며, 영적이며, 내면적이다. 이는 예수님의 팔복 선포에서 두드러진다. "가난한 자가 복 있다"(눅 6:20)는 개념은 구약에서는 생소하다. 구약의 배경에서는 애통해야 할 일과 박해받는 일을 면제받는 것이 복이다. 그러나 예수님은 애통해하는 자와 의를 위해 박해받는 것이 복이라 하셨다(마 5:5, 10).

그밖에도 예수님은 세상에서 환난을 당하지만 담대할 것(요 16:33)과 이 땅에 물질을 쌓아두지 말 것을 요구하셨다(마 6:20). 서신서에도 이와 같은 개념은 동일하게 나타난다. 의를 위하여 고난을 받고, 그리스도의 이름으로 욕을 먹는 것이 복된 일이며(벧전 3:14; 4:14), 시험을 만나는 것을 기쁘게 여기며, 그것을 참아내는 것이 복이다(약 1:2, 12). 하나님은 사도 바울의 육체의 고통을 족한 줄로 여기라 하셨다(고후 12:9). 신약성경은 재앙을 면하는 것이 복이라 하지 않고, 더군다나 유월절과도 연관시키지도 않는다.

안상홍은 출애굽 당시에도 유월절 어린 양의 표로 삼았기 때문에 이스라엘이 구원받았다고 하며 이스라엘 탈출의 공을 유월절에 돌린다. 그러나 하나님은 아브라함과 언약을 체결하실 때 이미 이스라엘이 이방에서 사백 년간 노예 생활을 할 것을 예고하셨고(창 15:13) 그와 동시에 이스라엘을 그 민족으로부터 구원하겠다고 약속하셨다(창 15:14-16). 출애굽은 오래전 하나님의 계획 속에 있었다. 출애굽은 유월절 덕분이 아니다.

둘째, 히스기야가 앗수르에 승리한 이유는 산헤립에 대한 하나님의 분노와 하나님이 다윗과 맺은 언약을 기억하셨기 때문이며 유월절과 상관없다.
안상홍은 히스기야 왕이 앗수르와의 전쟁에서 승리할 수 있었던 비결은 유월절 준수에 있었다고 하며 역대하 30:4~10의 기사를 인용한다. 하지만 열왕기하 19장에는 그와 같은 사실을 말하고 있지 않다. 열왕기하 19:20~28은 하나님께서 앗수르 군대를 멸절시킨 이유에 대해 달리 보고한다. 하나님은 앗수르의 산헤립이 이스라엘의 거룩한 자를 비웃고 조롱하는 오만과 방자함을 힐책하셨다.

> 네 거처와 네 출입과 네가 내게 향한 분노를 내가 다 아노니 네가 내게 향한 분노와 네 교만한 말이 내 귀에 들렸도다 그러므로 내가 갈고리를 네 코에 꿰고 재갈을 네 입에 물려 너를 오던 길로 끌어 돌이키리라 하셨나이다(왕하 19:27~28).

하나님은 앗수르가 전쟁에서 패하여 예루살렘 정복이 실패로 돌아갈 것을 말씀하셨다. 성경은 앗수르가 남유다와의 전쟁에서 패한 이유를 산헤립의 오만에 대한 하나님의 분노에 있었다고 기록한다.
또한, 하나님께서 히스기야의 예루살렘을 견고히 지키시는 이유는 "내가 나와 나의 종 다윗을 위하여 이 성을 보호하여 구원하리라"(왕하 19:34) 하신 다윗과 맺은 언약 때문이었다고 알려준다. 하나님께서 다윗에게 영원토록 견고한 왕권을 주시겠다고 약속했기 때문이다(삼하 7:13~16; 왕상 11:13).

히스기야가 앗수르와의 전쟁에서 승리한 이유는 이 언약이 바탕 되어있다. 히스기야의 승리 원인을 유월절 준수에서 찾는 안상홍의 주장은 근거가 없다. 역대하 29장부터 31장까지는 히스기야 왕의 재위 기간 초에 단행한 종교 개혁의 행적을 다루고 있는 연속 기사이다.

29장은 히스기야가 훼손된 성전을 복구하고 파괴된 성전 기물들을 복원하는 작업 및 속죄제와 감사제를 드린 것을 기록하고 있다. 30장은 종교개혁의 목적으로 유월절 준수를 재개하는 사실도 보고한다. 31장은 성전에서 직무 하는 레위인과 제사장들의 반차 제도와 십일조 제도를 재정비하는 내용이다.

그중 유월절 회복은 히스기야가 단행한 종교 개혁 중 하나였다. 안상홍은 히스기야가 이룩한 여러 종교개혁 중 유독 유월절만 끄집어내어 이것이 마치 전쟁의 승리의 원동력인 것처럼 주장한다. 굳이 히스기야의 행위가 전쟁의 승리의 단초가 되었다는 인과에 초점을 두고자 한다면 유월절을 포함한 일련의 종교개혁이 그 원인이었다고 해야 타당하다.

셋째, 북이스라엘과 남유다가 멸망한 이유는 다른 신을 섬기며 이방의 규례를 따랐기 때문이며 유월절과 상관없다.

안상홍은 북이스라엘과 남유다의 멸망의 원인도 집요하게 유월절과 연관시킨다. 앗수르의 살만에셀은 북이스라엘의 호세아가 조공을 바치지 않자 쳐서 들어와 3년간 포위하고 사마리아를 정복한다. 이로써 북이스라엘은 B.C. 722년에 역사 속에서 사라진다. 성경은 북이스라엘의 멸망 원인에 대해서 두 가지로 설명한다. 하나는 정치적 이유이다. 북이스라엘은 당장의 위기를 극복하기 위해 때로는 친 앗수르 정책을 폈다가(왕하 15:19) 때로는 친 애굽 정책을 펼쳤다(왕하 17:4). 하지만 북이스라엘은 앗수르에도, 애굽에도 모두 배신을 당한다. 이에 대해 호세아는 북이스라엘의 멸망 원인에 대해서 다음과 같이 말한다.

에브라임은 어리석은 비둘기같이 지혜가 없어서 애굽을 향하여 부르짖으며 앗수르로 가는도다(호 7:11).

호세아는 북이스라엘은 비둘기같이 너무 단순하여서 먹잇감을 주는 대로 따라가다가 쉽게 덫에 걸리고 말았다고 표현한다. 북이스라엘은 하나님을 의지하지 않고 애굽에도 도움을 청하고(왕하 17:4) 앗수르에도 조공을 바쳤다(왕하 15:19~20; 왕하 17:3). 그러나 모두에게 버림받고 멸망했다.

또 한 가지 북이스라엘의 멸망 원인은 신앙적인 이유에 있다. 열왕기서 저자는 북이스라엘이 여호와께 죄를 범하고, 또 다른 신들을 경외하며, 이방 사람의 규례를 따르고, 산당을 세우고, 모든 산 위에 목상과 아세라 상을 세우고, 그곳에서 분향하며, 자기들을 위하여 두 송아지 형상을 부어 만들고, 하늘의 일월성신을 경배하며, 바알을 섬기고 복술과 사술을 행하며 여호와께 악을 행하였으므로 앗수르에 사로잡혀 가서 오늘까지 있게 되었다고 전한다(왕하 17:7~12, 15~18, 21~23). 성경은 북이스라엘의 멸망 원인을 결코 유월절과 결부시키지 않는다.

그렇다면 남유다는 어떠한가?

북이스라엘이 멸망 당했을 때 열왕기서의 저자는 남유다에 대해서 "유다도 그들의 하나님 여호와의 명령을 지키지 아니하고 이스라엘 사람들이 만든 관습을 행하였으므로"(왕하 17:19) 라고 전한다. 남유다도 여호와 하나님의 명령을 지키지 않기로는 매한가지였으며, 북이스라엘 사람들이 만든 관습을 행하여 하나님을 저버리고 우상을 섬기는 일을 자행했다. 그 절정이 바로 남유다의 므낫세 왕 때였다(왕하 21:1~18).

므낫세의 손자 요시야가 율법 책을 발견하고, 회개하여 우상을 척결하고, 종교 개혁을 단행하고 절기를 회복하며 사사 시대 이후로 가장 온전하게 제사를 드렸지만, 남유다를 멸망시키기로 한 하나님의 진노를 되돌리지 못했다. 그 상황에 대해서 성경은 이렇게 말한다.

요시야와 같이 마음을 다하며 뜻을 다하며 힘을 다하여 모세의 모든 율법을 따라 여호와께로 돌이킨 왕은 요시야 전에도 없었고 후에도 그와 같은 자가 없었더라. 그러나 여호와께서 유다를 향하여 내리신 그 크게 타오르는 진노를 돌이키지 아니하셨으니 이는 므낫세가 여호와를 격노하게 한 그 모든 격노 때문이라 여호와께서 이르시되 내가 이스라엘을 물리친 것 같이 유다도 내 앞에서 물리치며 내가 택한 이 성 예루살렘과 내 이름을 거기에 두리라 한 이 성전을 버리리라(왕하 23:25~27),

성경은 이처럼 북이스라엘과 남유다의 멸망의 원인에 대한 안상홍의 주장을 실증하지 않는다.

제7장

안식일 교리 해부하기

1. 안상홍 하나님의교회의 주장

> 모세는 그 모든 절기와 안식일은 영원한 규례니라, 평생토록 기억하라 하였으며(출 12:14; 31:15~16; 신 16:3; 레 23:21, 31 비교) 이날을 기념하는 곳마다 강림하여 복을 주시겠다고 약속하셨다(출 20:24; 신 7:11~13; 약 1:25). 절기나 안식일은 하나님에게 속한 계명이므로 그의 계명을 지켜야 그의 백성이라고 인정함을 받는 것이다.[1]
>
> 무슨 형상을 만들어 섬기는 것만이 우상이 아니라 하나님께서 정하신 규례를 어기고 다른 규례를 정하여 지키면 그것이 곧 하나님의 참것에 우상을 만드는 것이 된다. 다시 말하자면 하나님이 정하신 안식일이 있는데 일요일을 안식일이라고 하며 이날을 지키게 되면 이것이 곧 안식일의 우상을 만드는 것이다.[2]

---

1 안상홍, 『라오디게아교회에 보내는 기별』, 63.
2 위의 책, 55-56.

오늘날 대다수 교회에서 지키는 일요일 예배의 시작이 기원후 321년 로마 황제 콘스탄틴에 의해 예배의 날로 규정지어졌으며, 일요일 휴업령 역시 그때가 공식적인 기원이 되고 있음을 알려주고 있다. 다음의 역사적인 내용을 참고하셔서 참된 진리의 길을 바르게 찾아가는 분별력을 가져봅시다. 이 정책에서 가장 중요한 의의가 있는 것은 A.D. 321년에 일요일을 예배의 날로 규정한 법령을 내린 것이다.

이 법령은 주의 날을 이교의 제전일과 동등한 수준의 절기로 인정한 것이며, 일요일은 일을 중지하는 것으로 그 특색을 나타내었다. 그러나 이날(일요일)은 어떠한 그리스도적인 명칭을 가진 것이 아니고 다만 단순히 참된 경일이라고 불렀다. 여기에 대해 이교도들이 반대할 도리가 없었다. 이렇듯 일요일 예배가 성경에 근거하지 않았다는 역사적인 사실을 잘 알면서도 천주교에서 분파되어 갈라져 나간 개신교회에서는 일요일 예배는 성경에서 근거한 것이라고 우기고 있다.[3]

이처럼 고귀하신 안식일 규례를 우리 예수님께서 거룩하게 지키고 기념하셨다. 누가복음 4:16에 "예수께서 그 자라나신 곳 나사렛에 이르사 안식일에 자기 규례대로 회당에 들어가사 성경을 읽으려고 서시매." 예수님이 안식일에 예배드리는 규례를 중요한 성례(聖禮) 중의 하나로 인정하셔서 '자기 규례'로 삼으시고 안식일 예배에 임하셨다.

또한, 인자는 안식일의 주인이니라(마 12;8)고 하심으로 안식일을 우리 영혼의 주인이신 예수님의 날로 선포하시고 우리에게 안식일의 참된 가치를 가르쳐 주셨다.

안식일은 예수님의 날이다. 창조주 하나님의 권능의 날이다. 예수님을 따랐던 제자들도 안식일을 거룩하게 지켰다. 그들은 매주 안식일에 모여 기도했고 예수님의 말씀을 되새기며 그 교훈을 영적 양식으로 삼았다.

---

3 김주철, 『내 양은 내 음성을 듣나니』, 14.

> 안식일마다 바울이 회당에서 강론하고 유대인과 헬라인을 권면하니라 (행 18:4).
>
> 바울이 자기의 규례대로 저희에게로 들어가서 세 안식일에 성경을 가지고 강론하며 뜻을 풀어 그리스도가 해를 받고 죽은 자 가운데서 다시 살아야 할것을 증명하고 이르되 내가 너희에게 전하는 이 예수가 곧 그리스도라 하니(행 17:2-3).
>
> 안식일은 시대와 역사를 초월한 하나님의 성일이다.[4]

'안식일'에 대한 안상홍 하나님의교회의 주장

① 영원한 규례인 절기와 안식일을 지켜야만 하나님의 백성이 된다.
② 토요일이 안식일인데 일요일을 안식일로 지키는 것은 우상을 만드는 것이다.
③ 로마 황제 콘스탄틴에 의해 321년에 예배의 날이 토요일에서 일요일로 바뀌었다.
④ 누가복음 4:16, 사도행전 18:4, 사도행전 17:2~3은 예수님과 제자들과 사도 바울도 안식일을 지켰음을 말한다.

---

4 위의 책, 19.

2. 성경적 해석

첫째, 토요일에 안상홍 하나님의교회 신도들이 모이는 것은 안식일을 지키는 것이 아니다.

안상홍은 토요일이 안식일인데 기성 교회가 일요일을 안식일로 지키는 것은 우상을 만드는 것이라고 주장한다. 그리고 구약의 모든 절기와 안식일은 영원한 규례이므로 반드시 지켜야 하며, 이 날을 지켜야 하나님의 자녀라 인정받을 수 있다고 한다. 아마 안상홍은 하나님의 자녀가 되는 조건이 예수 그리스도를 영접하는 것에 있음을 잊어버린 듯하다(요 1:11).

안상홍 하나님의교회는 자기들이 오늘날에도 성경이 이르는 절기와 안식일을 지키고 있다고 자부한다. 하지만 그들은 안식일을 지키지 않는다. 왜냐하면, '안식일을 지키다'의 본래 의미는 안식일에 모여 예배하는 것을 일컫지 않기 때문이다.

"너희는 안식일을 지킬지니 이는 너희에게 거룩한 날이 됨이니라"(출 31:14)에서 "지킬지니"의 원형 '쇠마르'(שמר)는 안식일 규례를 염두에 두고 그것을 철저히 준수하는 것을 의미한다. 안식일 규례는 우선 저녁부터 아침까지 즉 온 종일 행하는 것이다(레 23:32). 히브리인의 하루는 저녁부터 그다음 날 저녁까지이다. 그리고 안식일에는 일 년 된 흠 없는 수양 두 마리와 고운 밀가루에 감람기름을 섞은 소제와 여기에 따르는 전제를 받쳐야 한다(민 28:9~10).

그리고 불을 때서도 안 된다(출 35:2~3). 그리고 그날에 일하는 자는 반드시 죽여야 한다(출 31:5). 이것이 안식일에 관한 이스라엘 자손들이 지켜야 할 "영원한 언약"의 규범이다(레 24:5~8).

안상홍 하나님의교회가 안식일(토요일) 예배를 24시간 즉 온종일 하고 있는지 궁금하다. 안식일을 지키는 그 자리에 양고기와 감람기름을 넣은 밀가루 반죽이 등장하는지 궁금하다. 만약 이날에 신도들 식사를 위해 가스레인지나 전자레인지를 사용한다면 그것은 영원한 규례인 안식일 법을 어기는 것이다. 왜냐하면, 안식일에 불을 피워서는 안 되기 때문이다.

만약 이날에 식당에서 음식을 만들거나, 설거지하는 봉사자들 있다면 모두 죽여야 한다. 만약 안상홍 하나님의교회에서 안식일을 이처럼 엄격히 지키지 않는다면, "우리는 안식일을 지킨다"는 표현은 사용하지 말아야 한다. "우리는 토요일에 모여 예배한다."고 말해야 옳다.

둘째, 기독교는 일요일을 안식일로 지키는 것이 아니라 일요일을 주일(主日)로 지킨다.

안상홍은 토요일이 안식일인데 일요일을 안식일로 지키는 것은 우상을 만드는 것이라고 규정한다. 과연 '일요일'을 숭배하거나 우상시하는 기독교인이 있는지 궁금하다.

기독교는 유대교와 달리 안식일을 지키지 않으며 '주일'을 안식일과 동일한 개념으로도 생각하지 않는다. 기독교는 일요일을 주일(主日)로 지킨다. 매주 첫날 일요일을 주일로 지키게 된 것은 예수님의 부활 사건에 근거를 둔다.

예수님이 부활하신 날은 안식 후 첫날 곧 주일 새벽이었다(마 28:1; 막 16:1; 요 26:1). 그리고 부활하신 예수님이 승천하시는 날까지 여섯 번 사람에게 보이셨는데 복음서 기자는 그 날을 모두 부활하신 일요일로 나타낸다.

① 부활하신 예수님은 막달라 마리아(막 16:9; 요 20:11)
② 여인들(마 28:8~10)
③ 엠마오로 가는 두 제자(눅 24:13~35)
④ 베드로(눅 24:34)
⑤ 도마 외 열 제자(요 20:19~25)
⑥ 도마를 포함 열한 제자 앞에 나타나셨다(요 20:26~29)

주일 예배는 초기 교회가 이러한 예수를 바라봄으로 일요일에 대한 인식의 변화에 기인한 것이다. 초기 교회는 예수님이 부활하신 일요일에 특별한 의미를 두고 그 날에 모여 예배드리게 되었다.

그렇다면 과연 예수님이 부활하신 날에 예배드리는 것이 우상 숭배가 되는 것일까?

숭배하는 대상이 일요일이 아니라 그 날에 부활하신 예수님이다.

그렇다면 칭찬받아야 할 일이 아니겠는가?

셋째, 콘스탄틴에 의해 예배의 날이 토요일에서 일요일로 바뀐 것이 아니라, 초기 교회 때부터 주일(일요일) 예배가 정착되어 있었다.

김주철이 윌리엄 반드(J. W .C. Wand)의 『교회사: 초대편』(*A history of the early church*)을 인용하며 일요일 예배가 기원후 321년 로마 황제 콘스탄틴에 의해 시작되었다고 주장한다. 그 이전까지는 교회가 토요일 즉 안식일 예배를 지키고 있었다는 것이다. 그러나 이 책에서 완드의 진술은 오히려 초기 교회가 일요일에 예배를 드렸다는 사실을 밝혀준다.

이는 콘스탄틴 이전의 일요일에 대한 명칭은 '참된 경일' 이었다는 것에서 그 증거를 얻을 수 있다. 콘스탄틴은 기독교인들이 참된 경일에 예배드리는 것을 인정했다. 하지만 이 일요일을 이교의 제전일과 동등한 수준의 절기로 끌어올렸다고 전한다. 중요한 것은 콘스탄틴 이전에도 이미 일요일 예배가 초기 교회에 정착되어 있었다는 것이다. 콘스탄틴은 A.D. 321년 밀리노 칙령을 발표함으로 이전 황제들과는 달리 기독교를 인정함과 동시에 일주일을 시작되는 첫날을 국정 공휴일로 지정하였다.

따라서 당시 기독교인들은 일요일 하루를 휴식하게 됨에 따라 자유롭게 예배를 드리게 되었다. 그러나 엄밀하게 말하자면 이 조치는 콘스탄틴이 기독교인들을 위한 것도 아니었고, 기독교인들이 중요하게 여기는 일요일을 위한 것도 아니었다. 다만 태양신 아폴로를 위한 날-즉 일요일(Sunday)-

을 공휴일로 지정한 것이었다.[5]

여기서 논제는 콘스탄인 이전에 초기 교회가 주일 예배를 드리고 있었느냐에 있다. 콘스탄틴은 일요일을 농번기의 농사와 교회의 노예 해방 업무를 제외한 모든 업무를 공과 사의 구별 없이 금지했으며, 기독교 군인에게는 그 날에 주일 미사 참석을 위한 외출을 허락했다.[6]

밀라노 칙령에는 이미 주일이라는 용어가 등장하고 있고, 주일 예배가 이미 드려지고 있었음을 나타낸다. 밀라노 칙령으로 인해 교회의 신앙과 삶은 이전과 다른 양상을 보이기 시작했는데 박해의 종식과 더불어 불안한 집회 모임은 사라지게 되었다는 것이다.

2세기의 변증가 저스틴은 그의 『제1 변증서』(First Apology)에서 그 당시 교회의 예배 생활을 다음과 같이 전한다.

> 일요일이라고 부르는 날에 도시에 사는 사람들이 한 곳에 모였는데 사도들과 선지자들의 글이 읽혀졌다…우리는 이와 같은 모임을 일요일에 가지곤 했다. 왜냐하면, 이날은 하나님이 어둠을 변케하여 세상을 창조하신 첫째 날이요 우리 주 예수 그리스도께서 죽음 가운데서 부활하신 날이기 때문이다.[7]

"열두 사도들의 가르침"이라 일컫는 디다케(Διδαχή)[8]는 A.D. 100년경에 기록된 것으로, 신약성경에 기록되지 않는 초기 교회의 모습을 살펴보는 데 중요한 문헌이다. 이 시기는 사도(열두 제자)들이 죽고 속사도들이 교회를 지도하는, 교회의 틀이 잡혀가는 과도기였다. 디다케에는 이러한 초기

---

[5] Roland H. Bainton, 『세계교회사』, 이길상 역, (서울: 크리스챤다이제스트, 1997), 101.
[6] 오만규, 『초기기독교와 로마 군대』 (서울: 한국신학연구소, 1995), 199-200.
[7] Justin Martyr, *First Apology* (Washington: Catholic University, 1947), 107.
[8] 디다케는 초기 교회에서 선조들에 의해 받아들여진 책으로 인정받았으며, 교리 문답을 배우는 자들에게 낭독해주었던 문서였다. 디다케는 1. 세례 교리(1:1~6:3), 2. 예배(7:1~10:7), 3. 교회 규범(11:1~15:4), 4. 종말론적 결론(16:1~8) 등으로 구성되어 있다.

교회의 정황과 체계를 잡아가는 교회의 모습이 담겨 있다. 디다케 제3부 교회 규범(11~15장) 14:1에는 다음과 같은 기록이 있다.

> 주님의 주일마다 여러분은 모여서 빵을 나누고 감사드리시오. 그러나 그 전에 여러분의 범법들을 고백하여 여러분의 제사가 깨끗하게 되도록 하시오.

디다케의 이 증언에서 '주님의 주일'은 일요일을 말한다. 초기 교회는 이 주일, 곧 주님이 부활하신 날을 기념하여 떡을 나누고 예배를 드렸다. 콘스탄틴 이전부터 일요일 예배가 정착되어 있었음을 알 수 있다.

2세기 초에 알렉산드리아 출신의 유대계 그리스도인으로 추정되는 익명의 저자에 의해 쓰여진 「바나바 서신」에는 '제8 요일'이란 용어가 나타난다. 이 서신에서 제8 요일은 예수 그리스도께서 부활하신 날 즉 일요일이다. 당시 그리스도인들은 예수 그리스도께서 부활하신 이날을 기쁨으로 기념했다고 기록한다.[9]

콘스탄틴에 의해 예배의 날이 토요일에서 일요일로 바뀌었다는 주장은 수준과 질이 매우 떨어지는 주장이다. 왜냐하면, 중고등학교 세계사 교과서만 잘 읽어도 이 사실을 확인할 수 있기 때문이다. 콘스탄틴은 기독교 신앙에 입각한 인물은 아니었다. 하지만 300년간 로마의 박해에 시달리던 기독교가 콘스탄틴에 의해 하나의 공인된 종교로 인정받았고, 그가 일요일을 공휴일로 제정함으로 기독교에 여러 혜택이 돌아갔다는 사실은 분명하다. 김주철이 오직 자기의 교리의 정당성만 생각하며 역사적 사실조차 왜곡하고 비틀어 버린다.

---

9 Glimm, Francis Xavier, *The Apostolic Father* (Washington: Catholic University, 1947), 216.

넷째, 성경은 초기 교회 때부터 주일(일요일)예배가 정착되었음을 증명한다.

김주철은 주일 예배가 콘스탄틴에 의해서 처음 시행되었다고 주장하지만, 사도행전 20:7, 고린도전서 16:2, 요한계시록 1:10은 이미 초기 교회 때부터 주일 예배가 이루어지고 있었음을 증명한다.

사도행전 20:7 해석

> 그 주간의 첫날에 우리가 떡을 떼려 하여 모였더니 바울이 이튿날 떠나고자 하여 그들에게 강론할새 말을 밤중까지 계속하매(행 20:7).

"그 주간의 첫날"에서 '주간'으로 번역된 삽바톤(σαββάτων)은 안식일부터 그 다음 안식일까지를 일컫는 일주일을 가리키며, "첫"으로 번역된 미아(μιᾷ)는 첫째를 의미한다. 따라서 "그 주간의 첫날"은 일주일의 첫 번째 날인 일요일을 가리킨다. 바울은 이 일요일 예배에서 강론했다.

그러나 김주철은 사도행전 20:7은 주일 예배를 말하는 것이 아니라 바울이 6절의 무교절과 16절의 오순절 중간에 있는 부활 절기를 지킨 기록이라고 주장한다.[10] 그러나 사도행전 20:7에는 부활 절기를 지켰다는 단서나 암시도 없다. 물론 초기 교회가 일요일을 주일로 지키는 자체가 예수님의 부활과 관계있지만, 사도행전 20:7에서 바울이 부활 절기를 지켰다는 증거를 찾을 수 없다.

누가는 바울이 마게도냐와 헬라지역을 떠나 예루살렘으로 귀환하는 과정을 기록한다. 바울이 빌립보에서 배를 탔던 시점이 무교절이 지난 때라고 기록한다(6절). 그리고 바울이 가능한 한 오순절 기간 안에 예루살렘에 도착하고 싶어서 아시아에서 시간을 허비하는 것을 원치 않았다고 보고한다(16절).

---

10 김주철, 『내 양은 내 음성을 듣나니』, 23.

여기서 무교절과 오순절은 바울의 사역 일정을 나타내는 시간 표시이다. 이러한 저자의 의도를 임의대로 왜곡하여 바울의 선교 일정을 나타내는 '무교절'과 '오순절'이란 용어를 절기의 개념으로 환원하는 것은 매우 궁색하다. 사도행전 20:7을 바울이 무교절과 오순절 사이에 있는 부활 절기를 지켰다고 해석하는 것은 문맥과 일치하지 않는다.

바울이 드로아에 머무는 동안 주일을 맞이했다. 떡을 떼기 위해서 모였다는 것은 성만찬 의식을 포함하는 예배로 모였다는 사실을 나타낸다. 사도행전 2:42에서 초기 교회 성도들이 사도들의 가르침에 따라 떡을 떼는 것은 단순한 식사가 아닌 성찬 의식을 표현한 것이다. 당시 초기 교회의 예배 중심은 성만찬이었다(고전 11:17~34).

고린도전서 16:1~2 해석

> 매주 첫날에 너희 각 사람이 수입에 따라 모아 두어서 내가 갈 때에 연보를 하지 않게 하라(고전 16:2).

매주 첫날은 안식일 후 첫날로써 주일을 가리킨다. 바울은 이 주일에 헌금하라고 권면하며 주일마다 성도들이 헌금 해야 할 의무를 가르친다. 헌금 하는 방법은 즉흥적으로 하는 것이 아니라 저축해 두었다가 하라는 것이다. 고린도전서 16:2은 주일 예배 시 드리는 헌금을 나타내고 있다.

이에 대해 김주철이 이 헌금은 주일 헌금이 아니라 예루살렘 교회를 돕기 위한 특별헌금이었으므로 이날 모임은 주일 예배가 아니라고 단언한다.[11] 물론 이 헌금은 일부이든 전액이든 가난한 예루살렘 교회로 보내어지는 것이 사실이므로 특별헌금이라 생각해도 무방하다(5~6절). 그러나 이 헌금이 사용되는 용도가 '구제'에 있었다고 해서 "매주 첫날" 즉 매주 일

---

11 위의 책, 24.

요일마다 모인 성도들의 모임이 예배가 아니었다고 단정하기 어렵다. '매주'라는 말은 그 모임이 '정기적'이었다는 사실을 말해준다.

성도들이 예배가 아닌 다른 목적을 가진 모임을 일요일마다 정기적으로 가졌다고 보는 것은 자연스럽지 못하다. 일요일마다 정기적으로, 규칙적으로 모인 사람들을 예배자로 보는 것이 가장 타당하다.

요한계시록 1:10 해석

> 주의 날에 내가 성령에 감동되어 내 뒤에서 나는 나팔 소리 같은 큰 음성을 들으니(계 1:10).

요한은 언제 예수님이 보여주신 환상을 보았는지 밝힌다. 그 날은 "주의 날"이었다. 주의 날로 번역된 '퀴리아케 헤메라'(κυριακῇ ἡμέρᾳ)는 기독교가 유대교와 분리된 후 기독교의 예배일의 정식 명칭으로 사용되었다. 하지만 김주철은 "예수님이 "나는 안식일의 주인이다"(막 2:28)라 하셨다. 이로 보건대, 주의 날이란 안식일을 가리켜 말씀하신 것이 분명합니다."[12] 라며 퀴리아케 헤메라를 안식일을 의미한다고 해석한다. 그냥 웃고 지나가면 좋을 듯하다.

이 용어는 '그리스도께서 부활하신 날'이라는 의미가 있는 아람어를 헬라어로 번역한 단어이다. 여기서 주의 날은 넓은 의미에서 '그리스도를 예배하는 날'을 뜻하고 좁은 의미에서는 '그리스도 부활의 기념일'을 뜻한다.[13]

---

12 위의 책, 25.
13 Roger T. Beckwith, *Christian Sunday* (Grand Rapids: Baker book house, 1978), 35-36.

다섯째, 누가복음 4:16, 사도행전 17:2~3, 18:4은 예수님과 바울이 안식일을 지켰음을 증명하지 않는다.

김주철은 누가복음 4:16, 사도행전 18:4, 17:2~3을 근거로 들어 예수님과 제자들과 사도 바울도 안식일을 지켰다고 주장하며, 안식일 예배가 초기 교회 때부터 기원 되어있음을 증명하고자 한다.

누가복음 4:16 해석

> 예수께서 그 자라나신 곳 나사렛에 이르사 안식일에 늘 하시던 대로 회당에 들어가사 성경을 읽으려고 서시매(눅 4:16).

예수님이 안식일에 회당에서 예배하고 율법을 교육하는 전통을 무시하지 않으셨을 뿐만 아니라 예수님이 이러한 전통을 "늘 하시던 대로" 행하셨다.

유대 전통에 따라 예수님도 태어난 지 8일 만에 할례를 받았고(눅 2:21), 어머니 마리아는 예수 출산 후 율법 관례에 따라 정결 예식을 치렀고(눅 2:22) 예수님은 매년 유월절 규례에 따라 예루살렘 성전을 찾으셨고(눅 2:41), 열두 살이 되었을 때 관례에 따라 예루살렘에서 성인식을 하셨고(눅 2:42), 열 명의 나병 환자를 치료하신 뒤 구약의 율법에 규정에 따라 제사장에게 가서 그 몸을 보이라 하셨고(눅 17:14), 수전절을 지키셨다(요 10:22). 그리고 "늘 하시던 대"로 안식일에 회당에 출입하셨다(눅 4:16).

이를 가리켜 김주철은 "예수님도 안식일에 예배드리는 규례를 중요한 성례(聖禮) 중의 하나로 인정하셔서 '자기 규례'로 삼으시고 안식일 예배에 임하셨다"[14]라고 한다. "규례대로"로 번역된 '카타 토 에이오도스'(κατὰ τὸ εἰωθὸς)는 '습관이 되어있는 것에 따라'라는 의미이다. 그러므로 "늘 하시

---

14 김주철, 『내 양은 내 음성을 듣나니』, 14.

던 대로"로 번역한 개역개정이 원문의 의미를 좀 더 생생하게 전달한다. 이 "규례대로"는 "회당에 들어가사"를 수식하는 부사어이다.

말하자면 예수님이 "규례대로," "늘 하시던 대로," 즉 어릴 때부터 늘 해 오던 관습대로 회당에 들어가셨다는 것이다. 원문을 거의 참고하지 않는 김주철이 누가복음 4:12을 예수님이 안식일에 예배드리는 것 자체를 자기 규례로 삼았다고 해석하는 것은 상당한 오역이다.

예수님이 안식일에 회당에 들어가신 것은 어려서부터 늘 해오던 습관에 따른 것이었다. 왜냐하면, 예수님은 유대인으로 세상에 오셨고, 유대인 공동체 속에서, 유대인으로서의 삶을 사셨기 때문이다. 예수님은 유대인의 삶을 충실히 사셨다. 본 절은 예수님이 안식일에 드리는 예배를 중요한 규례로 삼았다는 사실을 증명하지 않는다.

마태복음 12:8 해석

> 인자는 안식일의 주인이니라 하시니라(마 12:8).

예수님은 자신 자신을 안식일의 주인으로 선포하셨다. 과연 이 선포의 의미가 "안식일을 우리 영혼의 주인이신 예수님의 날로 선포하시고 우리에게 안식일의 참된 가치를 가르쳐 주셨다"라는 김주철의 해석을 지지하고 있을까?

이 선포는 예수님이 안식일에 밀 이삭을 잘라 먹은 제자들을 비난하는 바리새인들을 향해서 하신 선포였다(마 12:1~7).

바리새인들은 안식일에 배가 고팠던 제자들이 밀 이삭을 손으로 따서 먹은 제자들을 비판했다(마 12:2). 바리새인 입장에서 이것은 안식일 거룩하게 지켜야 하는 규정(출 20:8)을 어긴 절도죄이고, 안식일에 파종이나 추수를 해서는 안 되는 노동 규정(출 34:21)을 어긴 것이다. 이에 예수님은 사람이 안식일을 위해 있는 것이 아니고 안식일이 사람을 위해 있는 것이라고 하시며(막 2:27) 안식일의 참된 의미를 설명하신다. 하나님께서 6일간 세상을 창조하신 후 쉬셨듯이, 사람도 안식일을 통해서 노동을 멈추고 '쉼'을 누리게 하기 위함이었다는 것이다. 그런 의미에서 비록 안식일에도 밀 이삭을 잘라 먹고 굶주림을 해결했다면 그것은 잘못된 일이 아니라는 것이다.

예수님은 또 다윗의 예를 들어서 설명하셨다(마 12:3-4). 다윗이 배가 고팠을 때, 율법 규정에 제사장들만 먹을 수 있는 성소의 떡을 먹은 것이 죄가 아니듯 제자들의 행위도 '절도'가 아니라는 것이다.

예수님은 또 제사장들의 집무에 관한 예를 드신다(마 12:5). 안식일에 노동하지 말라는 규정이 있지만, 안식일에 성전에서 제사장들이 보는 집무가 죄가 아니듯, 안식일에 제자들이 밀 이삭을 자른 행위도 추수 즉 노동으로 볼 수 없다는 것이다. 바리새인 입장에서 이러한 예수의 해석은 율법을 제정하신 하나님의 권위에 대한 월권행위였으며, 궤변이었다. 이에 예수님은 자기 자신을 성전보다 큰 존재이며(마 12:6), 안식일의 주인이라고 응대하셨다. 주인으로 번역한 "퀴리오스"(κύριος)는 자신의 신성을 드러내시는 표현이다.

안식일에 대한 자신의 해석은 하나님의 권위로서 내린 해석이라는 것이다. 더 정확히 표현하면, 하나님 자신이 직접 내린 해석이라는 것이다. 이를 통해 자신만이 안식일에 대한 참된 의미를 가르칠 수 있는 유일한 하나님임을 선언하신 것이다. 예수님은 이 선언으로 안식일의 참된 의미를 왜곡하여 사람들에게 무의미한 안식일 규정으로 무거운 짐을 지운 바리새인들을 책망하셨다. "인자는 안식일의 주인"이라는 이 선언을 안식일을 예수님의 날로 선포한 것으로 해석하는 것은 아전인수(我田引水)격의 해석이다.

사도행전 17:2~3, 18:4 해석

> 바울이 자기의 관례대로 그들에게로 들어가서 세 안식일에 성경을 가지고 강론하며 뜻을 풀어 그리스도가 해를 받고 죽은 자 가운데서 다시 살아나야 할 것을 증언하고 이르되 내가 너희에게 전하는 이 예수가 곧 그리스도라 하니(행 17:2-3).

> 안식일마다 바울이 회당에서 강론하고 유대인과 헬라인을 권면하니라 (행 18:4).

이 두 구절은 바울이 안식일에 회당에서 성경을 가르치고 강론하였음을 증거한다. 바울은 항상 "관례대로"(17:2) 회당에 들어가서 선교하는 습관을 지니고 있었다. 회당은 바울에게 있어서 매우 익숙한 곳이었다. 그는 유대인이었기에 유년기 때부터 회당을 중심으로 종교 생활을 했다. 바울은 새로운 선교지에 도착하면 유대인 여행자들이 유대 전통에 따라 회당을 찾는 것과 마찬가지로 회당을 찾았다. 어떤 지역에 도착하든지 유대인들을 만날 수 있는 회당을 찾아가 복음을 전하는 것이 자신의 일상의 습관처럼 되어있었다.

예를 들면 바울은 살라미라는 지역에 이르렀을 때도 유대인의 여러 회당에서 복음을 전했다(행 13:5). 비시디아 안디옥에 도착했을 때도 회당을 찾았고(행 13:14). 이고니온에서도 유대인 회당에 들어가 설교했다(행 14:1). 사도행전 17:2에서도 바울은 평소의 습관대로 회당에 가서 세 주간 동안 성경 말씀을 가지고 강론했다.

여기서 "강론하다"(διελέξατο)는 "논쟁적으로 말하다"의 의미이다. 바울이 안식일에 회당에서 유대인들과 논쟁하며 바른 진리를 제시했음을 의미한다. 바울이 회당에 들어간 목적은 안식일을 지키기 위함이 아니고 복음을 전하기 위해서였다. 사도행전 18:4에서도 바울은 안식일에 회당에서 유대인들과 헬라인을 권면했다고 기록한다. "권면하니라"(ἔπειθέν)의 뜻은 '설복시키다'의 의미이다.

바울은 안식일에 회당에서 유대인들과 헬라인들을 복음으로 설득하고 확신시키기 위해 노력했다. 사도행전 17:2~3과 사도행전 18:4은 바울이 안식일을 지켰다는 사실을 말하고 있지 않다.

여섯째, 하나님께서 안식일을 제정하신 이유와 의미는 오늘날에도 여전히 유효하다.

구약의 안식일 규례는 오늘날 지구촌의 현대인이 문자적으로 지킬 수 없다.

안식일에 쓸 일 년 된 흠 없는 숫양을 어디서 구하며, 익히지 않은 날 음식을 누가 먹을 수 있겠으며, 이 규정을 어긴 가족을 누가 살해할 수 있을까?

어느 사람도 구약의 안식일 규정을 일점일획 그대로 지킬 수 없다. 이는 오늘날 현대인들이 구약의 안식일 법에 문자적으로 얽매여 있지 않다는 사실을 보여 준다. 그러한 의미에서 오늘날 안상홍 하나님의교회가 안식일을 지킨다고 말하는 것은 자가당착이고, 자기들의 안식일 예배가 구약의 안식일 법을 대체한다고 믿는 것도 편의주의적 환상이다.

신약성경 그 어디에도 안식일과 관련된 명령은 찾을 수 없다.

그렇다고 구약의 안식일 규정은 신약 시대를 사는 우리와 아무런 관계가 없는 것인가?

하나님의 말씀인 구약성경의 어떤 일부분은 나와 전혀 상관이 없는 말씀인가?

신약뿐만 아니라 구약도 하나님께서 우리에게 주신 성경으로서 우리에게 필요하고 의미가 있다. 물론 안식일 규례도 우리가 액면 그대로 지켜야 하는 것은 아니지만 그 규정이 제정된 이유, 그것의 배경이 되는 정신, 그 규정이 담고 있는 의미, 그리고 그것이 지향하는 가치는 여전히 우리에게 유효하다.

창세기 2:1~3에서 하나님께서는 천지를 창조하시고 인간을 만드신 후 기뻐하시면서 쉬셨다. 하나님께서 보시기에 좋았고, 보시기에 심히 좋은 것으로 창조하신 후 쉬셨다. 이날은 하나님의 기쁨의 날이며, 하나님께서 창조하신 세계가 하나님에 의해 최초로 유지되는 첫날이었다. 하나님께서는 '이날'을 제정하셨다. 노동을 멈추고 쉬는 날이 되게 하시고, 하나님을 기억하게 하는 날이 되게 하셨다. 하나님의 은혜를 알고 그 은혜와 사랑에 감사하기 위해서였다. 이런 의미에서 안식일은 현대에 사는 모든 크리스천에게 여전히 유효하다.

제8장

일곱 우레와 3차의 7개 절기 교리 해부하기

1. 일곱 우레의 비밀

1) 안상홍 하나님의교회의 주장

> 일곱 우레가 발할 때에 내가 기록하려고 하다가 곧 들으니 하늘에서 소리 나서 말하기를 일곱 우뢰가 발한 것을 인봉하고 기록하지 말라 하더라 (계 10:4).
>
> 그러면 일곱 우레가 영원히 봉한 대로 있을 것인가 아니면 다시 개봉될 것인가?
> 성경에 기록된 말씀 중에는 뜻이 없는 말씀은 있을 수 없다. 그리고 인봉 하라 하신 뜻은 개봉할 때가 있다는 것이 포함되어 있다. 인봉하라 하신 일곱 우레는 같은 장 7절에 개봉될 것을 열어주고 있다. 이사야 8:16에는 율법을 인봉하여 나의 제자 중에 맡기라 하였으니 일곱 우레가 율법 중에 어느 부분인 것만은 틀림없다. 그러면 율법 중에 오늘날까지 인봉 되었

던 것은 3차의 7개 절기뿐이다.[1]

> 대답하여 가라사대 천국의 비밀을 아는 것이 너희에게는 허락되었으나 저희에게는 아니 되었나니 무릇 있는 자는 받아 넉넉하게 되되 무릇 없는 자는 그 있는 것도 빼앗기리라(마 13:10-11).

> 그리고 봉해두신 것을 최후 비상시에 당신의 백성들에게 주셔서 구원하시기 위한 하나님의 목적이다.

> 다니엘아 마지막 때까지 이 말을 간수하고 이 글을 봉함하라 많은 사람이 빨리 왕래하며 지식이 더하리라(단 12:4).

> 하나님의 비밀은 각각 그 정한 때가 있고 또 마지막 비밀인 일곱 우레도 그 정한 때에 그 정한 사람을 통하여 인을 떼고 개봉할 것이다[2].
> 인봉한 일곱 우레는 누가 인을 떼고 개봉할 것인가?
> 사도 요한이 기록하기를, "일찍 죽임을 당하신 어린 양"이라 하셨으니, 마지막 때 다윗의 이름으로 암행으로 오시는 어린 양이 일곱 인을 떼시는 동시에 인봉한 일곱 우레도 개봉하게 되는 것이다.[3]

---

1 안상홍, 『하나님의 비밀과 생명수 샘』, 12-13.
2 위위 책, 13-15.
3 위의 책, 15-17.

'일곱 우레의 비밀'에 대한 안상홍 하나님의교회의 주장

① 요한계시록 10:4의 일곱 우레가 발한 내용은 이사야 8:16에 의하면 3차의 7개 절기이다.
② 요한계시록 10:7에 의하면 일곱 우레가 말한 내용이 누군가에 의해 개봉된다.
③ 마태복음 13:10~11, 다니엘 12:4은 일곱 우레의 비밀이 마지막 때 개봉될 것을 말한다.
④ 마지막 때 암행으로 오는 자가 요한계시록 5:6의 어린 양이며, 이 어린 양이 일곱 우레의 비밀을 개봉한다.

2) 성경적 해석

요한은 하늘에서 일곱 우레가 발한 내용을 기록만 하고 인봉 하라는 명령을 받았다. 이유는 알 수 없지만, 요한은 그러한 천상의 소리를 듣고 따른다. 그러므로 일곱 우레가 무엇을 말했는지 알 길이 없다. 하지만 안상홍은 요한계시록이 공개하지 않은 일곱 우레가 발한 소리를 자신 있게 '3차의 7개 절기'에 관한 것이라고 확정한다.

3차의 7개 절기란 하나님께서 이스라엘 백성들에게 주신 일곱 절기를 가리킨다. 안상홍은 이 같은 자기의 주장을 이사야 8:16을 통해 증명하려 한다.

과연 일곱 우레가 발한 내용의 실체가 이사야서를 통해서 밝혀질 수 있을까?

과연 이 두 구절이 그러한 관계로 존재하고 있을까?

첫째, 요한계시록 10:4의 일곱 우레가 발한 내용은 봉해져 있어 알 수 없고, 이사야 8:16의 봉함된 말씀은 북이스라엘과 아람의 멸망에 대한 예언이다.

먼저 이사야 8:16부터 살펴보자. "너는 증거의 말씀을 싸매며 율법을 내 제자들 가운데에서 봉함하라"에서 율법을 의미하는 "증거의 말씀"은 이사야 8:5~15의 내용이다. 증거의 말씀으로 번역된 '테우다'(תעודה)는 어떤 사실을 증거하는 말씀 혹은 증거가 되는 증명을 의미한다.

개역한글에는 이것을 "율법"으로 기록하지만, 이는 적절한 번역이 아니다. 개역개정에서는 "증거의 말씀," 새번역에서 "증언 문서," 현대인의성경에서는 "나에게 주신 말씀"으로 번역한다. 이사야가 봉함해야 할 이 '증거의 말씀'은 율법이 아니라 하나님께서 이사야에게 주신 북이스라엘과 아람의 멸망에 대한 예언의 메시지이다.

이것을 이사야가 밀봉하고 공개하지 말아야 한다. 하나님의 말씀을 계속 거부하는 백성들에게 더 이상 계시의 말씀을 줄 수 없으므로 감추어 버리라는 것이다. 하지만 안상홍은 이사야가 밀봉해야 할 내용을 가리켜 '절기' 즉 3차의 7개의 절기라고 단언한다. 왜냐하면, 이사야 8:16에 '율법'이라는 말이 있기 때문이다. 하지만 율법은 앞서 말한 대로 '토라'가 아닌 '증거의 말씀'이다.

안상홍은 이사야 8:16의 '율법'을 요한계시록 10:4에 대입하여 일곱 우레가 발한 소리를 3차의 7개 절기라고 주장한다. 이 두 구절에 등장하는 '밀봉'이란 단순한 공통 요소를 바탕으로 요한계시록 10:4과 이사야 8:5을 연관 구절로 보는 것이다. 하지만 이 두 구절을 연결할 수 있는 그 어떠한 연결고리나 접촉점도 없다. 왜냐하면, 이 두 구절은 완전히 다른 배경과 완전히 다른 의미를 지니고 있기 때문이다. 각 구절 속에 밀봉이란 단어가 존재한다고 해서 이 두 구절을 그렇게 간단히 연관 짓는 것은 비상식적이다.

요한계시록의 밀봉된 말씀의 내용이 무엇인지 알 수 없다. 또한, 이사야가 밀봉해야 한 내용은 3차의 7개 절기가 아니라 북이스라엘과 아람의 멸망에 관한 내용이다. 일곱 우레가 발한 내용이 무엇인지는 영구한 비밀이며, 또 그렇게 되어야 마땅하다. 성경이 함구하고 있는 내용을 인간이 함부로 규정하여 설명하려는 시도는 하나님의 권위에 대한 도전이며 월권이다.

둘째, 요한계시록 10:7의 곧 개봉될 하나님의 비밀은 일곱 대접 재앙을 가리키고 일곱 우레의 비밀과 무관하다.
요한계시록은 일곱 우레가 발한 내용이 펼쳐지거나 개봉된다는 가능성을 전혀 열어두고 있지 않다. 하지만 안상홍은 요한계시록 10:7을 근거로 제시하며 일곱 우레가 발한 내용이 누군가에 의해 밝혀지고 개봉된다고 설명한다.

과연 요한계시록 10:7이 일곱 우렛소리의 비밀이 공개된다는 주장을 지지할 수 있을까?

안상홍은 "일곱째 천사가 소리 내는 날 그의 나팔을 불려고 할 때 하나님이 그의 종 선지자들에게 전하신 복음과 같이 하나님의 그 비밀이 이루어지리라 하더라"(계 10:7)에서 곧 이루어질 '하나님의 비밀'을 가리켜 일곱 우레가 발한 내용이라고 주장한다. 하지만 '하나님의 비밀'은 곧이어 전개되는 일곱 대접 재앙을 가리킨다.[4] 요한계시록 10:4의 일곱 우레가 발한 소리와 요한계시록 10:7의 일곱 대접 재앙은 아무 관련이 없다.

안상홍은 일곱 우레가 발한 내용을 기록만 하고 감추어두라는 하나님의 명령을 집요하게 거부한다. 그리고 그것이 곧 개봉된다고 말한다. 왜냐하면, 자기가 일곱 우레의 비밀을 공개한 주인공이 되고 싶기 때문이다.

안상홍은 일곱 우레의 비밀을 '3차의 7개 절기'라고 확정하고 자기가 이를 회복했다고 주장한다. 더 나아가 자기를 마지막 시대에 3차의 7개

---

4 박수암, 146.

절기를 들고 나타난 하나님이라고 주장한다.[5] 왜 3차의 7개 절기를 회복한 자가 하나님이 되는지에 대한 설명은 없고, 그렇게 선포만 한다.

셋째, 마태복음 13:10~11의 봉인된 천국 비유와 봉인된 일곱 우레 소리는 아무 관련 없다.

안상홍은 또한 마태복음 13:10~11을 통해서도 인봉 되었던 일곱 우레의 비밀이 누군가에 의해 개봉된다는 사실을 집요하게 제기한다. 이 누군가는 당연히 안상홍이다. 그가 요한계시록 10:4의 일곱 우레가 발한 소리와 마태복음 13:10~11을 연결하는 이유는 두 본문에 '봉함'이라는 공통 요소가 보이기 때문이다.

예수님은 천국 비밀을 알아서 안 되는 자들인 서기관과 바리새인들에게 천국 비밀을 비유로만 설교해서 깨닫지 못하게 하셨다. 예수님은 이들을 가리켜 '그들'(마 13:11)이라고 하셨다. 그 결과 그들에게는 예수님의 천국 설교는 봉함된 말씀과 다를 바 없었다. 그러나 제자들에게는 천국 비유를 풀어서 자세히 가르쳐 주셨다(마 13:18, 51). 천국 비밀은 어떤 이에게는 닫혀 있었고 어떤 이에게는 열려 있었다. 그렇다면 천국 비밀은 근본적으로 봉함된 것이 아니었다. 말하자면 안상홍이 인용한 마태복음 13장은 결국 '봉함'을 말하고 있지 않다. 마태복음 13장은 누군가에 의해서 봉함된 성경이 개봉된다는 지시를 하지 않는다.

요한계시록 10:4과 마태복음 13:10~11은 연결될 수 있는 어떠한 공통 요소도 없다. 오직 자기의 특권만을 부각하기 위해 이러한 무리한 해석도 서슴지 않는 안상홍이 과연 성경을 하나님의 말씀을 믿고 있는지 궁금하다.

---

[5] 안상홍, 『하나님의 비밀과 생명수 샘』, 263.

넷째, 다니엘 12:4의 봉한 묵시는 세계 제국의 흥망성쇠에 대한 내용일 뿐 봉인된 일곱 우레 소리와 아무 관련 없다.

안상홍은 요한계시록 10:4을 다니엘 12:4과 연결하여 자기 권한을 끊임없이 강화해 나간다. 하지만 결론적으로 이 두 구절도 서로 아무 관련이 없다.

다니엘 12:4은 가브리엘 천사가 다니엘에게 준 예언 봉함 명령을 기록한 말씀이다. 가브리엘 천사는 다니엘에게 마지막 때까지 이 말씀을 은밀히 간수하고, 봉하라고 명령한다. 다니엘이 봉함해야 할 "이 말"과 "이 글"은 다니엘이 직간접으로 받은 7장에서 12장까지의 내용이다.

다니엘이 꿈과 환상을 통해 받은 묵시는 세계사 속에 등장하는 대제국들의 흥망성쇠에 관한 내용이었다. 바벨론 제국, 페르시아 제국, 헬라 제국, 그리고 헬라 제국이 네 등분 된 후 북방 셀류크스 왕조와 남방 프톨레미 왕조 간의 각축전, 그리고 셀류크스 출신의 안티오커스 에피파네스의 등장과 만행까지의 모든 내용을 가리킨다. 이것이 다니엘이 봉함해야 할 내용이며, 이 내용은 안티오커스 에피파네스가 나타나 성전을 모독하고 하나님 백성을 핍박하였던 B.C. 2세기에 모두 성취된다. 이 묵시의 내용을 공개하지 않고 봉함해야 할 때는 이때까지이다. 이를 "마지막 때"(עת קץ)로 명시했다.

안상홍은 이 다니엘서를 통하여 '하나님의 비밀'이란 본래 봉하는 때도 있고 개봉하는 때도 있다는 전제를 만든다. 그리고 자기가 일곱 우렛소리의 최종 계시자로 등장한다. 하지만 다니엘서는 어떤 특정 인물에 의해 그 봉인이 해제됨을 말하지 않는다. 굳이 그 봉인을 열어 계시하는 존재를 찾자면 그는 역사의 주인이신 하나님이다.

다니엘이 봉한 묵시는 역사가 진행됨에 따라 세계사 속에서 자연스럽게 그 비밀이 드러났고 성취되었다. 안상홍은 집요하게 일곱 우렛소리의 비밀이 개봉될 것을 말하며 '봉인'과 관련된 구절을 끌어와 자기를 그 중심에 놓는다.

다섯째, 요한계시록 5장의 어린 양은 암행어사인 안상홍이 아니라 예수 그리스도이다.

안상홍은 인봉되어 있는 일곱 우렛소리의 비밀을 누가 개봉할 것인가를 자문한 뒤, 결국 자기라고 답한다. 요한계시록 5장에 등장하는 어린양을 마지막 때 다윗의 이름으로 오는 암행어사와 동일시하며, 그 암행어사가 일곱 인을 떼는 동시에 일곱 우레의 비밀도 공개된다고 한다.

하지만 요한계시록 5:6의 어린 양은 예수 그리스도를 가리킨다. 이 어린 양은 다윗의 가문으로 오셨으며(5절)이며, 일찍이 죽임을 당했으며(12절), 모든 피조물의 찬양과 영광과 존귀를 받고 있다(13절). 이 어린 양이 하나님의 손에 있는 봉인된 두루마리를 취하여 인을 떼고 개봉한다(계 5:6). 어린 양이 인을 떼는 이 '두루마리'와 '일곱 우레의 소리'는 아무 관련 없다. 왜냐하면, 인봉된 두루마리는 어린양에 의해 개봉되어 그 내용이 요한계시록 6장부터 공개되지만 일곱 우레가 발한 소리는 계속 인봉되어 있어 오늘날까지 그 내용을 알 수 없기 때문이다.

안상홍은 요한계시록 5:2의 두루마리와 요한계시록 10:4의 일곱 우레가 발한 소리를 동일한 것으로 간주한다. 그리고 두루마리의 인을 떼신 어린 양 자리에 자기의 이름을 올린다. 그리고 자기가 일곱 우레의 비밀까지도 밝히고 공개했다고 한다. 자기가 두루마리의 인도 떼고 일곱 우레의 비밀도 공개했다는 것이다.

안상홍이 공개했다는 일곱 우레의 비밀은 당연히 서두에서 말한 3차의 7개 절기이다. 안상홍은 대범하게도 어린 양 예수와 자기를 동일시한다. 그가 예수님의 발자취를 따르는데 조금이나마 관심을 가졌더라면 자기와 예수님을 동일시하는 일은 하지 않았을 것이다.

2. 3차의 7개 절기

1) 안상홍 하나님의교회의 주장

모세 율법에는 일 년 중 3차의 칠 개 절기(節期)가 있는데 칠 개 절기가 3차로 조직되어 있으니 출애굽기에는 3차 절기에 대한 기록을 무교절(無酵節)과 맥추의 초실절과 수장절이라고 하였으며(출 23:14~17; 34:18~23), 신명기에는 무교절과 칠칠절(七七節)과 초막절이라고 하였으며 (신 16:16~17) 역대하에는 무교절과 칠칠절과 초막절이라고 하였다(대하 8:13).

7개 절기 본명은 다음과 같다. 유월절(逾越節), 무교절(無酵節), 초실절(初實節), 오순절(五旬節), 나팔절, 속죄일(贖罪日), 초막절(草幕節)이 일곱 가지 절기가 3차로 나누어져 있으니 제1차에는 유월절과 무교절이 조직되어 있으며, 제2차에는 초실절과 오순절이 조직되어 있고 제3차에는 나팔절과 속죄일과 초막절이 조직되어 있다.[6]

이 일곱 가지 새 언약의 절기를 지키므로 하늘 성소에서 대제사장의 직무를 행하시는 예수님과 교통하게 되고 하나님은 예수님을 통하여 당신의 백성들에게 영원한 축복을 주시는 것이다(말 4:5~6).[7]

스가랴 선지자는 장막절 지키러 오지 아니하는 자에게 비를 내리지 아니하신다고 하였다(슥 14:16~19). 앞으로 모든 사람이 선물을 한 가지씩 받게 될 터인데 절기를 지키는 자는 늦은 비 성령을 받게 될 것이고 절기를 지키지 않는 자는 재앙을 받게 될 것이다.[8]

3차 절기는 성부와 성자와 성령 시대를 표상하사 각각 그의 권능을 나타내셨다.

---

6 위의 책, 18.
7 안상홍, 『엘리야와 마지막 교회』, 51-52.
8 안상홍, 『새 언약과 옛 언약』, 43.

첫째, 무교절이니 성부 시대라고 할 수 있는바 여호와께서 친히 행하시므로 육신적 이스라엘 백성들을 인도하여 내셨으며,

둘째, 맥추절인바 곧 성자 시대라고 하나니 예수께서는 맥추의 처음 익은 곡식이 되사 잠자는 자의 처음 익은 열매로 부활하시고 (고전 15;20) 승천하사 하늘 성소에 들어가시므로 이른 비 성령을 내리사 초대교회 시대의 맥추의 농작을 다 거두셨으며,

셋째, 초막절이니 성령 시대라고 할 수 있는바 가을 농작의 마지막 거두는 추수 때를 가리킨바 온 세상에 있는 모든 알곡을 다 하늘 창고에 거두어들이게 되는 것이다.[9]

'3차의 7개 절기'에 대한 안상홍 하나님의교회의 주장

① 하나님께서 일곱 개의 절기를 3차로 나누어서 조직했으므로 3차의 7개 절기라 한다.
② 말라기 4:5~6은 구약의 절기를 지킴으로 예수님과 교통하게 되고 축복받는다고 한다.
③ 스가랴 14:16~19은 장막절을 지키면 성령을 받지만 지키지 않으면 재앙을 받는다고 한다.
④ 3차의 절기 중에 무교절은 성부 시대, 맥추절은 성자 시대, 초막절은 성령 시대를 표상한다.

---

9 안상홍, 『하나님의 비밀과 생명수 샘』, 24-25.

2) 성경적 해석

첫째, 3차의 7개 절기에서 '3'은 근거가 없는 숫자이다.

안상홍은 '3차의 7개 절기'라는 용어에서 숫자 '3'은 '3차' 곧 제1차, 제2차 제3차에 걸쳐 일곱 절기가 조직되었음을 말하는 것이라고 한다. 안상홍은 이 일곱 개의 절기가 제1차에는 유월절과 무교절이 조직되었고, 제2차에는 초실절과 오순절이 조직되었고, 제3차에는 나팔절과 속죄일과 초막절이 조직되었다고 주장한다.

하지만 이러한 주장은 쉽게 납득되지 않는다. 왜냐하면, 이 일곱 개의 절기는 하나님께서 모세를 성막으로 부르신 후, 이스라엘 백성이 지켜야 할 각종 제사에 대한 규율과 정결법을 가르쳐주신 레위기 23장 한 장에 집중적으로 수록되어 있기 때문이다. 모세는 성막에서 하나님께서 지시하신 대로 일곱 절기와 그 규례와 규정들을 레위기 23장에 순서대로 배열하여 기록했다. 일곱 절기는 유월절(4~5절), 무교절(6~8절), 초실절(9~14절), 오순절(15~22절), 나팔절(23~25절), 속죄일(26~32절), 장막절(33~42절) 등이다.

모세는 각 절기의 세부 규정까지 불러 주신 대로 기록했다. 이 같은 사실은 레위기 23장에 수록된 일곱 절기가 안상홍 말대로 1차 2차 3차에 걸쳐 조직된 것이 아님을 보여준다. 따라서 3차의 7개 절기라는 용어에서 숫자 '3'은 의미가 없다.

그런데 안상홍은 아무것도 아닌 '3차'라는 말을 왜 사용하는 것일까? 별로 중요할 것 같지 않은 '3차'라는 용어를 왜 고집하는 것일까?

아마도 이 용어를 통해 자기를 포장하려는 의도가 아니었나 싶다. 2천년 동안 인봉 되어 묻혀있었던 일곱 우레의 비밀을 마침내 자기가 회복했고 그것이 엄중한 것이라는 사실을 '3차의 7개의 절기'라는 독특한 용어를 통해서 나타내려 했던 것이 아닌가 생각한다. '3차' 그리고 '7개'라고 하면 무언가 '특별한 것'이라는 느낌이 들 수 있기 때문이다. 어쨌든 3차의 7개 절기 용어에 대한 안상홍의 설명은 아무것도 아니었다.

둘째, 말라기 4:5~6의 엘리아는 세례 요한을 표상하며, 엘리야를 표상한다는 안상홍의 말을 듣지 않으면 화가 미친다는 주장은 말라기와 무관하다.

안상홍은 3차의 7개 절기를 지킴으로 하늘 성소에서 대제사장의 직무를 수행하고 있는 예수님과 교통하게 되고, 하나님은 절기를 지키는 그를 예수님을 통하여 축복한다고 주장한다. 과연 이 주장은 성경 몇 장, 몇 절에 근거를 두고 있는지 궁금하다.

과연 안상홍이 회복했다는 3차의 7개 절기가 이 정도의 위력과 권세가 있는 것일까?

그는 3차의 7개 절기를 지키는 자가 얻을 수혜(?)를 강조한 후 직접적인 성경 구절은 제시하지 않고 말라기 4:5~6만을 참고하라 한다.

말라기 선지자는 하나님께서 장차 엘리야와 같은 예언자를 보내겠다고 약속했다. 그리고 만약 자녀들이 그의 말을 듣고 돌이키지 않으면 그 땅을 저주로 칠 것이라 선언하셨다(말 4:5~6). 자기 자신을 엘리야를 표상하는 인물로 믿고 있는 안상홍[10]은 말라기의 예언을 인용하며 오늘날 자기가 회복했다는 3차의 7개 절기를 지키지 않으면 무시무시한 화가 미친다고 엄포를 놓는다.

이 주장이 정당하다면 그동안 일곱 절기를 지키지 않는 지구촌의 모든 교회와 성도들은 2천 년 동안이나 무시무시한 저주를 받아온 셈이다. 하지만 말라기가 예언했던 엘리야와 같은 선지자는 세례 요한을 가리킨다(마 17:13). 가브리엘 천사는 세례 요한의 부친 사가랴에게 조만간 그에게서 태어날 한 아기를 가리켜 엘리야의 심령과 능력으로 주 앞에 먼저 올 자로 고지했다(눅 1:17).

---

[10] 위의 책, 263.

성경은 말라기의 예언은 이미 세례 요한에게서 성취되었으며, 또 다른 인물에 의해 한 번 더 성취될 가능성을 열어두고 있지 않다. 따라서 세례 요한을 표상하지 못하는 안상홍의 3차의 7개 절기를 지키지 않아도 저주 받을 일은 없다.

셋째, 스가랴 14:16~19 절기를 지키면 성령을 선물로 주며, 지키지 않으면 재앙을 받는다고 말하지 않는다.

안상홍은 스가랴 14:16~19을 근거로 제시하며 절기를 지키는 모든 사람이 선물을 한 가지씩 받게 될 터인데 그것은 늦은 비 성령이라고 하고, 절기를 지키지 않으면 재앙을 받는다고 한다. 하지만 17절의 "비"로 번역된 게셈(גשם)을 성령으로 해석한 것은 오역이다. 비는 구약성경에서 종종 하나님의 은택을 상징(시 65:10; 84:6; 잠 16:15)한다. 하지만 성령을 가리키는 경우는 단 한 번도 없다.

구약에서 성령 즉 '여호와의 신'을 표기할 때는 반드시 '루아흐'(רוח)가 포함 된다(창 1:2; 삿 15:14; 삼상 11:6; 삼하 23:2; 사 61:1; 욜 2:28). 심지어 안상홍이 인용한 스가랴서의 저자도 성령을 '루히'(רוח)로 기록한다. 루히의 어근은 루아흐이다. 따라서 절기를 지키는 자에게 성령을 선물로 준다는 약속은 거짓말이다.

스가랴 14:18~19은 애굽이 과거에는 이스라엘을 가장 괴롭혔던 가시 같은 국가였으나 장차 여호와께 경배하기 위해 예루살렘으로 올라와서 이스라엘의 3대 절기 중 하나인 초막절을 지킬 것을 예언한다. 스가랴서의 중심 사상은 '여호와의 날'에 있다. 이날에는 이방의 모든 족속이, 특히 예루살렘을 친 국가들이 심판을 받게 된다는 사실과 그 가운데 남은 자들이 여호와를 경배하게 될 것을 예언한다.

이와 같은 스가랴서의 배경과 중심 주제를 간과하고 '절기'를 중심으로 이 구절을 해석하는 것은 적절하지 않다. 안상홍은 결코 성경을 바르게 해석하려는 데 목적을 두고 있지 않다. 오직 자기의 주장을 증명하려는데 만

목적을 두고 있다.

넷째, 무교절과 맥추절과 초막절이 성부 시대, 성자 시대, 성령 시대를 표상한다는 것은 성경적 근거가 없는 안상홍의 사견이다.

안상홍은 3차의 절기는 성부와 성자와 성령 시대를 표상한다는 독특한 주장을 한다. 무교절은 성부 시대, 맥추절은 성자 시대, 초막절은 성령 시대를 나타낸다고 한다. 무교절이 성부 시대를 표상하는 이유는 이날에 하나님께서 이스라엘 백성들을 애굽에서 인도하여 내셨기 때문이라고 설명한다.

그리고 맥추절이 성자 시대를 표상하는 이유는 소산물의 첫 열매를 드리는 초실절에 예수님께서 부활하여 잠자는 자의 첫 열매가 되었기 때문이라고 한다. 초막절이 성령 시대를 표상하는 이유는 성령 시대는 알곡 성도를 하늘 창고에 거두어들이는 시기인데, 초막절이 그러한 성격을 가지고 있다고 설명한다. 즉 초막절이 가을 추수와 연관된 시기이기이므로 추수의 의미를 담고 있는 성령 시대를 상징한다는 것이다. 하지만 이러한 논리는 개인적인 추론에 불과할 뿐 명확한 성경적 증거를 가지고 있지 못하다.

물론 유월절은 출애굽과 관계된 절기로 하나님의 놀라우신 구원 행위에 초점이 맞추어져 있다. 하지만 단순히 이러한 사실 하나로 유월절이 성부 하나님 시대를 표상한다는 것은 지나친 구체화이다. 이런 식으로 하자면 하나님의 놀라우신 구원 행위와 관련이 있는 모든 절기는 성부 하나님을 표상한다고 할 수 있다.

예를 들면 하나님의 놀라우신 은혜로 첫 곡물을 수확했던 초실절도 성부 하나님을 표상한다 할 수 있고, 하나님의 크신 은혜로 여름 추수가 끝난 것을 기념하는 오순절도 성부 하나님을 표상한다고 할 수 있고, 하나님의 놀라우신 은혜로 새해 첫날을 맞이하게 된 것을 감사하는 절기인 나팔절도 성부 하나님을 표상한다고 할 수 있다.

안상홍이 제창하는 교리들은 이처럼 코에 걸든, 귀에 걸든 그 어디에 걸어도 성립이 된다. 단순히 초실절의 '첫 열매'와 예수 부활의 성격을 표현한 잠자는 자들의 '첫 열매'를 공통 요소로 해서 초실절이 성자 하나님 시대를 상징한다는 주장 또한 단세포적 발상이다.

신약 시대를 상징하는 것이 어디 '부활'만 있겠는가?

이런 식의 논리라면 하나님이 인간이 되신 '성육신'도 신약 시대를 상징한다 할 수 있고, 그리스도의 '고난,' '희생,' '십자가'도 신약 시대를 상징한다 할 수 있다. 소위 코에 걸어도 되고 귀에 걸어도 무방하다. 성령의 사역을 '추수'라는 개념으로 한정 짓고. 추수의 절기인 초막절을 성령 하나님의 시대를 표상한다는 주장 또한 기가 막힌다.

성령을 왜 '추수'라는 개념으로만 한정 짓는가?

오히려 보혜사 성령의 특징적 사역은 가르치고 깨닫게 하고 견인하는 사역이다(요 14:26). 하나님의 백성들을 견인하시는 성령의 주된 사역을 '추수'로만 개념 짓는 것은 작위적이다. 명확하지 않은 연관성을 바탕으로 어떤 사실을 증명하려는 시도는 성경을 오역하는 대표적 사례이다.

안상홍은 봉함되어 공개되지 않은 일곱 우레가 발한 소리를 가리켜 3차의 7개 절기라고 확정한다. 그리고 일곱 우레의 소리를 요한계시록 5장의 두루마리와 동일시하고, 그 두루마리를 취했던 어린 양이 일곱 우레 소리의 비밀을 개봉한다고 주장한다. 그리고 이 어린양을 암행어사와 동일시한 후 자기가 마침내 일곱 우렛소리의 비밀을 계시한 최종 계시자로 등장한다. 그것도 모자라 3차의 7개 절기 중 유월절, 초실절, 초막절을 구약 시대, 신약 시대, 성령 시대를 표상한다는 황당한 주장까지 곁들인다. 안상홍을 하나님이 마지막 때 보낸 암행어사로 받아들이는 사람은 이러한 해석이 톱니바퀴처럼 맞아 들어간다고 생각할지 모르지만, 상식적인 판단을 잃지 않는 사람은 현혹되지 않는다.

다섯째, 안상홍 하나님의교회가 절기를 지키려면 나머지 율례들도 모두 지켜야 정상이다.

안상홍 하나님의교회가 출애굽기와 레위기에 집중적으로 수록된 그 수많은 율법 중에 유독 3차의 7개 절기만 강조하는 것은 형평성에 맞지 않는다.

수많은 규례 중에 왜 3차의 7개 절기만을 지켜야 하는가?

왜 어느 규례는 도외시하고 어느 규례는 지켜야 하는가?

안상홍 하나님의교회가 절기를 지키려면 날짜뿐 아니라 하나님이 정한 방법대로 정확하게 지켜야 한다. 안식일, 유월절, 무교절, 초실절, 오순절, 나팔 절, 속죄일, 초막절의 규례와 절차도 실질적으로 따라야 한다. '새 언약 유월절'이란 교리를 만들어서 유월절은 성만찬으로 대체되었다고 하지만 나머지 여섯 개 절기는 하나님이 명한 방법대로 준수해야 한다.

안상홍 하나님의교회는 초실절에 수양을 번제로 드리고, 감람 기름을 섞은 밀가루와 포도주를 바쳐야 한다(레 23:12~13). 오순절에는 일 년 된 흠 없는 어린 양 일곱 마리와 수송아지 한 마리와 수양 두 마리를 바쳐야 한다(레 23:18). 초막절에도 수송아지와 숫양을 바쳐야 한다(민 29:12~38). 또 하나님이 명하신 나머지 율례들도 모두 지켜야 한다. 영원한 언약인 할례(창 17:13)도 행해야 하고, 번제, 소제, 화목제, 속죄제, 속건제를 드려야 하고, 레위기의 음식 규정도 세세히 지켜야 한다.

야고보는 모든 규례를 다 지키다가 하나만 빼 먹어도 율법을 모두 범한 자가 된다고 한다(약 2:10). 절기를 지키려면 정확하게 지켜야 하고, 절기를 지킨다면 절기를 포함한 모든 율례를 모두 준수해야 한다. 구약 시대의 율법은 차별이 없으며 냉정하다. 절기는 지켜야 하고, 제사법은 지키지 않아도 된다는 규정이 없다. 이스라엘 백성들에게는 어느 것은 지켜야 하고, 어느 것은 지키지 않아도 된다는 것이 없었다.

그런데 안상홍 하나님의교회는 구약의 절기를 지키면서 왜 구약의 제사법을 포함한 나머지 율례들은 지키지 않는가?

여섯째, 모세가 시내 산에서 받은 율법은 구약 시대의 이스라엘 백성에게만 적용된다.

과연 구약의 절기가 이처럼 오늘날의 기독교인들에게도 여전히 유효한가?

결론부터 말하자면 구약의 절기를 포함한 모든 율법은 이스라엘 백성들에게 해당하였던 것이며, 오늘날의 기독교인은 절대로 지켜서는 안 된다.

하나님께서 이스라엘 백성이 출애굽 한 후 시내 광야에 머무는 동안, 모세를 중보자로 세워 여러 율례를 주시면서 그들과 언약을 맺으셨다(출 24:1-8). 소위 '시내 산 언약'이다. 이 언약은 하나님께서 애굽에서 신음하는 이스라엘 백성의 고통을 듣고(출 2:24; 6:5; 신 9:5) 아브라함과 맺은 약속을 기억하신 언약이다. 시내 산 언약은 이스라엘이 하나님의 언약의 백성이 되고, 하나님은 이스라엘 백성의 하나님이 되는, 이스라엘 전 역사 가운데 가장 의미 있는 언약식이었다.

시내 산 언약이 체결된 후로는 이스라엘은 하나님께서 아브라함에게 언약하셨던 대로 '큰 민족'(창 12:2)이 되고, '강대한 나라'(창 18:18)가 되고, '복의 근원'(창 18:8)이 된다. 하나님께서 이스라엘 백성과 시내 산 언약을 체결하기 위해 모세를 처음 부르셨을 때 "너는 이같이 야곱의 집에 말하고 이스라엘 자손들에게 말하라"(출 19:3)고 하심으로 이 언약의 대상이 누구인지를 정확하게 지정하셨다. 이는 이 언약의 대상이 이스라엘 백성 전체임을 분명히 나타낸다.

하나님은 언약의 백성들이 준수해야 할 규례들을 모세를 통해 주셨다. 그 법들은 각종 사회 규범, 도덕 규범, 신앙 규범(출 21:1~31:18) 등이며 각종 제사법, 제사장과 관련된 법, 성결법, 가나안 정착 이후 지켜야 할 법, 서원에 관련된 법 그리고 각종 절기에 관련된 규례들 즉 안식일, 유월절, 무교절, 초실절, 오순절, 나팔절, 속죄일, 초막절에 관한 규례 등이었다(레 1:1~27:34).

이 모든 규례를 받은 모세는 시내 산 아래에 단을 쌓고, 희생의 피를 뿌린 후, 하나님께 받은 규례들을 기록한 언약서를 낭독했고(출 24:4~7) 백성들은 "여호와의 모든 말씀을 우리가 준행 하리이다"라고 서원했다. 모세는 이스라엘 백성에게 피를 뿌리면서 이것은 여호와께서 너희 이스라엘과 세우신 언약의 피라고 선포함으로, 마침내 시내 산 언약이 체결되고 (출 24:7~8) 이스라엘 백성은 언약의 백성이 된다. 이 율법이 오늘날 현대인에게도 적용되어야 하는가에 대한 논의는 이 '시내 산 언약'으로부터 출발해야 한다. 신구약성경은 율법과 규례를 언급할 때 마다 항상 이스라엘에게 적용한다.

> 아론과 그의 아들들로 회막 안 증거궤 앞 휘장 밖에서 저녁부터 아침까지 항상 여호와 앞에 그 등불을 보살피게 하라 이는 이스라엘 자손이 대대로 지킬 규례이니라(출 27:21).

> 또 나 여호와가 모세를 통하여 모든 규례를 이스라엘 자손에게 가르치리라(레 10:11).

> 이것은 여호와께서 시내 산에서 자기와 이스라엘 자손 사이에 모세를 통하여 세우신 규례와 법도와 율법이니라(레 26:46).

> 이는 너희가 영원히 지킬 규례라 이스라엘 자손의 모든 죄를 위하여 일 년에 한 번 속죄할 것이니라 아론이 여호와께서 모세에게 명령하신 대로 행하니라(레 16:34).

> 이는 여리고 맞은편 요단가 모압 평지에서 여호와께서 모세를 통하여 이스라엘 자손에게 명령하신 계명과 규례니라(민 36:13).

> 이스라엘아 이제 내가 너희에게 가르치는 규례와 법도를 듣고 준행하라 그리하면 너희가 살 것이요 너희 조상의 하나님 여호와께서 너희에게 주

시는 땅에 들어가서 그것을 얻게 되리라(신 4:1).

모세가 온 이스라엘을 불러 그들에게 이르되 이스라엘아 오늘 내가 너희의 귀에 말하는 규례와 법도를 듣고 그것을 배우며 지켜 행하라(신 5:1).

그 날부터 다윗이 이것으로 이스라엘의 율례와 규례를 삼았더니 오늘까지 이르니라(삼상 30:25).

이제 내가 나의 하나님 여호와의 이름을 위하여 성전을 건축하여 구별하여 드리고 주 앞에서 향 재료를 사르며 항상 떡을 차려 놓으며 안식일과 초하루와 우리 하나님 여호와의 절기에 아침 저녁으로 번제를 드리려 하오니 이는 이스라엘의 영원한 규례니이다(대하 2:4)

그 때에 네가 만일 여호와께서 모세를 통하여 이스라엘에게 명령하신 모든 규례와 법도를 삼가 행하면 형통하리니 강하고 담대하여 두려워하지 말고 놀라지 말지어다(대하 22:13)

만일 이스라엘 사람이 내가 명령한 일들 곧 모세를 통하여 전한 모든 율법과 율례와 규례를 지켜 행하면 내가 그들의 발로 다시는 그의 조상들에게 정하여 준 땅에서 옮기지 않게 하리라 하셨으나(대하 33:8).

건축자가 여호와의 성전의 기초를 놓을 때에 제사장들은 예복을 입고 나팔을 들고 아삽 자손 레위 사람들은 제금을 들고 서서 이스라엘 왕 다윗의 규례대로 여호와를 찬송하되(스 3:10).

에스라가 여호와의 율법을 연구하여 준행하며 율례와 규례를 이스라엘에게 가르치기로 결심하였었더라(스 7:10).

이는 이스라엘의 율례요 야곱의 하나님의 규례로다 (시 81:4).

그가 그의 말씀을 야곱에게 보이시며 그의 율례와 규례를 이스라엘에게 보이시는도다(시 147:19).

군주의 본분은 번제와 소제와 전제를 명절과 초하루와 안식일과 이스라엘 족속의 모든 정한 명절에 갖추는 것이니 이스라엘 족속을 속죄하기 위하여 이 속죄제와 소제와 번제와 감사 제물을 갖출지니라(겔 45:17).

그 후에 유대인의 명절이 되어 예수께서 예루살렘에 올라가시니라(요 5:1).

마침 유대인의 명절인 유월절이 가까운지라(요 6:4).

유대인의 명절인 초막절이 가까운지라(요 7:2).

이처럼 성경은 모세가 받은 율례와 법도를 준수할 대상은 언약의 백성, 이스라엘 백성으로 한정한다. 이러한 맥락을 가진 절기를 오늘날 지구촌에 사는 모든 기독교인에게 적용해야 한다는 것은 타당하지 않다.

구약과 신약의 근본적인 차이는, 옛 언약인 율법은 이스라엘이라는 국가 안에서 구체화된 반면 새 언약인 복음은 우주적인 교회 안에서 구체화한다. 율법이 복음 안에서 성취된 이 구약과 신약의 관계를 간과하면 또 다른 안상홍은 계속 나오게 된다.

일곱째, 구약의 절기를 포함한 율법은 실체이신 예수 그리스도가 오기까지 그림자였다.

안상홍은 구약성경만을 인용하면서 절기 준수를 정당화한다. 그러나 신약성경에는 안식일과 절기를 지킬 필요가 없음을 명시하고 있으며(골 2:16;

롬 14:6; 갈 4:10~11), 육체적인 할례는 중요하지 않다고 하며(빌 3:1~11), 아무 음식이든 감사함으로 먹으라 한다(딤전 4:1~3; 히 13:9). 즉 신약은 절기를 포함한 율법을 지킬 필요가 없다고 가르친다.
왜 구약성경과 신약성경이 이렇게 큰 차이를 보이는가?
안상홍은 이러한 경우 무조건 신약을 따라야 한다고 강조했다.

> 구약은 신약이 완성됨으로 무용지물이 된다는 말이다. 그러므로 구약에 수건 쓰라고 한 예언이 있다 해도 신약에 수건 쓰라고 한 말이 없으면 우리는 수건 쓸 필요가 없고, 구약에 수건 쓰면 죽는다고 할지라도 신약에 수건 써야 한다면 수건 쓰는 것이 옳은 일이다.
> 그렇지 않으면 구약에 안식일에 불도 때지 말라고 한 그대로 안식일에 불을 안 때야 할 것이며 안식일 범하면 죽인다고 하였으니(출 31:15; 35:3 참고) 오늘날에도 안식일 범하는 사람은 다 죽어야 하지 않겠는가?
> 구약의 예언이 신약에 없다면 우리에게는 아무런 상관이 없다.[11]

안상홍은 "구약은 신약이 완성됨으로 무용지물이 된다"고 하였고 "구약의 예언이 신약에 없다면 우리에게는 아무런 상관이 없다"라고 했다. 그러한 그가 신약의 가르침을 도외시한 채 여전히 구약의 일곱 절기를 지켜야 한다고 강조한다. 이는 그가 성경을 얼마나 자기 입맛에 맞게 사용하는지 잘 보여준다.

구약과 신약의 이러한 차이는 신약은 구약이 그리스도 안에 있는 약속을 증거하는 것임을 밝히는 것을 통해서 해결된다. 바울은 갈라디아서 3:24~25에서 이를 가장 잘 표현했다.

이같이 율법이 우리를 그리스도께로 인도하는 초등교사가 되어 우리가 믿

---

11 안상홍, 『새 예루살렘과 신부 여자들의 수건 문제』, 55.

음으로 말미암아 의롭다 함을 얻게 하려 함이라. 믿음이 온 후로는 우리가 초등교사 아래에 있지 아니하도다(갈 3:24~25).

여기서 율법을 지칭하는 초등교사는 주인의 자녀를 가르치는 가정교사를 말한다. 율법은 실체이신 예수 그리스도가 오기 전까지, 연약한 아이를 그리스도에게로 인도하는 가정교사 역할을 했다. 그런데 마침내 실체이신 예수 그리스도가 오셨다. 그렇다면 아이는 더 이상 가정교사 아래에 있을 필요가 없어졌다. 그러므로 절기와 안식일과 음식 규정 등은 지킬 의무가 없어졌다(골 2:16; 롬 14:6; 갈 4:10~11). 목적지에 도착한 사람에게 이정표는 더 이상 필요하지 않다.

이와 비슷한 또 다른 표현이 히브리서 10:1~3에 등장한다.

율법은 장차 올 좋은 일의 그림자일 뿐이요 참 형상이 아니므로 해마다 늘 드리는 같은 제사로는 나아오는 자들을 언제나 온전하게 할 수 없느니라. 그렇지 아니하면 섬기는 자들이 단번에 정결하게 되어 다시 죄를 깨닫는 일이 없으리니 어찌 제사 드리는 일을 그치지 아니하였으리요(히 10:1~3).

모세의 율법이 그 유효성에 있어서 절대적인 것으로 간주할 수 없는 이유는 그것이 실체가 아니라 그림자이기 때문이다. "장차 올 좋은 일"이란 예수 그리스도를 지칭하는 표현이다. 구약의 제사나 절기는 예수 그리스도를 나타내기 위한 예표였다는 것이다. 유월절에는 어린양을 잡아 그 피를 문설주와 인방에 발랐다(출 12:7). 그 피를 바른 이스라엘 백성의 집은 하나님이 보낸 죽음의 천사가 넘어가 버렸다(출 12:13~14).

유월절을 과월절이라고 부르는 이유는 '통과' 즉 하나님이 '넘어가심'으로 재앙을 면하게 되었기 때문이다. 유월절 어린 양의 실체이신 예수 그리스도가 오셨다. 그리고 자신의 피로 영원한 저주와 죽음을 과월 즉 통과시켜버렸다. 오늘날 기독교인이 유월절을 지킬 필요가 없는 이유는 이 유월절은 이 실체를 나타내는 그림자였고, 마침내 이 실체가 오셨으며, 그리고 이 실체를 믿음으로 저주와 죽음이 우리를 통과해 버렸기 때문이다.

그러므로 유월절은 그 임무를 다했고 지금은 더 이상 유효하지 않다. 예수 그리스도가 오시기 전까지는 이스라엘 백성들은 유월절을 지켰다. 예수 그리스도를 인정하지 않는 현대의 유대교도 여전히 유월절을 지킨다. 하지만 인류의 죄를 과월 시키신 예수 그리스도를 믿는 기독교인들은 유월절을 포함한 구약의 모든 절기를 지켜서는 안 된다. 구약의 율법은 그림자였다.

여덟째, 신약성경은 기독교인이 구약의 절기를 지키는 것을 금하고 있다.

바울은 예수를 믿어도 구약의 할례와 절기를 지켜야 한다고 주장하며 분쟁을 야기했던 갈라디아 교인들에게 경고한다.

> 만일 의롭게 되는 것이 율법으로 말미암으면 그리스도께서 헛되이 죽으셨느니라. 어리석도다 갈라디아 사람들아 예수 그리스도께서 십자가에 못박히신 것이 너희 눈 앞에 밝히 보이거늘 누가 너희를 꾀더냐. 내가 너희에게서 다만 이것을 알려 하노니 너희가 성령을 받은 것이 율법의 행위로냐 혹은 듣고 믿음으로냐(갈 2:21~3:2).

그리스도의 십자가를 믿으면서도 율법을 준수해야 한다고 가르치는 일부 갈라디아 교인들에게 "어리석도다"라는 과한 표현을 한다. 왜냐하면, 그들은 예수님이 지신 십자가를 '헛되이,' 즉 쓸데없는 수고를 한 것으로 만드는 사람들이기 때문이다.

바울은 갈라디아서 4:10~11에서 "너희가 날과 달과 절기와 해를 삼가 지키니 내가 너희를 위하여 수고한 것이 헛될까 두려워하노라"며 율법 준수를 주장하는 갈라디아 교인들을 또 지적한다.

"날"에 해당하는 '헤메라스'(ἡμέρας)는 유대인들이 전통적으로 지켜왔던 안식일을 가리키고 "달"로 번역된 '메나스'(μῆνας)는 달의 반복적 운행과 관련 있는 아빕월(출 13:4)과 시브월(왕상 6:1)등을 의미한다. 절기에 해당하는 '카이루스'(καιροὺς)는 율법이 규정하는 유대인의 절기들이다. 안상홍이 말하는 3차의 7개 절기이다. 이러한 것들을 지금도 지켜야 한다고 주장하는 것은 복음을 수포로 만드는 행위라고 지적한다.

바울은 갈라디아서 4:21~31에서는 복음과 율법의 차이를 사라와 하갈에게 난 이삭과 이스마엘과 이 두 사람의 운명을 들어 설명한다. 이스마엘이 이삭을 핍박한 것을 율법주의자들이 이 복음을 핍박하는 것으로 설명하며 그리스도인들이 다시는 율법의 종이 되지 말 것을 촉구한다.

바울은 이 문제에 대해 갈라디아서 5:1에서 "그리스도께서 우리를 자유롭게 하려고 자유를 주셨으니 그러므로 굳건하게 서서 다시는 종의 멍에를 메지 말라"며 더욱 강한 어조로 교훈한다. 여기서 "종"은 율법을 가리킨다. 이미 믿고 자유 함을 얻은 그리스도인은 다시 율법의 멍에를 멜 필요가 없다는 것이다. 베드로 역시 이러한 멍에에 관해서 말한다(행 15:10). 베드로는 그리스도인들이 "능히 메지 못하는 멍에" 곧 수많은 규례를 포함한 구약의 율법의 멍에를 멜 필요가 없다고 지적한다.

바울은 골로새서 2:14~16에서 다음과 같이 교훈한다.

> 우리를 거스르고 불리하게 하는 법조문으로 쓴 증서를 지우시고 제하여 버리사 십자가에 못 박으시고 통치자들과 권세들을 무력화하여 드러내어 구경거리로 삼으시고 십자가로 그들을 이기셨느니라 그러므로 먹고 마시는 것과 절기나 초하루나 안식일을 이유로 누구든지 너희를 비판하지 못하게 하라(골 2:14-16).

여기서 "법조문"으로 번역된 "도그마신"(δόγμασιν)은 법조문으로 쓴 증서인 율법을 가리킨다. 여기서 흥미로운 것은 율법을 "우리를 거스르고 불리하게 하는 법조문"이라고 표현한다. 그리고 이것을 예수님께서 십자가에 못 박고 지우고 제하여 버렸다고 천명한다. 신약성경은 예수 그리스도의 십자가 사건을 가리켜 율법을 십자가에 못 박은 사건으로 해석한다. 이는 십자가를 통해서 율법의 효력과 의미는 무효가 되고 제하여졌다는 뜻이다. 그러므로 성경은 "먹고 마시는 것과 절기나 초하루나 안식일을 이유로 누구든지 너희를 비판하지 못하게 하라"고 권고한다. 먹고 마시는 것은 음식에 대한 율법의 정결 규례를 가리킨다.

"절기나 초하루나 안식일"은 유대인들이 전통적으로 지켜왔던 모든 '절기의 날'에 대한 총체적 표현이다. 이 절기는 유대인들이 1년 동안 지키는 일곱 절기이다. 안상홍의 용어로 하자면 3차의 7개 절기이다. 성경은 이러한 유대인의 절기들은 이미 십자가에서 제하여졌으므로 절기 준수의 여부에 대한 시비는 옳지 않은 것이라고 선포한다.

제9장

시한부 종말론 교리 해부하기

1. 종말의 시기와 때

1) 안상홍 하나님의교회의 주장

> 그러나 그 날과 그때는 아무도 모르나니 하늘의 천사들도, 아들도 모르고 오직 아버지만 아시느니라. 노아의 때와 같이 인자의 임함도 그러하리라. 홍수 전에 노아가 방주에 들어가던 날까지 사람들이 먹고 마시고 장가들고 시집가고 있으면서 홍수가 나서 저희를 다 멸하기까지 깨닫지 못하였으니 인자의 임함도 이와 같으리라(마 24:36-39).

아들도 모르고 오직 아버지만 아시느니라 하셨는데 아들이신 예수님의 근본을 연구하자면 아들이나 아버지는 한 분이시다.

너희 안에 이 마음을 품으라 곧 그리스도 예수의 마음이니 그는 근본 하나님의 본체 시나 하나님과 동등 됨을 취할 것으로 여기지 아니하시고 오히려 자기를 비어 종의 형체를 가져 사람들과 같이 되었고 사람의 모양으로 나타나셨으매 자기를 낮추시고 죽기까지 복종하셨으니 곧 십자가에 죽으심이라(빌 2:5-8).

예수님이 근본 하나님의 본체이시면 하나님이 아시는 것은 예수님도 알게 되어있다.

나와 아버지는 하나이니라 하신 대 아들도 모르고 아버지만 아시느니라 (요 10:30).

이 말씀은 1,900여 년 전 육체로 오셨을 때는 아들도 모르시게 되어있었다. 그러나 끝 날에 가서는 사랑하시는 당신 백성들에게 알려 주어야 할 약속의 시기에 와서는 아버지만 아시는 그날을 아들에게 주어서 선포하게 하시고 마지막 심판을 내리시게 할 것이다.[1]

지금부터 칠일이면, 내가 사십 주야를 땅에 비를 내려 나의 지은 모든 생물을 지면에서 쓸어 버리리라(창 7:4).

노아에게는 분명히 알려 주셨다. "인자의 임함도 이와 같을 것이다" 하셨으니 마지막 최후의 심판 때에도, 구원받을 성도들에게는 그 날과 그때를 분명하게 가르쳐 주시고 임하시게 될 것이다.

여호와께서는 자기의 비밀을 그 종 선지자들에게 보이지 아니하시고는 결코 행하심이 없으시리라(암 3:7).[2]

---

1 안상홍, 『하나님의 비밀과 생명수 샘』, 8.
2 위의 책, 8-9.

'종말의 시기와 때'에 대한 안상홍 하나님의교회의 주장

① 예수님은 종말의 때는 자기는 모르고 하나님 만 안다고 했다.
② 빌립보서 2:5~8과 요한복음 10:30에 의하면 예수님과 하나님은 하나이기 때문에 끝 날에는 예수님도 종말의 날을 알게 된다.
③ 창세기 7:4과 아모스 3:7에 의하면 하나님은 끝 날에 기서는 자기의 비밀을 선지자에게 알게 한다.

2) 성경적 해석

첫째, 예수님과 하나님은 동일한 하나님이지만, 예수님은 종말의 때는 하나님만 아신다고 했다.

안상홍은 예수님이 종말의 때에 관해 자기는 모르고 오직 하나님만 안다고 했지만, 마지막 때 가면 하나님이 예수님에게 알게 한다고 주장하며, 빌립보서 2:5~8과 요한복음 10:30을 그 근거로 제시한다.

과연 이러한 주장이 어디까지 사실일까?

빌립보서 2:5~8은 예수님은 태초부터 선재하셨던 하나님으로서, 본질상 성부 하나님과 동일한 존재임을 나타낸다. 요한복음 10:30도 이러한 사실을 보고한다.

과연 이것이 예수님이 결국에는 종말의 날짜를 알게 된다는 안상홍의 주장과 무슨 관계가 있을까?

지나친 추리이며 상상이다.

둘째, 창세기 7:4과 아모스 3:7은 종말의 때를 사람도 알게 된다는 사실을 말하지 않는다.

더 나아가서 안상홍은 하나님께서 끝 날에 가서는 사랑하시는 당신 백성들에게도 종말의 날과 때를 알게 한다고 주장한다. 이 주장의 정당성을 창세기 7:4과 아모스 3:7을 근거로 제시한다. 창세기 7:14은 하나님께서 노아에게 7일 후에 밤낮 비를 내려 창조한 모든 생물을 지상에서 쓸어버릴 것을 말씀하셨다.

이 이야기를 통해서 하나님께서 오늘날에도 재림의 때를 선지자에게는 알린다고 주장한다. 이러한 하나의 사례를 가지고 오늘날에도 그와 꼭 같은 일이 일어난다고 단정 짓는 것은 대단히 성급하다.

성경을 그런 식으로 이용하자면 모세를 반역한 고라 일당이 죽은 사례(민 26:9~10)를 들어 오늘날에도 누구든지 교회 지도자에게 대항하면 하나님이 그를 죽여 버린다고 적용할 수 있고, 헌금을 속인 아나니아, 삽비라 부부가 죽은 사례(행 5:1~5)를 들어 오늘날에도 작정 헌금 약속을 지키지 못하면 즉사한다고 적용할 수 있다.

또 느부갓네살의 꿈을 해석한 다니엘의 사례(단 2:31~35)를 들어 하나님은 오늘날에도 꿈을 해몽할 전담자를 세운다고 적용할 수 있고, 초대교회 성도들이 자기 재산과 소유를 팔아, 가난한 사람들에게 나누어 준 사례(행 2:44~45)를 들어 오늘날 성도도 그렇게 하지 않으면 성경을 어긴 것이라 적용할 수 있다.

마찬가지로 하나님께서 모세에게 7일후 홍수가 내릴 것을 가르쳐 주었다고 해서 오늘날에도 하나님께서 종말의 날짜를 선지자에게 알린다고 적용하는 것은 과도한 일반화이다. 안상홍은 아모스 3:7도 이런 식으로 자기에게 대입한다.

아모스 3:7의 "하나님께서 자기의 비밀을 그 종 선지자들에게 보이지 아니하시고는 결코 행하심이 없으시리라"는 말씀은 수많은 사이비 교주들이 자기가 성경 해석의 전권을 가지고 있고, 종말의 비밀을 알고 있는 선지자로 자처하는데 큰 무기로 삼았던 구절이다.

아모스 3장은 아모스가 북이스라엘 백성들을 향하여 강도 높은 심판의 메시지를 전하는 내용이다. 사자가 먹잇감이 눈앞에 있을 때 으르렁거리듯이 하나님의 심판의 대상인 북이스라엘도 그러한 먹잇감에 비유한다

(4절). 북이스라엘 백성들이 하나님의 심판 덫에 걸려든 새처럼, 다시는 회복되지 못할 엄청난 화를 당할 것을 선포한다(5절).

아모스는 하나님의 심판 메시지를 전해야 하는 자신의 선지자 사역을 성읍의 주민들에게 대적의 침입을 알리는 나팔수의 사명에 비유한다(6절). 그리고 이어진 7절에서 하나님은 아무런 경고조치 없이 심판을 단행하는 분이 아니며 먼저 심판의 사실을 선지자들에게 보여주고 경고하게 하신 후, 행하신다고 설명한다.

여기서 '하나님의 비밀'은 북이스라엘을 심판한 내용이다. 아모스는 자신이 선포하고 있는 심판의 기원이 하나님에게 있음을 밝힌다. 하나님은 북이스라엘을 심판의 대상으로 정하셨고 그 심판의 내용을 아모스를 통해 전하게 하셨다.

아모스 3:7의 역사적 배경과 문맥을 건너뛰면, 이 구절을 통해서 하나님께서 특별한 사람에게는 자신의 특별한 비밀을 알려준다고 믿는 사람들이 나타난다. 이러한 해석이 화근이 되면 시한부 종말론이 득세하게 된다. 지난 수 세기 동안 천차만별의 종교 집단의 교주들이 창세기 7:4과 아모스 3:7을 이런 식으로 해석하여 자기 자신을 시대의 마지막 계시자로 등장하였다. 그중에 한 명이 안상홍이다. 그는 종말의 해를 1988년과 2012년으로 두 번 지목한 적이 있다. 이는 자기가 성경의 권위를 보충하겠다는 오만한 주장이었다.

2. 1988년 종말설

1) 안상홍 하나님의교회의 주장

예수님이 이 예루살렘에 대하여 예언하셨다.

> 무화과나무의 비유를 배우라 그 가지가 연하여지고 잎사귀를 내면 여름이 가까운 줄을 아나니 이와같이 너희도 이 모든 일을 보거든 인자가 가까이 곧 문 앞에 이른 줄 알라(마 24:32-34).

그런데 이 무화과나무의 비유는 왜 하셨으며 또 무화과나무는 무엇을 가리키고 있는가?

대게 나라마다 짐승이나 혹은 나무로 표상하기도 한다. 일본은 벚꽃 나무로 표상하고, 한국 나라는 무궁화로 표상하듯이 이스라엘 나라는 무화과나무로 표상되어 있다. 그런데 이 나라는 1948년에 독립하여 지금 가지가 연하여지고 잎이 무성한 시기에 놓여있다. 그러면 인자가 가까이 곧 문 앞에 이른 줄 알라 하셨으니 우리는 여기서 좀 더 확실한 것을 알아야 할 것이다.

이스라엘 나라는 위에서 언급한 바와 같이 40년 만에 큰 변화가 여러 번에 걸쳐서 생기곤 하였으니, 위의 역사는 종말에 나타날 것을 정확하게 보여 주는 것이라고 확신하겠다.

그렇다면 1948년에 이스라엘 나라가 독립하였으니 40년이 지나면 1988년이 된다.

그때 과연 지구의 종말이 올 것인가?

아니면 옛날의 역사와 같이 이스라엘 나라가 약간의 변동만 있고 말 것인가?

예수께서 말씀하시기를 그 가지가 연하여지고 잎사귀를 내면 여름이 가까운 줄 아나니 이처럼 너희도 이 모든 일을 보거든 인자가 가까이 곧 문 앞에 이른 줄 알라 하셨으니 분명코 그때가 끝 날이 될 것이다.³

서기 1988년에 대해 예언자는 나뿐 아니라 지상 최대의 대예언의 저자 할 린제이가 서기 1988년이 세상 끝이라고 하였고, 『세계정부와 666』 책 191페이지에도 1988년경에 끝나리라 하였고, 그 책 후면에도 그리스도는 1988년쯤 다시 오신다의 저자 콜린디일이라고 하였고, 유대인 유리겔라 씨도 1988년을 지구 인류 역사의 대전환기의 시점으로 본다고 주장했다고 「주간경향」에 발표하였다. 그 외에도 서기 1988년에 대해 예언자가 수십 명에 달하고 있다.⁴

'1988년 종말설'에 대한 안상홍 하나님의교회의 주장

① 마태복음 24:32~34의 무화과나무 비유는 이스라엘이 1948년 독립할 것을 예언하였다.
② 이스라엘은 40년마다 큰 변수가 생겼으므로 1948년에서 40년이 지난 1988년에 지구의 종말이 온다.
③ 수많은 예언자도 1988년에 지구 종말이 온다고 했다.

2) 성경적 해석

첫째, 마태복음 24:32~34은 예수께서 종말의 징조를 말한 것이며, 이스라엘의 독립과 아무 관계 없다.

안상홍은 『하나님의 비밀과 생명수 샘』의 1-5에서 '40일'과 '40년'이

---

3 위의 책, 5-7.
4 안상홍, 『신랑이 더디 오므로 다 졸며 잘새』, 9.

라는 숫자가 나오는 성경 구절을 선택하여 나열한 후, 숫자 '40'에 대한 나름의 정의를 한다. "이스라엘 나라는 위에서 언급한 바와 같이 40년 만에 큰 변화가 여러 차례 생기곤 하였으니, 위의 역사는 종말에 나타날 것을 정확하게 보여주는 것"[5]이라고 하며 '40'을 종말의 시기와 관련된 숫자로 전제해 놓는다.

즉, 숫자 40에는 종말의 때를 알아낼 수 있는 코드(code)가 숨어 있다는 것이다. 그리고 40을 마태복음 24:32~34의 무화과나무의 비유와 연결한다. 무화과나무는 이스라엘을 표상하는 나무이므로 이스라엘을 의미하고, "가지가 연하여지고 잎사귀를 내면 여름이 가까운 줄을 아나니"를 1948년에 이루어진 이스라엘의 독립을 의미한다고 해석한다.

그리고 여기에 40을 대입한다. 이스라엘 나라는 40년마다 국가적으로 큰 변수가 생겼기 때문에 1948년에 40년을 더한 1988년에 또 하나의 큰 사건이 생기는데, 그것이 '종말'이라고 주장한다. 그리고 1988년이 종말의 해라고 단정했다. 여기에 1988년 종말설을 주장했던 예언자들의 이름을 거론하며 자기의 종말설을 더욱 강화해 나갔다.

예수님이 무화과나무의 비유를 설명하실 때 과연 이스라엘의 독립을 염두에 두셨을까?

마태복음 24장은 예루살렘 성전이 파괴될 시기와 징조, 그리고 종말의 징조에 대한 제자들의 질문에 예수님께서 답하신 내용이다.

예수님은 예루살렘 성전이 돌 하나도 돌 위에 남지 않고 다 무너지기 전의 징조로 거짓 그리스도의 출현, 난리와 난리의 소문, 민족과 민족, 나라와 나라 간의 대적, 기근, 지진, 핍박, 불법, 멸망의 가증한 것이 거룩한 곳에 서는 것, 거짓 재림주의 출현 등이 있을 것을 예언하셨다(4~28절). 이어서 종말의 징조로 천재지변과 자신의 재림을 예언하셨다(29~31절). 마태복음 24:32~34은 이와 같은 배경과 문맥 속에서 읽고 해석해야 한다.

---

[5] 안상홍, 『하나님의 비밀과 생명수 샘』, 7.

예수님은 먼저 "무화과나무의 비유를 배우라"(마 24:32)고 하셨다. 여기서 무화과나무는 이스라엘을 상징하는 나무가 아니다. 이스라엘의 국목은 감람나무이다. 안상홍의 시한부 종말론은 여기서부터 빗나간다. 무화과나무에서 잎사귀가 돋아나 커지기 시작하면 그때가 늦봄에서 초여름으로 넘어가는 계절이라는 사실은 지중해성 기후에서 항상 반복되는 자연법칙이다. 무화과나무가 잎사귀를 내는 것은 여름을 알리는 징조이다.

그러므로 사람들은 이를 보고 여름이 다가오고 있음을 알게 된다. 예수님은 그렇듯이 "너희도 이 모든 일을 보거든 인자가 곧 문 앞에 이른 줄 알라"(마 24:33)고 하셨다. 여기서 이 "모든 일"은 예루살렘 성전이 파괴되기 전 징조로 열거한 것들과 종말의 징조를 가리킨다. 이러한 징조들이 예루살렘 성전 파괴와 종말이 임박했음을 알리는 잣대(barometer)가 된다는 말씀이다.

안상홍의 말대로 무화과나무가 이스라엘을 의미한다면 마태복음 21:19에서 예수님이 영원토록 열매 맺지 못할 것이라며 저주한 무화과나무에 대해서는 어떻게 해석해야 할까?

과연 예수님께서 이스라엘의 영원한 멸망을 선언한 것이었을까?

무화과나무는 예수님의 '종말론 강의'에서, 청중들의 이해를 돕기 위해 사용된 일종의 자료였다. 이 나무는 이스라엘을 상징하지 않는다. 잎이 돋아나 커지는 것도 1948년 이스라엘의 독립은 무관하다. 이러한 해석은 지나친 알레고리이다.

둘째, 안상홍이 성경으로부터 도출한 40과 1948과 1988은 서로 아무 관련 없다.

안상홍은 자기의 사견을 정당화하기 위해 40이 나오는 몇 개의 구절을 선택적으로 인용하여 이스라엘의 역사 속에서 일어난 큰 사건의 주기를 40년으로 전제한다. 그리고 이 40년과 연결할 고리를 마태복음 24:32~34을 통해서 만든다. 문맥과 문장을 왜곡하여 이 구절을 저자의 의도와 전혀 상관없는 이스라엘 독립'으로 해석한다.

그리고 이 사건이 있었던 '년도'와 앞서 전제로 설정한 40을 대입해서 마침내 '세상 이 끝날 해'를 산출해 내었다. 안상홍은 성경을 귀에 걸어 귀걸이로도 만들고, 코에 걸어 코걸이로도 만든다. 이런 방식을 사용하면 세상에 성경으로부터 증명할 수 없는 것은 거의 없다.

안상홍은 40이 등장하는 구절들만 선택적으로 인용했다. 이런 식이라면 '7,' '70,' '12,' '144'가 포함된 구절을 선택하여 비약하면 또 다른 '주기설'은 얼마든지 만들 수 있다. '1948'도 정당한 숫자가 아니다. 마태복음 24:32~34과 이스라엘의 독립'은 무관하기 때문이다. 또한, 이스라엘의 독립 사건 다음의 사건이 왜 세상 종말 사건이 되어야 하는지도 의아하다. 말하자면 1948에 40을 더하는 이유도 불분명하다.

안상홍의 1988년 종말설은 전제에서부터 결론에 이르기까지 의문을 가지지 않을 수 없는 것이 없다. 40, 1948, 1988은 서로 아무런 관련도 없고 성경적 근거도 없다. 성경이 확정하고 있지 않은 사실에 대해서 넘어서려는 시도는 성경의 권위를 과소평가하기 때문이다. 성경이 말하는 분명한 사실은 하나님은 종말의 징조는 알려주시되 종말의 시기에 관하여는 영원한 비밀로 남겨두셨다는 것이다. 1988년도는 지나갔지만, 안상홍이 어떤 정체성을 가진 인물이었는가는 분명히 남아있다.

3. 2012년 종말설

1) 안상홍 하나님의교회의 주장

모세가 십계명을 받은 것은 예수님께서 두 번째 하늘 지성소에 들어가신 것의 예언이 된다. 모세가 성력 7월 10일에 십계명을 받고 성막 건축하기 시작하여 다음 해 정월 초일 일에 성막 곧 회막을 세우고 또 증거궤를 들여놓고 준공식을 거행하였다.

> 십계명을 받은 다음 날부터 성막 건축을 시작하여 168일 만에 준공식을 거행하였으니 이 예언의 성취가 예수님께서 이루어지게 되었으니 예수님이 1844년 성력 7월 10일 대속죄일에 하늘 지성소에 들어가심으로, 그때부터 하늘 성전을 건축하기 시작하여 168일, 즉 168년 뒤 준공식이 되는 것으로 보여주고 있다.
> 예언상 1일을 1년으로(겔 4:6; 민 14:34) 해석하게 된다. 그런고로 예수님이 하늘 지성소에 들어가시던 1844년에서 168년을 합하면 서기 2012년이 마지막 끝 날이 되겠다.[6]

'2012년 종말설'에 대한 안상홍 하나님의교회의 주장

① 모세가 성막을 168일 만에 지은 것은 예언이다.
② 모세의 성막은 예수님이 1844년 7월 10일 하늘 지성소에 들어가서 하늘 성전을 168일 만에 준공한 것을 보여 준다.
③ 1844년에 168년을 합친 서기 2012년이 세상 끝이 된다.

2) 성경적 해석

예수님이 1844년도에 하늘 지성소로 들어가 성전을 168일 만에 완공했다는 설과 2012년 종말설은 성경도 모르는 이야기이다.

안상홍은 모세가 7월 10일에 성막 건축을 시작하여 168일 만에 건축 공사를 마친 것을 일종의 예언으로 해석한다. 그리고 이 예언이 예수님이 1844년 7월 10일에 하늘 지성소에 들어 168일 만에 하늘 성전 건축을 완

---

[6] 안상홍, 『신랑이 더디 오므로 다 졸며 잘새』, 14.

성한 것으로 성취되었다고 한다. 안상홍은 자기의 주장이 성경에 의거 된 것인 양 강조한다.

과연 예언과 성취의 관계라고 하는 이 두 소재가 신빙성이 있는 것일까? 성막 건축의 일차적 목적은 이스라엘에 허가된 공식 예배 장소를 제공하는 것이고, 하나님의 임재를 나타내기 위함이었다. 이는 "내가 그들 중에 거할 성소를 그들이 나를 위하여 짓되"(출 25:8)라는 말씀 속에서 분명하게 드러난다. 하지만 모세의 성막은 예표적 성격도 갖는다.

히브리서 8:5에서 성막은 "하늘에 있는 것의 모형과 그림자"라고 했는데 "하늘에 있는 것"이란 168일간 예수에 의해 지어졌다는 하늘 성전이 아니라 예수 그리스도의 제사장직을 가리킨다. 모세의 성막은 예수 그리스도를 예표 할 뿐 예수님이 지었다는 건축물이 아니다.

예수가 1844년 7월 10일 대속죄일에 하늘 지성소로 들어가 168일간 성전을 건축하였다는 것은 도대체 무슨 소리인지, 출처가 어디인지 알 길이 없다. 어쩌면 히브리서 9:11을 염두에 둔 말인지 모르겠다. 히브리서 9:11에 그리스도께서는 손으로 짓지 아니한 "더 크고 온전한 장막"을 건축했다는 표현이 나온다. 하지만 이 장막은 십자가에서 죽은 그리스도의 육체를 가리킬 뿐 예수께서 하늘 지성소에서 건축했다는 성전과는 아무 관계가 없다.

안상홍은 여기서는 '168'이라는 숫자를 공통 요소로 끌어낸 뒤, 예수께서 하늘 지성소에 들어갔다는 1988년에 더하여 나온 2012년을 세상 마지막 해라고 주장했다. 하지만 2012년도는 조용히 지나갔다. 1988년과 2012년을 세상 종말의 해라고 두 번 선언했던 안상홍은 이미 사망했다. 이 이후로 안상홍 하나님의교회 측에서는 세상 끝 날에 관한 이야기는 더 이상 하지 않는다.

안상홍은 호기심이 강한 분이었던 것 같다. 그래서 사람이 알 수 없는 것을 알기를 갈망했고 보통 사람의 통찰력을 넘어서기를 원했던 것 같다. 하지만 그것은 자기 분수를 알지 못하는 오만한 호기심이었다.

우리는 성경을 통해서 얼마나 기상천외한 결론을 끌어낼 수 있는지를 확인하고 있다. 어떻게 이런 일이 가능할까 하지만 상식적인 성경 해석 방법을 파괴하면 가능하다. 물론 성경 해석에 어려운 점이 있다. 모호한 구절도 있고, 지시하는 것이 불분명한 것도 있다.

그러나 성경이 분명히 가르치고 있는 것들이 있다. 예를 들면 예수님의 신성, 천지창조, 믿음으로 받는 구원 등등과 같은 기독교의 핵심 교리들은 그렇다. 종말의 때와 시기에 관해서도 성경은 명확하다. 성경은 그 날에 대해서 천사도 모르고 예수님도 모른다고 가르친다(마 24:36). 그리고 그때와 시기에 대해서 말을 해서 안 된다고 가르친다(살전 5:1).

제10장

성탄절과 태양신 교리 해부하기

1. 안상홍 하나님의교회의 주장

다른 복음은 예수님이 행하시지 않은 복음은 다 다른 복음이 된다. 예수님은 유월절을 지키셨는데 12월 25일 크리스마스를 지키면 다른 복음이 되는 것이다. 예수를 잘 믿는다 하더라도 다른 예수, 다른 영, 다른 복음을 받았다면 저주의 대상이 되는 것이다.
갈라디아서 1:6~9을 보면 다른 복음을 받거나 전하면 저주받는다고 거듭거듭 말해놓은 것을 보면 그리스도의 복음이 얼마나 중요한 문제인지 심각히 생각해 볼 문제이다.[1]
성탄절은 12월 25일로 지킨 것은 354년의 기록에 나타났으니 곧 로마 감독 리베리오(Liberius) 시대였다. 379년에는 콘스탄틴노플 시에서 축하하였고 애굽과 팔레스틴에 전파되었다.
크리스마스의 기원을 특기하자면 그 풍속이 로마에서 일어난 것이니 그 차제(次第)가 이런 것이다...[제삼은] 브루말리아(Brumalia) 제일이니 이것

---

1 안상홍, 『하나님의 비밀과 생명수 샘』, 225.

은 동지제로서 일양(一陽)의 래복을 축하하는 절기였다. 이런 축제일에 가담할 수 없는 기독교인들로서는 별다른 의미로 축하하는 집회를 모색하게 된 것이고 또한 그리스도께서 차일양(此一陽)의 래복 이후에 탄생하셨다는 것이 적합하다고 생각되어서 이때로 크리스마스를 삼아 축하하는 풍습이 시작하게 된 것이다. 이것이 즉 구주 강탄 축하의 시작인 것이다.[2]

오늘날 크리스마스가 있는 12월에 들어서기만 하면 동서양을 막론하고 온 세상 사람들의 마음이 들뜨게 된다. 세계 최대의 축제, 세계 최대의 행사인 이날은 영원한 희망과 축복을 위해 그리스도께서 이 땅에 탄생하신 날이라고 널리 알려져 있다.

그러나 그 속에는 사단의 간교한 속임수가 숨어 있다. 마귀는 세상 사람들에게 표면적으로는 그리스도를 가장 잘 섬기는 듯이 하면서, 실상은 태양신 우상에게 경배하도록 미혹하여 많은 사람이 하나님을 배반케 하고 있다.[3]

'성탄절과 태양신'에 대한 안상홍 하나님의교회의 주장

① 갈라디아서 1:6~9에 의하면, 예수님이 행하지 않는 복음은 다른 복음이다.
② 예수님은 유월절 지켰는데 12월 25일 크리스마스를 지키는 것은 다른 복음이다.
③ 12월 25일은 로마의 동지제로 태양신을 숭배하는 날이다.
④ 12월 25일을 성탄절로 지키는 것은 태양신 우상에게 경배하는 일이다.

---

[2] 위의 책, 81-82.
[3] 김주철, 『내 양은 내 음성을 듣나니』, 50.

2. 성경적 해석

첫째, 다른 복음이란 복음의 진리를 파괴하는 것을 말하며, 12월 25일을 예수 탄생일로 기념하는 것은 복음을 훼손하지 않는다.

안상홍은 12월 25일을 크리스마스로 지키는 것은 다른 복음이며, 다른 복음을 지키는 자는 갈라디아서 1:6~9에 의하면 저주를 받는다고 한다. 과연 크리스마스를 지키는 것이 다른 복음이며, 12월 25일을 성탄절로 지키는 것이 태양신을 섬기는 것이다.

예수님이 행하지 않은 일을 하는 것이 다른 복음인가?

그렇다면 갈라디아서가 말하는 다른 복음이란 무엇인가?

갈라디아 교회는 바울이 제1차전도 여행 때 세워졌고, 바울이 떠난 뒤에도 교인들의 믿음이 굳어지고 그 수가 날로 더해졌던 교회였다(행 16:5). 그런데 바울이 전한 믿음으로 구원받는다는 이신칭의 교리를 반박하는, 율법주의를 신봉하는 거짓 교사들이 들어오면서 갈라디아 교회는 미혹받기 시작한다. 이들은 그리스도를 믿어도 율법의 준수와 할례의 시행이 있어야 구원을 받는다는 다른 복음을 전했다(갈 5:4; 6:12). 이 이단을 처리하기 위한 모임이 예루살렘 교회의 회의였다(행 15장). 이들이 소위 에비온파로 지칭되는, 초대교회를 크게 혼란에 빠뜨린 악명 높은 이단이었다.

바울은 갈라디아서 3장과 4장에 걸쳐 그리스도를 믿음으로만 구원을 받는다는 복음의 진수를 재차 역설하고, 갈라디아서 5:1~9에서 할례 시행의 금지를 촉구했다. 바울이 말하는 다른 복음이란, 복음의 진리를 근본적으로 뒤집었던 율법주의 구원관을 말한다. 오히려 예수를 믿어도 구약의 율법을 지켜야 한다는 주장은 오늘날 안상홍 하나님의교회 교리와 흡사하다.

'다른 복음'이 무엇인가에 대한 정의는 바울과 요한 당시의 초기교회들을 위협했던 '영지주의' 이단을 통해서 확인할 수 있다. 영지주의는 자기들만 구원에 이르는 특별한 영적 비밀을 소유했기에, 자기들에게로 와야 구원을 얻을 수 있다는 주장을 펼쳤다.

이들의 가장 큰 특징은 육체로 온 예수, 육체로 죽은 예수를 부인하는 '다른 예수'를 주장했다. 즉 예수 그리스도가 인간의 몸을 취한 것처럼 보였을 뿐, 그의 몸은 실제적 육체가 아니었다는 설이다.

바울은 디모데에게 영지주의에 대한 경계를 당부했고(딤전 4:1~3; 딤후 2:16~18) 사도 요한도 이들에 대한 경계를 강조했다(요일 2:22; 4:2~3; 요이 1:7). 이렇듯 성경이 말하는 다른 복음이란 예수 그리스도를 변질시키거나, 믿음으로 구원받는 조건을 변질시키는 것, 믿음 외에 다른 것을 덧붙이는 것 곧 복음의 진리를 근본적으로 뒤집는 것을 말한다.

안상홍이 인용한 갈라디아서에서 볼 때 과연 12월 25일을 예수님의 탄생일로 지키고 아기 예수의 탄생을 기뻐하고 축하하는 것이 다른 복음일까?

아니면 구약의 절기를 지켜야 예수님과 교통하게 되고, 성령을 선물로 받고, 영생한다는 것이 다른 복음일까?

예수님의 탄생일을 알 수 없는 것이 사실이며, 12월 25일이 예수님이 탄생한 날이 아니라는 사실도 이미 상식이다.

그렇다 하더라도 과연 12월 25일을 예수님의 탄생일로 받아들이고 아기 예수를 세상에 보내주신 하나님께 찬양하고 감사하는 것이 다른 복음인가?

12월 25일을 인류를 구원하기 위해 세상에 오신 아기 예수 탄생 기념일로 받아들이고 감사하는 것이 복음의 진리를 근본적으로 뒤집는 일인가?

이것이 과연 태양신을 숭배하는 일인가?

4월 초파일에 예배한다고 부처님을 숭배하는 것이 아니며, 단군 탄생일에 기도한다고 해서 단군에게 기도하는 것이 아니며, 공자 탄생일에 찬송가를 부른다고 해서 공자를 경배하는 것이 아니듯이 12월 25일에 예배한다고 해서 태양신을 숭배하는 것이 아니다.

둘째, 갈라디아 1:6~9의 다른 복음은 오히려 안상홍 하나님의교회 교리에서 발견된다.

갈라디아서 1:6~9의 기준을 고려할 때 '다른 복음'은 안상홍 하나님의 교회 교리 속에서 발견된다. 안상홍은 자기를 암행어사로 호칭하며 재림주로 자처한다. 그의 주장을 다시 들어보자.

> 예수님은 30세에 침례 받으시고 겨우 3년 동안 실지 교훈으로 행하시고 복음을 전하시며 온 인류의 죄값으로 속죄 제물로 십자가에 희생되심으로 육신 사업이 3년으로 끝마치셨다.
> 40년 역사가 겨우 3년으로 끝났으니 나머지 37년을 어떻게 처리해야 할 것인가?
> 이 37년이 마지막 때에 암행어사로 나타나셔서 37년 복음 사업을 행하게 되므로 40년의 예언이 성취될 것이다. [4]

안상홍은 자신이 암행어사로 와서 예수가 채우지 못한 37년을 채우게 되었다고 하며 스스로 재림주임을 드러낸다.

과연 이것은 '바른 복음'인가?

또한, 안상홍은 대범하게도 자신을 육체로 온 하나님이라고 나타낸다.

> 엘리야는 역사상 아비도 없고 어미도 없고 족보도 없고 시작한 날도 없고 생명의 끝도 없어 승천하여 옛날 멜기세덱과 같은 분이요, 하나님의 아들과 방불하다. 이는 암행 시에 오시는 육체의 하나님을 표상한 것이다. [5]

암행 시에 오시는 육체의 하나님은 안상홍을 가리킨다.

---

[4] 안상홍, 『하나님의 비밀과 생명수 샘』, 130.
[5] 위의 책, 263.

자신을 가리켜 육체를 입고 온 하나님이라고 주장하는 것이 과연 '바른 복음'인가?
안상홍 하나님의교회는 유월절을 지켜야 구원받는다고 주장한다.

> 이제 우리는 영생을 주시기로 약속하신 하나님의 뜻이 유월절 안에 있음을 분명히 알고 성스러운 유월절 절기를 거룩하게 지켜야 하겠다.[6]

과연 유월절을 지켜야 구원받는다는 교리가 '바른 복음'일까?
갈라디아서 1:6~9에서 말하는 다른 복음은 복음의 진리를 근본적으로 파괴하는 안상홍 하나님의교회에서 발견된다.

셋째, 성탄절의 날짜나 기원에 관한 문제는 본질이 아닌 '아디아포라'(ἀδιάφορα)의 문제이다.
성탄절의 날짜나 기원을 문제 삼아 아기 예수 탄생을 축하하는 것 자체를 문제 삼거나 그 자체를 우상숭배라고 하는 것은 본질이 아닌 지엽적인 데 손을 댄 것이다. 바리새인과 예수님의 문제도 이러한 본질과 비본질의 구분에 관한 것이었다.
바리새인들은 비본질을 본질화시킴으로 말씀 속에 나타난 하나님의 생명력을 희석했다. 그들은 율법의 형식에 눈이 멀어 율법의 본질인 사랑을 보지 못했다. 그러므로 예수님이 그들을 향해 "눈먼 인도자들아, 너희가 하루살이는 걸러내고 낙타는 통째로 삼키는구나"(마 23:24)라고 책망하셨다.
초대교회의 음식 논쟁은 교회 분쟁을 일으켰다. 당시 시장에서 판매되는 대부분 고기가 우상에게 바쳤던 제물이었기 때문이다. 어떤 이들이 이를 구실삼아 우상에게 바쳐진 고기를 먹는 것은 우상숭배라고 주장하며

---

[6] 김주철, 『내 양은 내 음성을 듣나니』, 88.

분쟁을 일으켰다. 바울은 그러한 자들에게 우상에게 바쳐진 음식을 먹고 안 먹고는 하나님과의 관계에 전혀 영향을 미치지 않는다는 결론을 주었다(고전 8:8). 즉 '음식 문제'는 본질이 아니라는 것이다.

로마서 14:5에서 바울은 절기 준수나 날짜 문제로 분쟁을 야기하는 사람들에게 일침을 가한다. 이날을 저 날보다 낫게 여기는 사람들과 모든 날을 같게 여기는 사람들 사이의 분쟁이었다. 믿음이 연약한 자들은 특정한 날에 절기를 지키는 것을 매우 특별하게 여겼다.

이는 구약의 절기들이 장래에 일어날 일들의 그림자라는 사실(골 2:17)에 대해 무지한 유대인 신자들이 날과 절기를 여전히 종교적 신념을 가지고 지켰던 데서 연유했다(갈 4:10~11; 골 2:16~17).

바울은 이 양자의 사람들에게 각각 자기 마음에 확정한 대로 행하라고 했다. 이것은 진리와 비진리, 본질과 비본질의 문제가 아니라 개인적인 판단에 따른 '아디아포라'(ἀδιάφορα), 즉 한다고 해서 굉장할 것도 없고 또 하지 않는다고 해서 별문제 될 것이 없는 그런 사항이라고 답했다. 어떤 날의 중요도에 대한 문제는 개인의 결정에 따르라는 권면이다.

넷째, 기독교는 12월 25일을 예수 탄생일로 정한 것이 아니라 예수 탄생을 기념하는 날로 정했다.

12월 25일이 어떤 날이었는가가 중요한 것이 아니라 그 날에 누구를 경배하느냐가 중요하다.

어떤 기독교인이 성탄절 예배를 드리면서 태양신을 생각할까?

이 예배자들을 우상 숭배자로 간주하는 것은 비상식적이다. 크리스마스는 '예수님의 생일'은 아니지만, 그 탄생을 경축하는 것은 계속 지켜나가야 한다. 동방박사들과 베들레헴 목자들이 예수님의 탄생을 축하하고 경배한 것처럼 예수님의 탄생일을 정확히 알 수는 없지만, 어떤 한 날을 정해서 성탄을 기념하는 것은 의미 있다.

고아원에서는 자기 생일을 모르는 아이들은 고아원에 입양된 날을 생일로 해서 잔치를 해준다. 생일을 모른다고 생일 축하를 안 해주는 것보다 해주는 것이 훨씬 의의가 있다.

날짜를 모른다고 세상을 구원하러 오신 예수님의 탄생을 무시하는 것이 좋을까?

경축하는 것이 좋을까?

어떤 한 날을 정해서 그분의 나신 날을 기뻐하고 그분이 세상에 오신 의미를 되새기는 것이 신앙에 도움이 될까?

해악이 될까?

이날이 '예수님의 생일'은 아니지만, 그 탄생을 경축하는 기념일로 받아들일 필요가 있다. 교회는 12월 25일을 예수 탄생일로 정한 것이 아니라 예수 탄생을 기념하는 날로 정하고 있다.

제11장

수건 교리 해부하기

1. 안상홍 하나님의교회의 주장

> 엄수인은 그 당시에 여자들이 수건 쓰는 것은 그 당시의 풍습이라고 하는데 사도 바울은 풍습이라고 하지 않고 "무릇 여자로서 머리에 쓴 것을 벗고 기도나 예언을 하는 자는 그 머리를 욕되게 하는 것이니"(고전 11:5) 하였다.[1]
> 여자들의 수건 문제는 결혼 예식장에서 하나님을 대표하는 주례사 앞에서 수건을 쓰듯이 어린 양의 혼인 잔치에 나온 신부들같이 머리에 면사포를 쓰듯이 써야 한다. 아직은 혼인 잔치가 끝나지 않았다. 여자들에게는 수건을 쓰는 것이 거룩한 예복이 된다. 예복을 입지 않으면 쫓겨난다 (마 22:8~13 참고)고 하였다.[2]

---
1 안상홍, 『새 예루살렘과 신부 여자들의 수건 문제 해석』, 52.
2 위의 책, 53.

> 우리가 즐거워하고 크게 기뻐하여 그에게 영광을 돌리세 어린 양의 혼인 기약이 이르렀고 그 아내가 예비하였으니 그에게 허락하사 빛나고 깨끗한 세마포를 입게 하셨은즉 이 세마포는 성도들의 옳은 행실이로다 (계 19:7-8).
>
> 수건은 혼인 예식이 끝나기까지는 써야 거룩한 신부들이 되는 것이다.[3]

'수건 교리'에 대한 안상홍 하나님의교회의 주장

① 고린도전서 11:5은 여자는 예배 시에 머리에 수건을 써야 한다고 말한다.
② 여자는 결혼식 때 면사포를 쓰듯 어린 양 혼인 잔치 때인 지금도 수건을 써야 한다.
③ 마태복음 22:8~11은 여자가 쓰는 수건은 예복이며 예복을 입지 않으면 쫓겨난다고 말한다.
④ 요한계시록 19:7~8은 여자는 수건을 써야 예식이 끝날 때까지 거룩한 신부가 된다고 한다.

---

3 위의 책, 58.

2. 성경적 해석

첫째, 바울은 예배 시에 여자들이 수건을 쓰는 것은 관습이며, 자기의 사적인 견해라고 밝힌다.

바울은 고린도전서 11:2에서 여자들이 예배 시에 예배포를 써야 하는 문제를 언급하기 전, 이러한 관습은 '전통'이라고 먼저 밝힌다. 전통으로 번역된 '파라도세이스'(παραδόσεις)는 성경에는 기록되지 않은, 조상 때부터 입에서 입으로 전해 내려오는 옛 어른들의 가르침을 의미한다. 마태복음 15:2에 바리새인들이 제자들에게 식사 전에 손을 씻지 않는다고 면박을 주었을 때의 식사 전 손 씻는 행위는 성경에 없는 장로들의 전통이었다(마 15:3).

바울은 고린도전서 11:16에서 여자들이 예배 시에 예배 포를 써야 한다고 가르친 것을 오랫동안 교회에 전해져 내려오는 관례(συνήθειαν), 즉 풍습이었다고 전한다. 바울은 여자들이 예배포를 쓰고 예배에 참석하라고 가르친 것은 오랜 전통 속에 지켜오던 것이었고, 자기도 그러한 전통을 고수한 것이었다는 견해를 밝힌다.

바울은 고린도 교인들의 질문에 대해서 항상 '하나님의 명령'과 '개인적인 권면'을 구분하여 답하였다. 예를 들면 고린도전서 7:1~6에서 부부가 서로에게 성적(性的) 의무를 다해야 하지만 기도에 전념하기 위해서는 얼마 동안은 떨어져 지내라고 권면한 뒤, "내가 이 말을 함은 허락이요 명령은 아니니라"(고전 7:6)고 했다.

여기서 허락(συγγνώμην)이란 바울 개인의 의견이며, 시대에 따라 변할 수 있는 규범이라는 뜻이며, 명령(ἐπιταγήν)은 '위에서 내려오는 말씀' 즉 하나님의 명령이라는 의미이다. 바울은 부부에게 이혼을 금하면서 이를 "명하는 자는 내가 아니요 주시라"(고전 7:10)했고, 불신 아내나 불신 남편을 둔 사람에게도, 그들이 원치 않는 경우에 이혼을 금하면서 "이는 주의 명령이 아니라"(고전 7:12) 자기 개인의 권면이라 했다.

이처럼 바울은 고린도 교인들의 질문에 답할 경우에는 그것이 자기의 사견인지, 하나님의 계명인지를 분명히 구분한다. 바울은 여자들이 예배 시에 예배 포를 써야 할지, 쓰지 말아야 할지에 대한 문제도 하나님의 명령은 아니고 '풍습'이라 전하면서 하나님의 명령과 자기의 사적인 권면을 구분했다. 안상홍 하나님의교회에서 여자들이 수건을 쓰든, 말든 상관할 바 아니지만 '수건 교리'에 대한 성경의 요지를 곡해하는 것은 금해야 한다.

둘째, 고린도교회의 수건은 물질이지만 혼인잔치의 예복은 그리스도를 믿는 믿음과 그에 합당한 삶을 상징한다.

안상홍은 신부가 결혼 예식장에서 주례사 앞에서 면사포를 쓰듯이 어린 양의 혼인 잔치 때 신부는 주례자를 대표하는 하나님 앞에서 면사포를 써야 한다고 한다. 더군다나 마태복음 22:8~11을 참고하라며, 여자가 쓰는 수건은 거룩한 예복이며, 예복을 입지 않은 사람이 쫓겨나 슬피 울며 이를 갈았듯이, 수건을 쓰지 않으면 그러한 처지가 된다고 한다.

과연 수건을 예복과 동일시하는 것이 정당한가?

혼인 잔치에서 예복을 입지 않은 한 사람이 잔치에서 쫓겨나 슬피 울며 이를 가는 것(마 22:13)은 최후의 심판 시에 있을 악인들이 당할 비참한 운명을 묘사한 것이다. 이 한 사람이 쫓겨나는 이유는 예복을 입지 않아서이다. 이 예복은 '예수 그리스도'(갈 3:27)이며, 믿음에 합당한 정결한 삶이라 할 수 있다(계 19:8).

예수 그리스도로 옷을 입지 않은 사람, 그리스도를 믿는 믿음에 합당한 삶을 살지 못한 사람은 최후의 심판 때에 구원에서 제외되며 그는 슬피 울며 이를 갈게 된다. 이러한 의미가 있는 예복과 고린도 교인이 썼던 수건을 동일시하는 안상홍의 해석은 정당하지 못하다. 물질명사인 '수건'과 추상명사인 '예복'을 연결할 수 있는 고리는 전혀 없다.

셋째, 어린 양의 혼인 잔치의 신부는 교회 공동체를 상징하며 수건 쓴 여자들과 무관하다.

안상홍은 요한계시록 19:7~8을 근거로 제시하며 여자는 수건을 써야 예식이 끝날 때까지 거룩한 신부가 된다고 하며, 마치 지금의 안상홍 하나님의교회가 어린양의 혼인 만찬 가운데 있음을 암시한다. 하지만 요한계시록 19:7~8은 어린 양의 혼인 잔치는 어떤 공간을 지정하지 않는다.

혼인은 구약성경에서 하나님과 그의 백성 간의 밀접한 관계를 나타내는 하나의 표상이다(호 2:19-20; 사 54:5; 렘 3:14). 신약에서도 바울은 자신의 임무가 교회를 정결한 처녀로 그리스도와 혼인시키는 일이라 했고(고후 11:2), 그리스도와 교회의 관계를 남편과 아내의 관계로 묘사했다(엡 5:32).

여기에서 혼인 잔치는 어떤 공간에서 이루어지는 실지 만찬이 아닌 구속받은 공동체가 어린 양과 영원한 사랑의 교제를 가지게 됨을 상징적으로 표현한 것이다.[4] 안상홍 하나님의교회는 어린양 혼인 잔치 가운데 있지도 않고, 수건을 쓰고 있는 여자들도 어린 양의 신부가 아니다. 어린 양의 신부는 옳은 행실로 일관한 구속받은 교회 공동체이기 때문이다.

유대인들은 예배 시에 여자가 수건을 쓰는 것이 아니라 남자가 모자 같은 덮개를 쓴다. 유대인의 유전에는 여자들이 수건 쓰는 전통이 없다. 이는 헬라 풍속이었다. 여성들에게 긴 머리는 여자의 영광이었고, 머리를 미는 것은 여성의 수치이자 모욕으로 여겼다. 당시 창녀들의 경우 공적 자리에서도 베일을 쓰지 않았으며, 여자 노예들은 삭발하는 경우가 많았고, 간음한 여자는 형벌로 삭발형이 선고되었다.

바울의 수건 문제는 당시의 사회 배경과 깊은 연관이 있다. 바울은 당시 수건을 쓰지 않은 여자들에 대한 편견이 교회의 여자 성도들에게로 향하는 것을 원치 않았다.

---

[4] 박수암, 239-240.

제12장

침례와 생명책 교리 해부하기

1. 안상홍 하나님의교회의 주장

> 요한이 의의 도로 너희에게 왔거늘 너희는 저를 믿지 아니하였으되 (마 21:32).
>
> 의의 도로 베풀어 주신 침례는 예수님을 증거하기 위해서만 집행된 단편적인 규례가 아니라 예수님이 친히 침례를 베풀어 주심으로 새 언약의 법도임을 알려 주셨고, 물로 행하는 침례의 방법까지 소상하게 본을 보여 주셨다(마 4:16 참고).
>
> 이후에 예수께서 제자들과 유대 땅으로 가서 거기 함께 유하시며 세례를 주시더라 요한도 살렘 가까운 애논에서 세례를 주니 거기 물들이 많음이라 사람들이 와서 세례를 받더라(요 3:22-23).[1]

---

[1] 김주철, 『내 양은 내 음성을 듣나니』, 244-245.

> 침례 받는 즉시에 교회 생명책에 기록하면 하늘 생명책에 기록되는 것이다.
>
> 내가 천국 열쇠를 네게 주리니 네가 땅에서 무엇이든지 매면 하늘에서도 매일 것이요 네가 땅에서 무엇이든지 풀면 하늘에서도 풀리리라(마 16:19).
>
> 이 말씀은 땅의 생명책에 기록하면 하늘 생명책에 먼저 기록된다는 말씀이다.²

'침례와 생명책'에 대한 안상홍 하나님의교회의 주장

① 침례는 마태복음 21:32에 의하면 의의 도이다.
② 침례는 단편적인 규례가 아니라 새 언약의 법도이다.
③ 요한복음 3:22~23은 예수님께서 물로 행하는 침례의 방법까지 본을 보여주었다.
④ 침례 받고 안상홍 하나님의교회 생명책에 기록되면 하늘 생명책에 이름이 기록된다.
⑤ 마태복음 16:19은 땅의 생명책에 이름이 기록되면 하늘 생명책에도 기록된다고 한다.

---

2 안상홍, 『침례식에 대한 원식』, 16.

2. 성경적 해석

첫째, 의의 도는 세례 요한의 사역과 관련된 표현이며, 침례를 가리키지 않는다.

안상홍 하나님의교회는 '침례'에 대해 과도한 의미를 부여한다. 침례를 가리켜 '의의 도,' '새 언약의 법도,' '생명책에 이름을 올리는 규례' 등등으로 표현한다. 김주철은 마태복음 21:32에 등장하는 "의의 도"(ὁδῷ δικαιοσύνης)라는 표현을 침례에 적용한다. 하지만 의의 도는 침례를 가리키는 표현이 아니다.

즉, 침례가 의를 이루는 길이 아니라는 것이다. "요한이 의의 도로 너희에게 왔거늘"이라는 표현에서 보듯이 의의 도는 세례 요한과 연관되어 있다. 세례 요한이 온 목적은 의의도 곧 의로운 길을 예비하기 위해서였다. 마태복음 21:32에서도 예수님께서 대제사장들과 서기관들에게 세례 요한이 '의의 도'로 왔거늘 너희가 그를 믿지 아니하였다고 말씀하셨다. 침례를 구원의 조건이 되는 법도로 격상시키고자 하는 김주철의 노력은 가상하나 성경은 침례를 '의의 도'라 하지 않는다.

둘째, 예수님께서 세우신 새 언약은 복음을 가리키며, 새 언약 안에는 '침례'라는 요소가 없다.

김주철은 예수님이 친히 침례를 베풀어 주심으로 침례가 단편적인 규례가 아니라 새 언약의 법도임을 알려 주셨다고 주장한다.

과연 이러한 주장이 얼마나 타당성이 있을까?

예수님은 유월절 전날 제자들과 만찬을 나누시던 중에 '새 언약'에 대해 말씀하셨다. 예수님은 떡을 가리켜 제자들을 위해 주는 자신의 몸이며, 잔을 가리켜 자신이 흘릴 피라 하신 후 이 잔을 가리켜 내 피로 세우는 새 언약이라 하셨다(눅 22:19~20).

이 새 언약은 십자가에서 이루어지는 복음을 가리킨다. 예수님이 선포하신 새 언약 안에는 침례에 대한 언급이 없고, 침례와 연결될 소재도 없다. 신구약성경 어디에도 침례를 가리켜 '언약'이라 하거나, '언약'과 관계된 개념으로 정의하지 않는다.

셋째, 마태복음 4:16은 예수님의 갈릴리 사역이 이사야의 예언의 성취라는 사실만 보여줄 뿐 침례를 말하지 않는다.

김주철은 "예수님이 친히 침례를 베풀어 주심으로 새 언약의 법도임을 알려 주셨고, 물로 행하는 침례의 방법까지 소상하게 본을 보여 주셨다."라고 하며 마태복음 4:16을 참고하라고 한다.

과연 예수님은 침례를 새 언약의 법도로 생각하시고, 이를 알리기 위해 몸소 침례의 시범을 보여 주셨는가?

예수님은 세례 요한이 잡혔다는 소식을 듣고 갈릴리로 가서 본격적인 사역을 시작하신다(마 4:12~13). 마태는 예수님이 갈릴리로 가서 사역하신 것을 이사야의 예언이 성취된 사건으로 해석한다.

> 이는 선지자 이사야를 통하여 하신 말씀을 이루려 하심이라 일렀으되 흑암에 앉은 백성이 큰 빛을 보았고 사망의 땅과 그늘에 앉은 자들에게 빛이 비치었도다 하였느니라(마 4:14~16).

"흑암에 앉은 백성"은 갈릴리 지역의 주민들을 가리킨다. "사망의 땅과 그늘에 앉은 자들"도 갈릴리를 묘사하는 표현이다. 마태복음 4:14~16은 침례의 본을 보였거나 침례 방법을 알렸다는 예수님과 아무 관계가 없다.

넷째, 예수님은 몸소 침례를 베푸신 적이 없고, 제자들이 베풀었다.

김주철은 요한복음 3:22~23을 예수께서 몸소 침례를 베풀므로 침례가 새 언약의 법도인 것을 알렸다고 해석한다. 물론 본문은 예수께서 제자들과 유대 땅으로 가서 침례를 베풀었다고 전한다. 하지만 요한복음 4:2은 유대 땅으로 간 예수께서 직접 침례를 베푼 것이 아니라 제자들이 베푼 것이라고 기록한다.

예수님은 세례를 명령하셨지만, 자신은 결코 물로 세례를 베풀지 않으셨다(마 28:19). 예수님은 성령으로만 세례를 주시는 분이기 때문이다. 이에 대해 세례 요한도 예수님을 장차 성령으로 세례를 베풀 자라고 소개했다(요 1:33). 예수님이 친히 침례를 베풀므로 침례를 새 언약의 법도인 것을 알려주었고, 물로 행하는 침례의 방법까지 소상하게 본을 보여 주었다는 김주철의 주장은 성경과 무관하다. 그는 항상 자신의 주장이 성경에 근거되어 있는 것처럼 가장한다.

사실 침례가 세례 요한에 의해서 시행되고 있었지만, 침례의 유례는 불투명하다. 구약성경에는 침례라는 용어가 나타나지 않는다. 굳이 그 근원을 찾자면 율법의 정결례에서 찾을 수 있다. 예를 들면 시체 특히 인간의 시체와 접촉한 경우는 부정하게 되었기에 반드시 몸을 물로 씻은 후에라야 성전에 들어갈 수 있었다(레 21:11~12; 민 19:11~22). 한센병을 비롯한 각종 피부병과 유출병도 부정한 것이므로 병이 나은 후 물로 몸을 완전히 씻은 후에 제사장에게 보이도록 했다(레 22:4~6).

그 밖에 이방인이 유대교로 개종할 시에 구약의 정결 의식을 행했다.[3] 이처럼 구약에서는 물로 씻는 정결례 외에는 '침례'에 대한 직접적인 언급이 없다. 비록 당시에 세례 요한과 예수님의 제자들이 침례를 행하고 있었지만, 침례를 '의의 법도,' '새 언약,' 예수께서 몸소 보이신 도'로 해석할 만한 단서는 성경 속에서 찾을 수 없다.

---

[3] Louis Berkhof, *Systematic Theology* (London: The banner of truth, 1949), 623.

다섯째, 안상홍 하나님의교회에서 침례 받아도 복음이 없으면 생명책에 이름이 안 올라간다.

안상홍은 자기 교회에서 침례를 받으면 교적부에 이름이 기록되며 하늘 생명책에까지 이름이 등록된다고 가르친다. 이는 침례 자체가 곧 영원한 생명을 보장한다는 주장과 다르지 않다. 김주철도 이와 동일한 주장을 한다.

> 침례식을 통해 물로 몸을 씻는 예식은 단순히 형식적이고 차원 낮은 행위에 불과한 것이 아니라, 죄로 더러워진 우리들의 영혼을 새롭게 소성시키는 거룩한 예식이다.[4]

> 우리가 침례를 받는 목적은 우리 죄를 용서하고 부활하신 예수님과 같이 새 생명의 부활을 받아서 우리들의 이름이 하늘 생명책에 기록되게 하기 위한 것이다. 침례를 받지 아니하고는…생명책에 이름이 기록될 수 없다.[5]

안상홍과 김주철은 자기 교회에서 침례 받는 것을 생명책에 이름을 올리는 것으로 해석한다. 침례(βαπτίσματος)는 어원상 몸이 물에 완전히 잠기는 것을 뜻하는 것이므로 초기 교회에서는 시행한 침례는 몸을 물에 완전히 담그는 의식을 행하였을 것이라는 사실은 자명하다. 물에 잠기는 것은 죽음의 모습을 상징한다. 침례는 그리스도 안에서 자신은 죽고 새 생명을 얻었음을 표징한다(롬 6:3~4; 골 2:11~12).

이 기억으로 침례 받은 자는 그리스도 안에서 죽은 자신을 인식하고 새로운 생명을 얻었다는 확신을 한다. 하지만 침례 자체가 구원과 생명을 보장해주는 것은 아니다. 로마서 6:3~4은 침례의 의미를 가장 잘 설명한다.

---

[4] 김주철, 『내 양은 내 음성을 듣나니』, 248.
[5] 위의 책, 252.

무릇 그리스도 예수와 합하여 세례를 받은 우리는 그의 죽으심과 합하여 세례를 받은 줄을 알지 못하느냐. 그러므로 우리가 그의 죽으심과 합하여 세례를 받음으로 그와 함께 장사되었나니 이는 아버지의 영광으로 말미암아 그리스도를 죽은 자 가운데서 살리심과 같이 우리로 또한 새 생명 가운데서 행하게 하려 함이라(롬 6:3-4).

침례는 예수님과 연합한다는 의미이고 그 연합은 예수님과 함께 죽는 것을 의미한다. 예수님께서 십자가에서 죽으셨을 때, 예수를 구주로 고백하며 침례 받는 자도 함께 거기에서 죽는 것이다. 바울은 침례 받음을 죄의 통치를 받고 있던 옛사람을 십자가에 못 박고 장사 지내는 것으로 해석한다.

예수님과 연합한 자는 실제 자기 몸이 죽는 것은 아니지만 예수의 죽음이 곧 자신의 죽음이 되어, 자신 역시 죄에 대하여 죽은 바 된다. 몸이 물에 완전히 잠기는 것을 통해 옛사람과 죄도 함께 죽었음을 고백하고 선포하는 것이다. 그리스도 안에서 새로운 피조물로 거듭난 체험이 있는 사람만이 침례를 통해 그리스도의 죽음과 연합을 경험한다. 이러한 연합이 이루어진 자는 장차 하나님께서 그리스도를 죽음에서 일으키신 것처럼 그도 일으키신다.

침례 자체가 구원을 가져오는 것도 아니며, 생명을 주는 것도 아니다. 그리스도를 믿음으로 그리스도와의 연합의 경험이 없는 사람이 아무리 많은 침례를 받는다 해도 그 이름이 생명책에 올라갈 수 없다. 안상홍 하나님의교회에서 수십 번 침례 받고, 수십 번 교적부에 이름이 올라간다 해도, 그리스도 안에서 거듭난 체험이 없는 사람은 생명책에 그 이름이 올라가지 않는다.

여섯째, 마태복음 16:19은 보편적 교회의 특권에 대한 말씀이며, 안상홍의 교회 교적부가 생명책이라는 사실과 무관하다.

안상홍은 마태복음 16:19을 근거로 제시하며 땅의 생명책에 이름이 기록되면 하늘 생명책에도 기록된다고 한다. 땅의 생명책은 자기 교회의 교적부이며 이것이 생명책이라는 것이다. 그는 "네가 땅에서 무엇이든지 매면 하늘에서도 매일 것이요 네가 땅에서 무엇이든지 풀면 하늘에서도 풀리리라"(마 16:19)에서 "땅에서 매고 푸는 일"을 자기 교회가 침례자 명부를 기록하는 것으로 해석하고, "하늘에서 매는 푸는 것"을 하늘 생명책에 이름이 기록되는 것으로 해석한다.

이는 2천 년 전 예수께서 천국 열쇠를 주겠다고 한 교회는 다름 아닌 자기 교회였으며, 천국 열쇠는 자기 교회의 교적부였으며, 매고 푸는 권한은 이 교회의 권한을 말한 것이라고 주장하는 것과 다를 바 없다. 자아도취적 망상에 빠져 있는 모습이다.

마태복음 16:18~19은 어떤 특정 집단이 아닌 지상의 모든 교회(ἐκκλησίαν) 즉 보편적 교회를 대상으로 한다. 교회는 천국 열쇠를 가지고 있고 그것으로, "묶기도 하고 풀기도 하는" 권세를 가진다.

그렇다면 매고 푸는 천국 열쇠는 무엇을 의미할까?

마태복음 23:13에서 예수님은 서기관과 바리새인들이 천국 문을 닫는 자로 규정하셨다. 이들의 가르침은 곧 천국 문을 닫는 것이었다. 결국, 교회가 가지고 있는 천국 열쇠란 '말씀'과 연관된다. 교회가 올바른 말씀을 가르치는 것은 천국 문을 여는 것이고, 그릇된 말씀을 가르치는 것은 천국 문을 닫는 것이다. 교회는 이 두 가지 가능성을 동시에 가지고 있다. 마태복음 16:19은 안상홍 하나님의교회 교적부와 상관없다. 안상홍은 자기 집단의 특권만을 생각하며 아무 상관 없는 구절을 끌어온 것이다.

일곱째, 생명책은 창세전부터 하나님의 은혜의 법칙에 따라 구원받은 자의 이름이 기록되어 있다.

요한은 최후의 심판 장면을 목격한다(계 20:11~15). 하나님의 보좌 앞에 사람들이 모여 있고, 그 앞에는 여러 책이 놓여 있는 데, 그중에 한 권은 생명책이다(12절). 요한은 이 책에 이름이 기록되어 있지 않은 자들이 불 못에 던져지는 광경을 본다(15절). 보좌 앞에 서 있는 "큰 자나 작은 자"(12절)는 개역한글에는 "무론대소"로 되어있고, 개역개정에는 "작은 자, 큰 자"(τοῖς μικροῖς καὶ τοῖς μεγάλοις)로 되어있다. 이 용어는 요한이 요한계시록에서 즐겨 사용했던, 인류 전체를 지칭하는 전문 술어이다(11:18; 13:16; 19:5, 18). 하나님 보좌 앞에 심판받기 위해 서 있는 사람들은 안상홍 하나님의교회 신도를 포함한 인류 모두이다. 이 생명책은 안상홍 하나님의교회 침례자 명부가 아니다. 대단한 착각이다.

요한은 이 장면을 통해 역사의 마지막 날에 있을 대심판의 장면을 보여준다. 이 심판이 시작되는 곳은 보좌이다. 그리스도에 대한 신앙고백에 충실하면 죽음이라는 판결이 내려지는 로마 법정과 전혀 다른, 잘못된 결정이 하나도 없는 완벽한 판결이 이루어지는 보좌 앞의 법정이다. 왜냐하면, 보좌에 계신 전지전능하신 분이 구별하시기 때문이다. 이 심판 장면을 읽는 모든 독자가 자신의 책임이 무엇보다 중요함을 깨닫게 된다.

왜냐하면, 보좌 앞에 인간의 행위가 기록되어 있는 책들이 펼쳐져 있기 때문이다. 또 하나의 책인 생명책은 은혜의 책이다. 이 책에는 세상이 창조되기 전부터 하나님의 은혜의 법칙에 따라 구원받은 자의 이름이 기록되어 있다(계 13:8; 17:8). 이는 우리의 구원을 궁극적으로 책임져 주시는 분은 하나님이라는 사실을 나타낸다. 구원은 침례와 상관없고 안상홍 하나님의교회 교적부와 무관하다.

바울은 빌립보서 4:2~3에서 생명책에 이름이 기록되어 있어야 할 사람들을 소개한다. 그 이름은 유오디아, 순두게, 글레멘드였다. 이들은 복음을 위해 바울과 함께 멍에를 메었던 그리스도의 일꾼들이었다. 하지만 안상홍의 논리대로 하자면 안상홍의 교리를 모르는 이들의 이름을 생명책에 올린 것은 바울의 실수이므로 그 이름을 모두 삭제해야 한다. 자기 집단의 사람들을 관리하기 위해 만든 교적부를 생명책과 동일시하는 안상홍 하나님의교회 믿음은 집단 망상에 빠져 있는 전형이라 볼 수 있다.

제13장

십자가 우상 교리 해부하기

1. 안상홍 하나님의교회의 주장

　십자가 사용은 고대 바벨론에서부터 그 유래를 찾아볼 수 있는데 바벨론 왕 담무스 숭배 사상에 기인한 것으로 담무스(Tammuz)란 이름의 첫 글자인 'T' 자를 인용하여 당시 제사장들의 관복에 표시하고 또한 가슴에 부착하는 호신패(부적)로도 사용하여 신앙적 상징물로 삼았다. 애굽의 고대 비석들과 신전에 그려진 벽화를 보면 애굽의 신들이나 왕의 손에 십자가가 쥐어져 있는 모습을 발견할 수 있다.
　그뿐만 아니라 앗시리아인의 기념비에 새겨진 조각에는 애굽을 대항해 싸우던 군병들의 목이나 옷깃에 십자가를 늘어뜨린 모습이 새겨져 있고, 또한, 앗시리아 왕들도 그들의 목에 십자가 문형을 달고 있는 조각을 찾아볼 수 있으며, B.C. 1400여 년경에 이미 십자가의 모형이 겉옷의 장식물로 사용됐음을 알 수 있다.
　이상의 대략적인 역사적 고증을 참고해 볼 때 십자가는 그리스도교 생성 이전에 이방인들에 의해 종교적 숭배의 대상으로 사용됐던 것임이 분명하다. 이 외에도 십자가는 이방인들의 사형 틀로 사용되어 왔으며, 로마

시대에는 예수님을 죽이는 형틀로도 사용이 될 만큼 처형 방법으로 이미 확립이 되어있다.

그 당시 십자가의 형벌은 흉악범에게 집행된 방법으로 예수님을 미워했던 그 시대의 상황을 가히 짐작하고도 남음이 있다. 이러한 십자가를 교회의 상징으로 사용하고 있다는 것은 기독교회가 이방 종교의 상징물을 받아들일 정도로 타락해 있다는 사실을 알려 주는 것이고, 예수님의 죽음을 조장했던 마귀의 계획에 동참하고 있다는 것을 간접적으로 시사해 주는 가증한 행위라고 말할 수 있다.[1]

십자가를 종교적 숭배의 대상으로 여기고 있는 천주교회나 그리스도에 대한 상징물로 사용하고 있는 개신교에서는, 초대교회에서부터 십자가를 사용해 왔던 것으로 오해하고 있는 경우가 많이 있다. 그러나 성서 어느 곳에서든지 십자가 모양을 교회에 세웠다거나, 십자가 문형을 장식물로 삼았던 기록은 찾아볼 수 없다.

역사의 기록을 보면 최초로 예배당이나 기도실 등에 십자가가 세워진 것은 A.D. 586년에 가서야 예배당 꼭대기에 십자가를 세워 두었던 것으로 보아 그리스도교가 이교의 종교적 의식을 흡수하고 난 이후에 생겨난 신앙의 풍습임을 알 수 있다. 사도들이 신약성서 가운데 인용한 십자가에 대한 의미는 그리스도를 못 박았던 사형 틀을 자랑하기 위한 것이 아니라, 그리스도께서 흘려주신 속죄의 희생을 감사하며 하나님이 거저 주시는 은혜를 받게 하기 위한 것임을 이해해야 한다.[2]

> 장색의 손으로 조각하였거나 부어 만든 우상은 여호와께 가증하니 그것을 만들어 은밀히 세우는 자는 저주를 받을 것이라 할 것이요 모든 백성은 응답하여 아멘 할찌니라(신 27:15).

---

1 위의 책, 40-42.
2 위의 책, 42-43.

> 열방의 규례는 헛된 것이라 그 위하는 것은 삼림에서 벤 나무요 공장의 손이 도끼로 만든 것이라 그들이 은과 금으로 그것에 꾸미고 못과 장도리로 그것을 든든히 하여 요동치 않게 하나니 그것이 갈린 기둥 같아서 말도 못하며 걸어 다니지도 못하므로 사람에게 메임을 입느니라 그것이 화를 주거나 복을 주지 못하나니 너희는 두려워 말라 하셨느니라(렘 10:3-50).
>
> 십자가는 삼림에서 베어다가 공장의 손으로 만든 것이므로 그 자체로는 우리를 결단코 구원할 수 없는 우상임을 알아야 할 것이다.[3]

'십자가 우상'에 대한 안상홍 하나님의교회의 주장

① 십자가는 고대 바벨론, 애굽, 앗시리아, 로마에서 숭배의 대상으로 활용된 것이다.
② 기독교가 이교의 풍습을 흡수한 A.D. 586년부터 십자가를 교회 꼭대기에 걸었다.
③ 신명기 27:15과 예레미야 10:3~5은 십자가 형상 제작은 우상 숭배라고 예언한다.

2. 성경적 해석

첫째, 십자가는 고대에서 미신과 주술의 대상으로 사용되었지만, 예수 부활 이후 인류를 구원하시는 하나님의 사랑과 자비의 상징이 되었다.
김주철은 고대 바벨론, 애굽, 앗시리아, 로마에서 이교자들이 숭배의 대

---

3 위의 책, 46.

상으로 여겼던 십자가를 기독교가 그 전통을 이어받았다고 주장한다. 물론 십자가가 기독교가 출현하기 훨씬 오래전부터 고대 민족 사이에서 종교적인 상징으로 사용된 것은 사실이다. 십자가 표시는 고대 문화에서 장례문화와 함께 종교적 상징으로 표현되었다. 기원전 4000년 이란에서 발견된 그릇에 새겨진 십자가 표시는 이교의 상징물이었다. 그뿐만 아니라 고대 바벨론, 애굽, 앗시리아, 로마에서도 다양한 이교의 상징으로 십자가 표시가 사용되었다.[4]

김주철의 말대로 십자가는 로마에서 흉악범을 죽이는 형틀로 사용이 되었다. 십자가형이 처형 도구로 처음 사용된 곳은 페니키아였다. 페르시아에서도 십자가형을 사용하였고, 헬라와 로마 제국에서도 십자가는 처형틀로 사용되었다. 십자가형은 가장 잔혹한 사형방법으로 극악범의 양팔과 발에 못을 박고 매달아 집행하였다. 여러 잔혹한 사형방법 가운데 가장 잔혹한 처형 방법으로 십자가형이었다.

이처럼 십자가는 저주와 고통의 표상이었고, 수난과 죽음을 드러내는 매우 불명예스러운 것이었다.[5]

하지만 이와 같은 십자가에 대한 기원이 과연 예수 그리스도께서 지신 십자가의 의미를 격하시킬 수 있을까?

물론 로마의 처형 도구였던 십자가형은 예수님에게도 사용되었다. 하지만 십자가의 죽음으로부터 예수 그리스도의 부활을 목격한 제자들에 의해 십자가는 승리의 상징으로 자리 잡게 된다.

비록 십자가에서 죽으셨지만, 부활하신 그리스도로 말미암아 십자가는 수난과 죽음의 상징에 머무르지 않고, 부활과 그것을 통한 구원의 상징이 되었다. 고대로부터 잔혹한 죽음의 표상이었던 십자가는 이처럼 구원과 승리의 상징으로 변환되었다. 기독교의 십자가는 고대 바벨론, 애굽, 앗시

---

4 김상옥, 『십자가의 신비』 (칠곡: 분도출판사, 1979), 55-56.
5 Cf. Herodotus, *The Histories* (Oxford: Oxford University Press, 1998), 194.

리아, 로마에서 이교의 상징이었던 십자가와 맥을 같이하고 있지 않다.

 기독교의 십자가는 상징이다. 상징이란 보이는 것을 통하여 보이지 않는 것을 드러낸다. 보이는 십자가는 그 너머에 있는 인간을 향한 하나님의 사랑을 드러낸다. 보이는 십자가는 그 너머에 있는 인간의 죄를 대신하여 죽음을 기꺼이 맞이하셨던 하나님 아들을 드러낸다.

 유대인들에게는 거슬리고, 이방인들에게는 어리석어 보이는 십자가이지만 기독교 신앙을 가진 성도들에게 이 십자가는 인류를 향한 하나님의 사랑이 구체적으로 드러나는 상징이 다(고전 1:23~24).

 성도에게 있어서 십자가는 고대의 이교적 상징물이 아니라 인간의 죄와 죽음을 함께 짊어지고 그것으로부터 해방을 가져다주는 구원의 상징이다. 이 보이는 십자가를 통해, 인류를 구원하시는 하나님의 사랑과 자비를 보게 된다. 기독교가 이교의 상징물인 십자가를 받아드림으로 예수의 죽음을 조장했던 마귀의 계획에 동참했다는 김주철의 주장은 터무니없다. 기독교는 십자가를 우상으로 여기는 것이 아니라 구원과 승리의 상징으로 여긴다.

 오히려 "화를 면하려면 유월절을 지키라"며 마치 유월절을 부적이나 되는 양 가르치는 곳이 어디인가?

 "축복이 필요하다면 이름을 불러 보세요"라며 하늘 아버지의 이름과 하늘 어머니의 이름으로 복을 염원하는 집단은 어디인가?

둘째, 십자가는 A.D. 586년부터 교회 꼭대기에 건 것이 아니라 초기 기독교 공동체 때부터 간직되어 왔다.

 김주철은 "사도들이 신약성서 가운데 인용한 십자가에 대한 의미는 그리스도를 못 박았던 사형 틀을 자랑하기 위한 것이 아니라, 그리스도께서 흘려주신 속죄의 희생을 감사하며 하나님이 거저 주시는 은혜를 받게 하기 위한 것임을 이해해야 합니다"라고 한다.

 하지만 오늘날 교회에서 누가 십자가를 사형 틀의 의미로 여기며, 누가 사형 틀로써 십자가를 자랑하고 있을까?

상식 수준에도 미치지 못하는 말장난으로 기독교에 대한 그릇된 인상을 심으려는 김주철은 유치하기 짝이 없다. 김주철이 기독교가 이교의 풍습을 흡수한 A.D. 586년부터 십자가를 교회 꼭대기에 걸었다고 주장한다. 그는 성경에서 십자가 모양을 교회에 세웠다거나, 십자가 문형을 장식물로 삼았던 기록이 없다고 하며, 교회가 이러한 십자가 문양을 사용하는 것은 이교의 풍습을 수용한 것이라고 주장한다. 그렇게 성경을 중시한다면, 성경에서 안상홍을 하늘 아버지로, 장길자를 하늘 어머니로 삼았다는 기록이 있는지, 1988년이나 2012년을 종말의 해로 삼았다는 기록이 있는지 묻고 싶다.

예루살렘에서 시작된 기독교와 더불어 십자가는 빠르게 기독교의 상징으로 정착되었다. 그 예로 예루살렘의 올리브산에서 발견된 묘석 위에 단순한 형태의 십자가 문형이 새겨져 있었고 기독교 장례풍습 안에 십자가 표시가 자리 잡았다. 신앙공동체의 시작과 함께 발전한 초기 교회의 역사 안에서 십자가는 그리스도인들의 표상이 되어 함께 발전했다.

예루살렘에서 시작된 기독교 신앙인들의 삶은 그 중심에 십자가를 두고 기반을 이루었다.[6] 다양한 형태의 십자가 표시가 그리스도인들의 집에 새겨졌지만, 가장 뚜렷하게 드러나는 십자가 표시는 카타콤에서 찾아볼 수 있다. 카타콤은 초기 기독교인들의 지하 공동묘지이다. 그 내부의 벽화에는 수많은 십자가 표시가 새겨져 있다. 그 벽화에는 죽은 이의 이름과 함께 새겨진 십자가 문양들이 수없이 나타나 있다.[7]

초대교회의 기독교인들은 서로를 격려하면서 이 거룩한 표징인 십자가를 간직했다. 십자가 표시를 통해 그들은 스스로 하나님의 백성의 일원임을 기억하고 예수 그리스도께 속한 사람들임을 강조했다. 초대교회는 박

---

6   Julian Lopez Martin, 『교회의 전례』, 장신호 역 (서울: 세광음악출판사, 2014), 99.
7   George Ferguson, *Signs & symbols in Christian art* (London: Oxford University Press, 1966), 177.

해 상황 가운데서도 십자가를 통해 기독교 신앙을 보존하고 그 의미를 기억하는데 안간힘을 쏟았다. 십자가 표시는 이처럼 초기 기독교의 삶의 자리 곳곳에서 드러난다.

기독교가 이교의 풍습을 흡수한 A.D. 586년부터 십자가를 교회 꼭대기에 걸었던 것이 아니라 초대교회 때부터 처형 도구였던 십자가의 부정적 이미지를 극복하고 십자가에 대한 새로운 가치를 부여했다.

셋째, 십자가 형상이 우상이라는 주장은 살아생전 안상홍의 가르침과 충돌한다.

김주철은 십자가가 우상이라고 성경에 예언되어 있다고 하며 신명기 27:15을 제시한다. 그는 "조각하였거나 부어 만든 우상은 여호와께 가증하니 그것을 만들어 은밀히 세우는 자는 저주를 받을 것이라"(신 27:15)는 내용을 기독교의 '십자가 형상'에 대입한다.

과연 이 신명기의 말씀이 기독교의 십자가 형상과 관련이 있는 것일까?

먼저 살펴볼 것은 김주철의 이러한 주장은 살아생전 안상홍의 가르침과 정면으로 충돌한다는 것이다. 안상홍은 아무리 구약의 내용이 명백해도 그것이 신약에 없다면 오늘날의 우리와 아무 상관이 없는 것이라고 강조해왔기 때문이다. 그의 가르침을 들어보자.

> 새 언약이라 말씀하셨으매 첫 것(구약)은 낡아지게 하신 것이니 낡아지고 쇠하는 것은 없어져 가는 것이라(히 8:7~8, 13 참고) 하였다. 구약은 신약이 완성됨으로 무용지물이 된다는 말이다. 그러므로 구약에 수건 쓰라고 한 예언이 있다 해도 신약에 수건 쓰라고 한 말이 없으면 우리는 수건 쓸 필요가 없고, 구약에 수건 쓰면 죽는다고 할지라도 신약에 수건 써야 한다면 수건 쓰는 것이 옳은 일이다.
> 그렇지 않으면 구약에 안식일에 불도 때지 말라고 한 그대로 안식일에 불을 안 떼야 할 것이며 안식일 범하면 죽인다고 하였다(출 31:15; 35:3 참고).

오늘날에도 안식일 범하는 사람은 다 죽어야 하지 않겠는가?

구약의 예언이 신약에 없다면 우리에게는 아무런 상관이 없다.[8]

안상홍은 구약에 여자들이 수건을 써야 한다는 말이 없어도 신약에 쓰라 하면 써야 하며, 구약에 안식일에 불을 피우지 말라 해도 신약에 그런 말이 없으면 안식일에 불을 피워도 된다고 주장하며 구약과 신약의 가치를 다르게 평가한다. 심지어 새 언약과 옛 언약을 구분하면서, 구약은 신약이 완성되므로 무용지물이 된 것이라고까지 말했다.

안상홍의 맥을 이어가는 김주철은 십자가는 우상이라는 주장을 하기 전 반드시 신약성경에도 그와 같은 말이 있는지 조사해야 한다. 신약에도 조각하여 만든 것, 주조하여 만든 것을 하나님께서 가증히 여기며 그것을 우상 숭배로 여긴다는 말이 있는지 알아봐야 한다. 아마 안상홍이 살아있었다면 '십자가 우상 교리'를 만든 장본인은 호되게 야단맞았을 것 같다.

넷째, 신명기 27:15의 새긴 우상은 우상 제작 및 우상 숭배 금지를 말하며 십자가와 무관하다.

김주철은 "십자가는 우상"이라는 주제를 중심에 두고 신명기의 말씀을 무리하게 해석하다. 하나님께서 이스라엘 백성들에게 내린 우상 제작 금지 명령은 신명기와 출애굽기와 레위기에 반복하여 나타난다(신 4:16~18, 23, 25; 출 20:4, 23; 34:17; 레 19:4; 26:1).

이 모든 구약의 가르침이 십자가 형상과 관련이 있는 것일까?

신명기 27장은 가나안 점령을 눈앞에 둔 출애굽 2세대 이스라엘 백성들에게 40년 전 자기 조상들과 맺었던 시내 산 계약을 갱신하는 장면이다. "손으로 조각하였거나 부어 만든 우상"의 전형적인 예는 하나님과 이스라

---

8 안상홍, 『새 예루살렘과 신부 여자들의 수건 문제』, 54-55.

엘 백성과 시내 산 언약을 체결하기 전, 모세가 시내 산에 올라가 있을 때 아론이 만든 금송아지였다(출 32장; 신 9:12).

하나님께서 "장색의 손으로 조각하였거나 부어 만든 우상은 여호와께 가증하니 그것을 만들어 은밀히 세우는 자는 저주를 받을 것이라"고 하신 것은 하나님 자신을 움직이지 못하는 그러한 형상으로 묶어 두지 말며, 그러한 주상(鑄像)으로 제한하지 말라는 의미이다. 우상과 주상은 하나님의 본질을 왜곡하는 것이기 때문이다. 신명기의 우상 제작 금지 명령을 그리스도를 상징하는 십자가에 적용하려는 시도는 타당하지 않다. '은밀히'라는 부사어는 조각하고, 부어 만든 것들의 용도가 무엇인지를 밝혀준다.

그것은 섬길 목적으로, 경배를 목적으로 만든 우상을 의미한다. 만약 현대에도 이런 형상을 만들어 '은밀히' 신앙의 대상으로 삼고자 한다면 하나님은 용납하지 않으신다. '십자가'를 하나님을 대신할 대상으로 섬기고 경배하는 교회나 성도가 있다면 그것은 하나님께서 가증이 여기신다. 그것은 보이지 않는 하나님을, 보이는 금송아지로 대체했던 일과 같은 것이기 때문이다.

하지만 십자가를 우상시하는 교회는 없다. 십자가를 숭배하는 성도도 없다. 교회의 십자가는 상징이다. 기독교의 십자가는 상징이다. 상징이란 눈에 보이는 것 너머에 있는 이상과 이념을 보게 만든다. 성도는 교회에 걸어놓은 십자가를 바라볼 때마다 인간을 향한 하나님의 사랑과 인간의 죄를 대신하여 기꺼이 죽음의 길을 가셨던 예수 그리스도의 희생을 생각한다. 김주철의 해석대로라면 새긴 형상이 있는 장롱이나 장식품도 모두 폐기처분 해야 한다.

다섯째, 예레미야 10:5의 '갈린 기둥'은 십자가가 아닌 허수아비를 가리키며, 이 구절은 십자가 제작을 금하는 예언이 아니다.

김주철은 예레미야 10:3~5을 '십자가 형상 제작'을 금하는 예언이라고 해석한다. 삼림에서 베어다가 공장에서 만든 것은 결단코 우리를 구원할 수 없는 우상임을 알아야 한다며 이를 십자가에 대입한다.

과연 이러한 해석이 타당한가?

예레미야 7~10장은 이스라엘 백성의 신앙의 오염의 원인을 우상숭배라고 지적한다. 예를 들면 천상의 황후 아스다롯 숭배(7:18), 아세라 목상 숭배(7:30), 몰렉신 숭배(7:31), 일월성신 숭배(8:2), 바알 숭배(9:2)에 대해서 언급하며, 10장은 이런 우상 숭배에 대해 통렬하게 비판한다. 그중에서 10:3~5은 우상의 무능성을 풍자적으로 묘사한다. 숲에서 나무를 베어 목공의 도구로 다듬어서 은과 금으로 장식하고 그것을 못과 망치로 고정한 우상은 말도 못 하고 걸어 다니지도 못하므로 이것은 복을 주지 못한다고 한다.

이 구절은 십자가에 대한 예언이 아니라 당시 사람들이 우상을 제작하는 것이 얼마나 어리석고 헛수고인가를 표현하는 말이다. 개역한글에 묘사된 "갈린 기둥"(5절)은 십자가를 묘사한 말이 아니다. "갈린"으로 번역된 '미크샤'(מִקְשָׁה)는 '수직으로 서 있는'(upright) 혹은 '허수아비'(scarecrow)를 가리킨다. 그 우상은 단지 수직으로 서 있는 허수아비와 같은 것이라는 의미이다. 갈린 기둥은 마치 나무를 크로스(cross)로 세운 십자가를 연상할 수 있으나 원문의 의미는 허수아비이다. 이러한 개역한글만을 참고하는 김주철은 '갈린 기둥'을 십자가와 동일시하고, 예레미야 10:5을 십자가 제작 금지 예언으로 해석하는 것은 충격적이다.

제14장

남은 자와 144,000 교리 해부하기

1. 안상홍 하나님의교회의 주장

이사야 선지자는 마지막 구원받을 남은 자손에 대하여 다음과 같이 기록하였다.

그 날에 이스라엘의 남은 자와 야곱 족속의 피난한 자들이 다시는 자기를 친 자를 의뢰치 아니하고 이스라엘의 거룩하신 자 여호와를 진실히 의뢰하리니 남은 자 곧 야곱의 남은 자가 능하신 하나님께로 돌아올 것이라 이스라엘이여 네 백성이 바다의 모래 같을지라도 남은 자만 돌아오리니 넘치는 공의로 훼멸이 작정되었음이라 이미 작정되었은즉 주 만군의 여호와께서 온 세계 중에 끝까지 행하시리라(사 10:20-23).[1]

과연 오늘날 영적 이스라엘 백성 곧 예수 그리스도인들이라고 하는 하나님의 백성들이 전 세계에 그 수가 바닷모래같이 많이 있다. 그러나 택하

---

1 안상홍, 『하나님의 비밀과 생명수 샘』, 45.

심을 받은 약속의 자손 즉 마지막 살아남아 변형을 입고 승천할 성도들은 오직 144,000 성도밖에 안되는 것이다(계 7:2~4). ²

> 형제들아 너희는 이삭과 같이 약속의 자녀라 그러나 그때에 육체를 따라 난 자가 성령을 따라 난 자를 핍박한 것 같이 이제도 그러하도다 (갈 4:28-29).

미리 약속한 자손을 성령을 따라 난 자라고 하였고, 약속 없이 낳은 이스마엘과 같은 사람을 육체를 따라 난 자라고 한 것이다. 그와 같이 오늘날에도 모든 선지자의 예언으로 세워진 교회의 사람들이 성령을 따라 난 자가 되고 약속의 자손이 되는 것이다. 마지막 선지자의 사명에 들어오는 144,000 성도들이 산 성도가 되는 것이다. 그 이유는 마지막 선지자를 보내신다고 약속하신 동시에 144,000 성도들도 요한계시록 7장에 분명하게 기록되어 약속하였기 때문이다.³

'남은 자와 144,000'에 대한 안상홍 하나님의교회의 주장

① 이사야 10:20~23은 마지막 때 구원받을 남은 자손에 대해서 말한다.
② 남은 자는 요한계시록 7:2~4의 동방의 백성이며, 마지막 때 변형을 입고 승천한다.
③ 갈라디아서 4:28~29의 성령을 따라 난 자들, 즉 144,000은 마지막 선지자가 있는 곳에 모여 있는 성도들이다.

---

2 위의 책, 45.
3 위의 책, 46-47.

2. 성경적 해석

첫째, 이사야 10:20~23의 남은 자는 바벨론 포로에서 귀환 할 자들을 가리키고 마지막 때 구원받을 자들이 아니다.

안상홍은 이사야 10:20~23의 '남은 자'를 가리켜 마지막 때 구원받을 남은 자손이라고 해석한다. 남은 자손은 안상홍을 따르는 사람들을 가리킨다. 이 본문은 앗수르에 대한 심판이 끝난 뒤 남유다의 남은 자들이 여호와 하나님께로 돌아올 것을 예언하는 내용이다. 20절의 "이스라엘의 남은 자"와 "야곱 족속의 피난한 자들"은 동일한 자들이다.

이들은 국가가 패망 후에도 생존한 자들이며, 이사야가 가리키는 '남은 자'이다. 이들은 장차 바벨론 포로에서 귀환하여 성전을 재건하고 신앙공동체를 회복한다. "이스라엘이여 네 백성이 바다의 모래 같을지라도 남은 자만 돌아오리니"(22절)라는 표현은 이스라엘 가운데 돌아오는 자가 소수라는 사실을 보여 준다.

이사야의 남은 자와 안상홍을 따르는 자들과 아무 관련 없다. 안상홍은 여기에서도 이사야서의 역사적 배경을 도외시한 채 '남은 자'를 오늘날 자기를 따르는 집단과 동일시하는 평행적 해석을 시도한다. 하지만 이는 저자의 의도와는 전혀 상관없다.

둘째, 144,000은 로마 제국의 회유와 박해 속에 있었던 교회 공동체를 상징하고 안상홍 하나님의교회와 아무 관계가 없다.

안상홍은 하나님의 백성들이라고 자처하는 사람들이 전 세계에 수도 없이 많이 있지만, 마지막 때 변형을 입고 승천할 성도들은 오직 144,000뿐이며 이들은 요한계시록 7:2~3의 동방의 백성이라고 주장한다.

안상홍은 요한계시록 7:2의 '해 돋는 데'를 대한민국으로 해석했고, 동방의 '택한 한 사람'을 암행어사로 온 자기를 예시한다고 말한다.[4] 144,000을 요한계시록 7:2과 연결한 것은 자기를 따르는 사람들이 144,000임을 나타내기 위해서이다. 안상홍을 하나님으로 신봉하는 이들이 마지막 때 남은 자이며, 144,000이며, 변형되어 승천할 사람들이라는 것이다.

하지만 요한계시록 7:2의 "해 돋는 데"는 단지 해가 솟아오르는 지점을 말할 뿐 대한민국을 가리키지 않는다. 따라서 144,000(계 7:4; 14:1, 3)은 마지막 때 살아남아 변형을 입고 승천할 안상홍을 따르는 한국 사람들이 아니다. 144,000은 1세기 로마 제국의 황제 숭배 강요에 맞서 투쟁했던 하나님의 공동체를 상징한다.[5]

셋째, 갈라디아서 4:28~29의 '성령을 따라 난 자'는 안상홍 하나님의교회 신도가 아니라 언약의 자손 이삭을 가리킨다.

안상홍은 갈라디아서 4:28~29의 "성령을 따라 난 자"를 '약속한 자손'으로 해석하고, 이 약속한 자손을 마지막 선지자의 사명을 따르는 성도 곧 안상홍을 따르는 사람들이라고 주장한다.

과연 안상홍은 갈라디아서 4:28~29이 제시하는 의미들을 심각히 숙고하고 이런 결론들을 내렸을까?

우선 바울은 본문의 내용을 '비유'라고 밝힌다(갈 4:24). 아브라함의 본처 사라와 종 하갈을 비유로 들어 복음과 율법의 차이를 설명한다. 사라는 복음을 상징하고 종 하갈은 율법을 상징한다. "육체를 따라 난 자"(29절)는 아브라함과 하갈 사이에서 난 이스마엘을 가리키고 "성령을 따라 난 자"(29절)는 언약의 자손인 이삭을 가리킨다. 이 언약의 자손과 144,000과 안상홍을 따르는 무리는 아무런 관련이 없다.

---

[4] 안상홍, 『라오디게아 교회에 보내는 기별』, 28-29.
[5] M. 유진 보링, 198-199.

안상홍은 성경의 예언을 집요하게 자기 집단에 한정시켜 대입한다. 하지만 이는 그 어떠한 성경적 근거도 찾을 수 없는 폐쇄적 해석이다. 이러한 교육에 세뇌되었을 안상홍 하나님의교회 신도들이 가질 자부심과 특권의식이 어느 정도일지 짐작이 된다. 사실 대부분 사이비 교주들이 성경의 예언을 자기 집단의 절대성을 강화하는 수단으로 삼았던 것은 어제오늘의 일이 아니다.

맺는말

  오랫동안 안상홍 하나님의교회가 신봉하는 교리들을 연구하면서 발견하고 또 확인할 수 있었던 사실은 다른 사이비 종교 집단과 마찬가지로, 그들의 교리 대부분도 안상홍을 신격화하거나 기성 교회를 매도하는 이원론적 사고에 초점이 맞추어져 있다는 사실이다. 거기에 최근 어머니 하나님 교리가 추가되면서 장길자라는 여인을 신으로 추앙하고 있다. 안상홍 하나님의교회 교리는 이 세 개의 프레임으로 형성되어있다고 볼 수 있다.
  안상홍은 자기를 성경 해석의 중심에 놓고 자기 자신을 재림주와 육체를 가진 하나님으로 나타낸다. 김주철을 중심으로 만들어진 '일위삼체설'은 안상홍을 구체적으로 성부, 성자, 성령의 대열에 올려놓았다. 그리고 어머니 하나님을 소재로 한 교리를 만들어 장길자를 안상홍과 동급의 위치로 올려놓았다.
  하지만 이 어머니 하나님 교리는 살아생전 안상홍의 교리와는 정면으로 충돌한다. 신도들이 이 사실을 아는지 모르는지는 알 수 없으나, 설령 안다 할지라도 이미 건전한 이성과 판단력을 저당 잡힌 자들에게는 그러한 사실이 뭐가 중요할까 싶다.
  그들의 유월절 교리, 안식일 교리, 성탄절과 태양신 교리, 수건 교리, 침례와 생명책 교리, 십자가 우상 교리, 남은 자와 144,000 교리 등은 자기 집단의 특권을 강화하며 기성 교회를 매도하는 두 가지 용도로 사용한다. 이러한 교리들을 통해 안상홍을 하나님으로 믿고 따르는 사람들을 특별한 위치에 올려놓는다.

유월절과 안식일을 지키고, 아버지 하나님과 어머니 하나님을 믿고, 이 이름으로 침례를 받은 사람들을 가리켜 소위 진리를 회복한 자, 하늘 생명책에 이름이 등재된 자, 마지막 시대에 하나님이 남겨둔 144,000으로 호칭한다. 반면 유월절과 안식일을 지키지 않고, 성탄절을 지키고, 십자가를 걸어두는 기성 교회는 성령이 떠난 교회, 우상을 숭배하며, 태양신을 섬기는 교회로 매도한다.

　사실 정상적인 해석 과정을 통해서 나올 수 없는 이러한 황당한 교리들은 주로 성경의 문맥을 왜곡하거나, 근거를 제시하는 일방적인 선포를 통해서 이루어진다. 이는 자기들이 원하는 단어나 문장이 있는 구절들을 임의로 선택해서 연결 고리를 만들고 비약함으로 문맥을 왜곡하는 방식이다. 이것도 저것도 없을 때는 '이것은 ~ 이다'라는 일방적인 선포를 사용한다.

　필자는 안상홍과 김주철의 이러한 해석을 대할 때마다 분노도 치밀었지만, 동시에 쥐구멍이라도 있으면 들어가고 싶은 충동을 느낀다. 내가 그동안 가르친 사람 중에 이러한 해석을 듣고 이것을 진리라고 확신한 사람이 있었을 것이란 생각 때문이다. 건전한 기독교 신학을 바탕으로 한 성실한 연구와 주해가 없었던 나의 가르침과 설교가 결국 교회를 떠나 안상홍을 따라갔던 사람들과 무관하지 않을 것이라는 자책이었다.

　한국교회의 이러한 허약한 부분을 틈타 안상홍 하나님의교회가 오늘날 득세하고 있다. 이들을 원천봉쇄할 방법의 하나는 성실한 성경 연구와 건전한 주해를 바탕으로 하는 교회의 가르침이다. 하지만 한국교회는 이미 30만 명에 육박하는 저들을 막아내야 하는 현실에 직면해 있다.

　본서는 이 점에 있어서 조금이나마 이 땅에 있는 교회들에 기여할 것으로 믿는다. 『안상홍 대해부』는 저들이 강조하는 14개의 핵심 교리들이 얼마나 허구로 얼룩져 있는지 드러내고 반증했다. 그리고 바른 성경적인 답을 제시했다. 그런 점에서 '안상홍 대해부'라는 제목이 결코, 과하지 않음을 확신한다.

바쁜 일정 가운데서도 목회자들이 본서를 읽고 연구해 주기를 바란다. 연구에 많은 시간을 투자할 필요가 없을 만큼 책의 분량을 많지 않도록 한 이유가 여기에 있다. 본서는 교회의 성도들을 체계적으로 교육하는 데 적합하게 만들어져 있다. 목회자뿐 아니라 안상홍의 교리를 알기 원하는 누구든지 『안상홍 대해부』의 도움을 받을 수 있다.

마지막으로 필자는 안상홍 하나님의교회 신도들이 본서를 접할 수 있기를 간절히 바란다. 자기가 속한 집단의 실체를 바로 깨닫고 더 이상 아까운 세월과 물질과 몸과 마음을 탕진하지 않기를 간절히 기도하며 글을 마무리한다.

참고문헌

김상옥,『십자가의 신비』. 칠곡: 분도출판사, 1979.
김주철,『내 양은 내 음성을 듣나니』. 안양: 멜기세덱출판사, 1990.
김주철,『아버지 하나님, 어머니 하나님』. 안양: 멜기세덱출판사, 2008.
박수암,『요한계시록』. 서울: 대한기독교출판사, 1989.
안상홍,『라오디게아 교회에 보내는 기별』.
안상홍,『성부 성자 성령 성삼위일체 해설』.
안상홍,『새 언약과 옛 언약』. 부산: 하나님교 예수증인회, 1973.
안상홍,『새 예루살렘과 신부 여자들의 수건 문제 해석』.
안상홍,『신랑이 더디 오므로 다 졸며 잘새』.
안상홍,『엘리야와 마지막 교회』.
안상홍,『침례식에 대한 원식』.
안상홍,『하나님의 비밀과 생명수 샘』. 서울: 안상홍증인회 하나님의교회, 1981.
오만규,『초기기독교와 로마 군대』. 서울: 한국신학연구소, 1995.
탁명환,『기독교 이단 연구』. 서울: 국제종교문제연구소, 1986.
탁명환,『한국의 신흥 종교』. 서울: 국제종교문제연구소, 2002.
이만희,『천국의 비밀 계시록의 진상』. 안양: 도서출판 신천지, 1985.

Beckwith, Roger T, *Christian Sunday,* Grand Rapids: Baker book house, 1978.
Berkhof, Louis, *Systematic Theology*, London: The banner of truth, 1949.
Boring, M. Eugene.『요한계시록』. 소기천 역. 서울: 한국장로교출판사, 2011.
Ferguson, George, *Signs & symbols in Christian art,* London: Oxford University press, 1966.
Glimm, Francis Xavier *The Apostolic Father*, Washington: The Catholic University, 1947.
Herodotus, *The Histories*, London: Oxford University Press, 1998.
Julian Lopez, Martin,『교회의 전례』. 장신호 역, 서울: 세광음악출판사, 2014.
Martyr, Justin, *The First Apology*, Washington: The Catholic University, 1977.
Roland H. Bainton,『세계교회사』. 이길상 역. 서울: 크리스챤다이제스트, 1997.
Wenham, Gordon J.『창세기 1-15』. "WORD BIBLICAL COMMENTARY volume 1," 박영호 역. 서울: 도서출판 솔로몬, 2001.

CLC 도서안내

차트 이단종파

H. 웨인 하우스 지음 | 장광수 옮김 | 크라운판 | 402면

오늘날 이단종파와 이교적 운동을 한눈에 알아볼 수 있도록 정리한 책이다. 현재 가장 두드러지게 활동하고 있는 이단종파들의 교리는 물론 역사, 회원자격, 예배, 역대지도자, 정기간행물을 포함한 핵심적 사항들에 대한 개관과 상세한 설명을 제공한다.